Werner Ablass
Abschied vom Ich

Werner Ablass

Abschied vom Ich

und wie leicht es sich ichlos lebt

Omega

Bibliografische Information der Deutschen Bibliothek

Die Deutsche Bibliothek verzeichnet diese Publikation in
der Deutschen Nationalbibliografie;
detaillierte bibliografische Daten sind im Internet über
http://dnb.ddb.de abrufbar.

2. Auflage   Juni 2009
Copyright© 2009 by Omega-Verlag

Lektorat: Gisela Bongart, Ulrike Kerstiens
Satz und Gestaltung: Martin Meier
Covergestaltung: Hermann R. Lehner
Covermotiv: fotolia

Dieses Buch wurde nach den Regeln
der alten Rechtschreibung lektoriert.

Druck: **FINIDR**, Český Těšín, Tschechische Republik

Alle Rechte der Verbreitung, auch durch Funk,
Fernsehen, fotomechanische Wiedergabe, Tonträger jeder Art, auszugsweisen Nachdruck und
auf digitalem Wege, sind vorbehalten.

***Omega**®*-Verlag, Gisela Bongart und Martin Meier (GbR)

D-52080 Aachen • Karlstr. 32
Tel: 0241-168 163 0 • Fax: 0241-168 163 3
e-mail: info@omega-verlag.de
www.omega-verlag.de

ISBN 978-3-930243-49-5

Inhaltsverzeichnis

Vorwort 7

Emotionen 8

Riesenradglück 8 – Frei sein von negativen Emotionen 10 – Schmerz ist Liebe, die trauert 13 – Nie ist es die Situation 17 – Tiere sind gar nicht so dumm 19 – Nichts oder Liebe? 22 – Jenseits aller Gefühle 24

Realitätsgestaltung 27

Spinnen oder wachsen? 27 – Glaubenssätze 30 – Was sind Wünsche? 33 – Zappelst du noch? 36 – Gestalte „ich" meine Realität? 38 – Beten – ja oder nein? 41

Geld 47

Was ist dir Geld wert? 47 – Befreundet 53 – Loslassen 57

Selbst-Liebe 59

Liebe ist das Herz aller Dinge 59 – Immer ist Liebe am Werk 61 – Es ist wie Verliebtsein 64 – Das empfundene Ich 67 – So ist die Liebe 71 – Liebe denkt nicht nach 73

Entscheidungen 77

Entscheidungen treffen 77 – Von Wellenbrechern und Surfern 79 – Folge deinem Herzen 81

Lebenskrisen 86

Geht es bergab? Super! 86 – Nichts kann jemals schiefgehen 90 – Nur eine Vorstellung 92 – Etwas in dir bleibt immer gleich 94

Durchblick 97

Die Brille absetzen 97 – Die Matrix 99 – Es ist so wie es gerade sein will 103 – Ich funktioniere perfekt 108 – Geistheilung ist kein Wunder 114 – Das Spiegel-Spiel 118 – Sein und Nichtsein 120 – Liebe die Illusion weg 121 – Das, was du siehst, ist nie das, was es ist! 124

Bewußtsein 129
Bewußtsein hat keine Absicht 129

Nonduales Bewußtsein 131
Stabiles nonduales Bewußtsein 131 – Unters Kleid gucken 133 – Der allumfassende Christus 135 – Benutze Advaita nicht im täglichen Leben 137

Sinnfragen 142
Kunst ohne Künstler 142 – Rätselraten 144 – Ballast 152 – Bullshit 155 – Das kosmische Rollenspiel 159 – Das Leben IST. Punkt! 162 – Das göttliche Puzzle 167 – Das Böse 169 – Der kleine Unterschied 171 – Sei dein eigener Erfinder 174 – Die Welt – Produkt einer Desinformation 180 – Das Undenkbare denken 182

Dekonditionierung 190
Dekonditionierung ist kein Gnadenakt 191 – Deinen Frieden hätte ich gern 195 – Das Leben in den Griff bekommen 198 – Der größte Betrug 201 – Firewall 205 – Der gesunde Weg zu dir selbst 207 – Ultimative Befreiung 210

Hingabe 217
Gott ist eine Frau 217 – So als wäre man tot 222

Spirituelle Suche 225
Die Bandage entfernen 225 – Über das Paradox einer Entdeckung, bei welcher der Entdecker verschwindet 227 – Ich muß weiterkommen 230 – Wolkenformationen 232 – Dankbarsein 234

Was ist der Mensch? 238
Belebter Staub 238 – Nicht-Täter 241 – Denkspiele 244

Über das Ego 248
Das Ego und die Leere 248 – Das Ei und sein Inhalt 252 – Ich-Einbildung 254 – Ist es ein Opfer? 257

Experimente 260
Leben lebt sich selbst 260 – Denke ich oder denkt es mich? 263

Über den Autor 267

Vorwort

Im Sommer 2004 kam mir das Ich-Bewußtsein abhanden. Seitdem verwende ich das Wort „ich" nur noch in der Kommunikation, ansonsten hat es keinerlei Relevanz mehr.

An die Stelle des Ich-Bewußtseins trat nonduales Bewußtsein. Und das bedeutet, daß ich zwar noch immer zwischen angenehmen und unangenehmen Erfahrungen zu unterscheiden vermag, jedoch unfähig bin, nur die angenehmen willkommen zu heißen. Unvorteilhaft erscheinende Geschehnisse werden zwar nicht euphorisch gefeiert, sie können jedoch meinen inneren Frieden nicht mehr unterminieren.

Der Inhalt meines Buches reflektiert die Sichtweise des nondualen Bewußtseins sowie den sich in ihr gründenden Umgang mit Menschen, Emotionen, Ärgernissen, schwierigen Situationen, der Sinnfrage, Wünschen, Zielen, Krisen, Entscheidungsprozessen.

Die meisten Menschen glauben, es sei ein Opfer, ichlos zu leben. Der Prozeß, in dem der illusionäre Charakter des Ichs aufgedeckt wird, ist mitunter schmerzhaft. Als Opfer betrachte ich, der ich beide Zustände kenne, heute jedoch ein Leben mit dem eingebildeten Ich.

Die Mehrzahl der Kapitel in diesem Buch besteht aus schriftlichen Reaktionen auf Anliegen und Fragen der Leser meiner vier Bücher, die sie mir per E-Mail anvertrauten, wobei ich deren Anschreiben im Buch manchmal nur ausschnittweise und bisweilen gar nicht zitiere.

Emotionen

In Ihnen ist eine Empfindung, und Sie sagen, Sie seien deprimiert oder unglücklich oder selig, eifersüchtig, gierig, neidisch. Dieses Etikettieren erschafft denjenigen, der diese Gefühle interpretiert.

– U.G. Krishnamurti

Riesenradglück

Was ist Riesenradglück? Bevor wir die Frage klären, laß uns erst einmal sehen, wo Riesenräder stehen. Richtig, auf dem Jahrmarkt findet man sie. Auf der Wiesn in München, im Prater in Wien. Ganz oben wird dir beinahe schwindlig vor Glück. Schon wegen der prachtvollen Aussicht. Grandios! Das Rad dreht sich von unten nach oben und wieder zurück. Rauf geht's und dann wieder runter.

Ganz ähnlich ist das mit den Glücksversprechen. „Mann, das ist wunderbaaaaaar, du kannst, wenn du nur willst, in jedem Moment glücklich sein. Oder andersherum: Du kannst nie mehr unglücklich sein –es sei denn, du willst es. Es gibt Techniken – da wirst du staunen!" Und die ganz Verwegenen, tja die versprechen dir sogar dauerhafte Glückseligkeit!

Riesenradglück zu erleben ist wirklich nicht allzu schwer. Mir fallen dazu spontan zwei Möglichkeiten ein. Die erste: Kauf dir eine gute Flasche Wein und trinke genußvoll ein, zwei Gläser, je nach Lust und Laune. Die zweite ist das, was man im NLP „Moment of excellence" nennt. Das lernt man ziemlich schnell, und wenn du den Dreh oder Trick erst einmal raus hast, kannst du dich in Windeseile (binnen Sekunden) aus jedem Gefühlstief in ein Hoch schrauben. Als NLP-Master bin ich ein Experte darin. Aber ehrlich gesagt brauche ich diese Instant-Glückseligkeit heute nicht mehr.

Auf dem Eso-Jahrmarkt stehen jede Menge solcher – ich hätte fast gesagt – Windräder. Das ist viel Wind um Nichts! Das ist das Riesenradglück. So schnell du oben bist, so schnell bist du auch wieder unten. Schon erlebt? So ein richtig geiles Glücksseminar, bei dem dir die Feder aus dem Hut springt? Aber wie ist es dann zwei, drei Tage später? Oder wenn du richtig gut drauf warst, nach ein, zwei Wochen? Dann bleibt das Riesenradglück auf der Strecke. Der Jahrmarkt hat seine Buden abgebaut, ist weitergezogen, und nichts geht mehr, „Rien ne va plus" – so sieht es aus!

Leute hochpushen, dieses Geschäft kenne ich aus dem Effeff. Ich habe in meinem Leben jede Menge Jahrmärkte besucht. Und ich hatte dort auch mal ein Riesenrad stehen. Aber ich gehe da nicht mehr hin, spiele auch nicht mehr mit. Kann nicht mehr, weil ich aus Erfahrung weiß, daß es auf Dauer nichts einbringt. Es ist nicht das, wonach sich mein Herz wirklich sehnt.

Meine Glückseligkeit besteht darin, daß ich das Gefühl der Glückseligkeit weder begehre noch brauche. In welchem emotionalen Zustand ich mich gerade befinde, ist mir wirklich nicht sonderlich wichtig. Denn da ist Friede, stabiles nonduales Bewußtsein, immer, in jeder Situation, selbst dann, wenn ich tiefen Schmerz empfinde oder auch mal spontan zornig werde.

Der Drang nach Glückseligkeit ist nur so lange vorhanden, solange geglaubt wird, daß es einen Zustand geben kann, der nicht genau so ist, wie er jeweils sein soll. Ist dieser Eindruck als Täuschung entlarvt und im emotionalen Gehirn entankert, ist jeder emotionale Zustand, auch der unangenehme, willkommen. Dann mußt du dir weder eine Flasche Wein kaufen noch den „Moment of excellence" üben, obwohl du beides immer noch tun kannst, wenn dir danach ist. Denn es ist immer okay, wie es ist. Egal wie es ist, egal was passiert.

Frei sein von negativen Emotionen

Laß mich zunächst aufzählen, was als negative Emotion gilt: Ärger, Zorn, Wut, Grimm, Groll, Bitterkeit, Eifersucht, Neid, Frustration, Mißtrauen, Niedergeschlagenheit, Kummer, Schmerz.

Es gibt wohl kaum einen Menschen, der die hier aufgezählten Emotionen nicht (am besten für immer) loswerden will, denn sie werden, besonders wenn sie uns beherrschen, zumeist als unangenehm empfunden. Die Erfahrung beweist, daß sie um so mehr an Stärke gewinnen, je stärker sie abgelehnt werden.

Problematisch erscheint uns eine Emotion immer nur dann, wenn wir ihr aufgrund unserer Vorstellung, sie könne negativ und daher „ungünstig, unvorteilhaft oder gar unkultiviert" sein, keinen Raum in uns geben. Mit anderen Worten: wenn wir sie ablehnen, unterdrücken, uns von ihr abwenden oder sie zu ignorieren versuchen.

„Ich bin gar nicht ärgerlich", sagt dann jemand, obwohl seine Wangen zornesrot zu glühen beginnen. „Das berührt mich überhaupt nicht", äußert jemand, obwohl sichtbar ist, daß er kurz davor ist zu weinen.

Unsere Ignoranz gegenüber „sogenannten" negativen Emotionen intensiviert dieselben, weil sie durch die Ablehnung in unserer Wahrnehmung zu einer Blockade werden. Daher kannst du von „negativen" Emotionen nur frei werden, wenn du sie zuläßt. Aus diesem Grund empfehle ich: Egal was du fühlst, liebe dich dafür, daß du es fühlst!

Es geht nicht darum, sich zu lieben, DAMIT die „negative" Emotion von dir weicht oder sich möglichst schnell wieder auflöst. Die Absicht, Emotionen, die wir als unangenehm empfinden, zu vermeiden, basiert auf einem religiösen Konzept, das die Möglichkeit, wahrhaft Mensch zu sein, unterhöhlt und zerstört hat.

Ich weise immer wieder darauf hin, daß der von der christlichen Religion zum Sohn Gottes hochstilisierte und als eine Art Galionsfigur mißbrauchte **wahre Mensch** Jesus nicht nur barmherzig war, sondern auch ärgerlich und zornig werden konnte. Ist es nicht bezeichnend, daß es in kaum einer Kirche ein Bild der sogenannten Tempelaustreibung gibt?

„Und er fand im Tempel sitzen, die da Ochsen, Schafe und Tauben feil hatten, und die Wechsler. Und er machte eine Geißel aus Stricken und trieb sie alle zum Tempel hinaus samt den Schafen und Ochsen und verschüttete den Wechslern das Geld und stieß die Tische um und sprach zu denen, die die Tauben feil hatten: tragt das von dannen und macht nicht meines Vaters Haus zum Kaufhause!"   – Joh. 2, 14-16

Da war nicht nur Zorn, sondern sogar Gewaltanwendung im Spiel! Welcher Christ würde einen Menschen, der heutzutage so rüde oder taktlos handelt, als den „heiligen" Jesus identifizieren, den die christliche Religion als Trugbild in sein Gehirn implantiert hat? Meinst du, die Würdenträger religiöser Organisationen würden ihn Sohn Gottes nennen, vor ihm niederfallen, ihn anbeten? Sie würden ihn noch nicht einmal in einem Kuhkaff von der Kanzel predigen lassen! Sie würden ihn ebenso unwürdig behandeln wie zu der Zeit, als er die Repräsentanten dieses Systems als Schlangenbrut und Otterngezücht bezeichnete. Nichts hat sich seitdem daran geändert.

Ein Mensch, der nicht durch die Vorstellung blockiert ist, daß Energie, die sich als Zorn manifestiert, böse und schlecht ist, wird diese weder zu ignorieren noch zu unterdrücken versuchen. Im Gegenteil: Er wird mit jeder Faser seines Seins in dieser Energie vibrieren, bis sie ihre Funktion erfüllt hat und sich ebenso auflöst, wie sie entstanden ist.

Wie also wird man frei von „negativen" Emotionen? Einfach, indem man den Glauben verliert, daß „negative" und „positive" Emotionen **überhaupt existieren**.

Ich würde dir niemals beizubringen versuchen, ein stets lächelnder, netter, höflicher, toleranter Zeitgenosse zu werden – und damit ein Leisetreter, Speichellecker, Mucker und Heuchler. Ebensowenig wie ich dir beibringen würde, unhöflich, intolerant, grob oder rüde zu sein.

Nonduales Bewußtsein ist das Ergebnis der Deaktivierung jener infamen Täuschung, daß negative und positive Emotionen existieren. Ist diese Täuschung deaktiviert, bist du frei. Wahrhaft frei! Und zwar zu sein, was in jedem Moment sein will, ohne dir oder anderen für das, was sein will, einen Vorwurf machen zu können.

Nun magst du dich fragen, wie Zorn, der ja zumeist durch das in deiner Wahrnehmung ungünstige Verhalten einer Person ausgelöst wird, ohne eine vorwurfsvolle Haltung gegenüber dieser Person möglich sein soll? Weil **Betroffenheit über** ein bestimmtes Verhalten etwas anderes ist als **Schuldzuweisung**

aufgrund eines bestimmten Verhaltens. Wenn eine Person beispielsweise über meinen Kopf hinweg Entscheidungen trifft, die mich in meiner natürlichen Funktion blockieren, mag dies Ärger auslösen und unter Umständen auch dazu führen, daß ich dieser Person gegenüber mein Mißfallen zum Ausdruck bringe. Gleichzeitig jedoch ist mir bewußt, daß ihr Handeln das ist, was durch sie geschehen soll und geschehen muß. Daher kann mein Ärger nie zu einer Schuldzuweisung werden. Ein Satz wie: *Wie konntest du das nur über meinen Kopf hinweg entscheiden* ist daher unmöglich. Wohingegen beispielsweise die Äußerung: *Daß du einfach über meinen Kopf hinweg Entscheidungen triffst, gefällt mir überhaupt nicht!* zweifellos denkbar wäre.

Wie sollte sich das Verhalten einer Person verändern können, wenn ihr nicht bewußt wird, was ihr Verhalten in mir auslöst? Wer stets stillschweigend über Verhaltensmängel hinwegsieht, tut weder sich selbst noch dem anderen einen Gefallen. Es ist mitnichten Liebe, Ärger zu unterdrücken. Ein Problem wird Ärger immer nur dann, wenn er wegen falscher Rücksichtnahme nicht sein darf oder auf der persönlichen Ebene ausagiert wird.

Schmerz ist Liebe, die trauert

Ein Leserbrief:

Lieber Werner,
ich bin so furchtbar, furchtbar, furchtbar enttäuscht. Ich kann die Situation unmöglich lieben. Schon beim Gedanken daran wird mir schlecht. Ich könnte kotzen, wenn ich dran denke, daß ich meine Situation auch noch lieben soll. Ich hatte so viel Freude mit der Liebe-Übung. Aber jetzt hat mich der Mensch, den ich im Leben

am meisten liebte, verlassen. (Oh mein Gott, ich muß schon wieder heulen. Es tut so weh.) Und das ist nicht alles. Ich hab erfahren, daß er mich schon monatelang hintergangen hat. Nach Strich und Faden hat er mich betrogen, verarscht. Ich fasse es nicht! Wie ist es nur möglich, frage ich mich, daß gerade er mir so was Schreckliches antut? Ich weiß ja aus deinen Büchern, daß alles Liebe ist, aber ich kann's nicht mehr glauben. Werner, ich kann es nicht, wie soll das, was er tat, Liebe sein? ...

Antwort:
Liebe Martina,
ich kann mit dir fühlen, dein Schmerz berührte mich, als ich deinen Brief las. Enttäuschte Liebesgefühle sind mit das schmerzhafteste, was uns widerfahren kann. Du wirst diesen Schmerz (er)leben müssen, er wird dich über einen bestimmten Zeitraum begleiten, manchmal wird er sich abschwächen, dann aber wieder, ganz plötzlich, wird er in allen Zellen spürbar sein und dich durchschütteln.

Schmerz sollten wir nicht vermeiden. Im Schmerz wirkt dieselbe Energie, die uns Freude und Glückseligkeit schenkt. Wenn ich Schmerz in mir fühle, gebe ich mich ihm hin. Ich weiche ihm nicht aus. Ich verdränge ihn nicht. Ich bin vielmehr ganz drin in dem Schmerz. Und wenn ich weinen muß, weine ich.

Du bist essentiell Liebe. Und wenn du Schmerzen empfindest, ist es daher Liebe, die trauert – über den eigenen oder den Verlust anderer. Immer wieder im Leben wird uns etwas genommen. Wenn es ein herber Verlust ist, ist er mit Schmerz verbunden. Schmerz tut weh, sonst wäre es keiner. Schmerz schneidet in dein Herz wie ein Messer ins Fleisch. Und das muß so sein. Laß ihn das tun. Weiche ihm nicht aus. Gib dich ihm hin. Es ist wie eine notwendige

Operation. Etwas, das dir wichtig war (oder ist), aber nicht mehr sein darf, wird im Inneren entfernt.

Du bist essentiell Liebe, jedoch auch dein Mann. Vielleicht ist es dir in ein paar Tagen (oder Wochen) möglich, dich daran zu erinnern, daß auch dein geliebter Partner Liebe ist und nur Liebe sein kann. Was er tat, tat er aus Liebe (zu sich). Schon klar, daß sich dir bei dieser Aussage im Moment die Nackenhaare aufstellen. Aber es sind die Nackenhaare des Egos, und die müssen weggeschnitten werden. (Manchmal bin ich ein Friseur.)

Jeder Mensch sucht nach Liebe, weil wir Liebe sind. Es gibt keine stärkere Macht auf Erden. Und wenn sie uns zieht, tja, dann gibt es kein Halten mehr. Sie zerbricht alles, ja sie verwüstet, sie kennt keine moralischen Grenzen, um sich zu erleben, zu finden.

*Es liegt mir fern, das Handeln deines Partners zu rechtfertigen. Ich kenne ihn nicht und kann mir daher keine Bewertung erlauben. Und ich würde es auch nicht tun, wenn ich ihn kennen würde. Warum? Weil ich mir dessen gewiß bin, daß es ihn als individuellen Handelnden nicht gibt. Da ist nur Liebe, und sie tut alles, **alles** in unser aller Leben.*

Sei nicht so schnell mit deinem Urteil, er habe dich betrogen und hintergangen. Die Ursachen für ein spezifisches Handeln, das wir für Untreue oder Betrug halten, sind oft verdammt kompliziert.

Was auch immer in unserem Erlebniskosmos auftaucht, ist ein Spiegelbild unserer selbst. Wir sollten uns deshalb nicht für schuldig halten, aber wir sollten erkennen, daß alles, was auftaucht, seine Wurzeln in uns selbst hat. Wäre es denn möglich gewesen, daß sich dein Partner in eine andere Frau verliebt, wenn er bei dir gefunden hätte, was er bei der anderen offenbar fand? Mach dir deswegen keine Vorwürfe, begreife nur, daß es so ist.

Wenn die Masken fallen, mit der sich die Liebe verhüllt, kannst du in allem nur Liebe erblicken. Das bedeutet nicht, daß dich der Vorfall nicht mehr schmerzt. Die Tränen werden immer noch fließen, aber hinter ihnen spürst du schon die wärmenden Strahlen der Liebe.

Ich empfehle nicht, ihm zu verzeihen oder ihn gar verstehen zu wollen. Nein, das Verständnis kommt ganz von allein, wenn der täuschende Eindruck wegfällt, es könne einen individuellen Handelnden geben. Wenn Liebe alles ist, was ist, ist es immer nur sie, die handelt. Dann kann nur sie handeln. In ihm, der Frau, die er nun begehrt, und auch in dir.

Schmerz ist Liebe, die trauert. Warum sollte sie trauern, wenn dein Mann überhaupt nichts getan hat? Weil Liebe nicht so rational handelt wie der Verstand. Liebe ist nun einmal emotional, und wenn sie einen Verlust erleidet, kann sie sich nicht darüber freuen oder neutral und ungerührt zusehen. Schmerz und Traurigkeit gehören ebenso zum Leben wie Freude und Glückseligkeit.

Wer in den Schmerz hineingeht und nicht vergißt, sich zu lieben, wird mitten im Schmerz Liebe entdecken. Und diese Liebe heilt allen Schmerz, besser noch: sie ist einmal Schmerz und dann wieder Freude.

Nein, ich gebe dir keine andere Empfehlung. Ich sage dir auch nicht: laß ihn los! Das funktioniert alles nicht. Was immer da ist, ist Liebe. Und wenn du das, was gerade da ist, annehmen kannst, selbst wenn es dein Nichtannehmenwollen wäre, deine Rebellion gegen die Situation, deinen Schmerz, deine Tränen, dann wäre es das Beste, was du gerade tun könntest. Mehr gibt es nie. Mehr gab es nie. Und mehr wird es nie geben. Was ist, ist in jedem Fall Liebe. Weil nur sie existiert.

Nie ist es die Situation

Nicht Situationen, sondern Informationen entscheiden über deinen emotionalen Zustand und letztlich auch über das, was du in deinem Erlebniskosmos erfährst. Auf der Ebene, auf der wir unser Glück meistens suchen, finden wir lediglich abwechselnd Freude und Schmerz. Und je größer die Freude, desto größer ist anschließend der Schmerz. Deshalb arbeite ich als Coach nicht mehr mit Veränderungsstrategien, obwohl ich nicht dagegen bin. Sie führen letztlich zu nichts anderem als einem höheren Maß an Zuversicht, das anschließend in gleichem Maße enttäuscht wird. Es ist immer nur eine Frage der Zeit, bis sich diese Einsicht einstellt.

Werden die Wirklichkeit oder das Leben an sich nicht von Informationen „überschrieben", verläuft das Leben problemlos, ganz egal, was passiert. Zahnschmerz beispielsweise löst weder Angst noch Frust oder Widerstand aus, wenn keine den Zahnschmerz „überschreibende" Information im Bewußtsein erscheint. Als „überschreibende" Informationen bezeichne ich Gedanken und Sinneseindrücke, die das, was jeweils geschieht, mit einem Etikett versehen, das die Wirklichkeit nicht „beschreibt", sondern „überschreibt".

Die beschreibende Information würde in diesem Fall lauten: Es tut weh. Und danach erscheinen Informationen, die zur Linderung führen: kaltes Wasser in den Mund, Eis auf die Backe, schmerzstillende Tabletten einnehmen, einen Zahnarzttermin vereinbaren. Vielleicht sogar in dieser Reihenfolge.

Überschreibende Informationen lauten (u. U.) folgendermaßen: „Wie entsetzlich, wie grausam, dieser furchtbare Schmerz! Ach, muß ich (wieder mal) leiden! Was mache ich denn nur?

Hoffentlich ist es nichts Schlimmes! Und was, wenn ich die ganze Nacht wach bleibe und diese grauenhaften Schmerzen ertragen muß! Hoffentlich muß der Zahn nicht gezogen werden, ein neuer Zahn kostet viel Geld. Hoffentlich tut es nicht allzu weh, wenn er gezogen wird. Ach, hätte ich doch meine Zahnpflege ernst genommen, dann wäre mir dieser Schmerz vielleicht erspart geblieben, u.s.w."

Stell dir vor, die überschreibende Information wäre nicht Teil deiner inneren Software und könnte daher nicht in deinem Bewußtsein erscheinen. Das würde zwar den Schmerz nicht verschwinden lassen, aber ein echtes Problem wäre er nicht. Sei sicher, daß die überschreibende Information den Schmerz intensiviert. Und oft auch zu absurden oder jedenfalls wenig nützlichen Entscheidungen führt. Ich habe auch schon erlebt, daß Zahnschmerz genauso ging, wie er kam, ohne daß ich irgend etwas getan hätte, schlicht weil da kein Widerstand und keine Aufregung war. Das ist natürlich nicht immer der Fall.

Zahnschmerz ist nur *ein* Beispiel. Das Prinzip gilt jedoch für jede als schmerzhaft empfundene Situation. Egal ob es physischer oder psychischer Schmerz ist. Selbst wenn du arbeitslos werden solltest, würde deine Situation nur dann zum Problem, wenn überschreibende Informationen in dein Bewußtsein eindrängen.

Die beschreibende Information wäre schlicht die, daß du deiner bisherigen Tätigkeit nicht mehr nachgehen kannst, daß du zum Arbeitsamt gehst, um Arbeitslosengeld zu beantragen, und du dich anschließend nach einer anderen Arbeit umsiehst oder selbständig wirst. Punkt.

Du magst sagen: „Das klingt ausgezeichnet und würde mir eine Menge Angst und Sorgen ersparen, aber wie soll das denn bitteschön in der Praxis funktionieren?" Es ist gar nicht so schwer, wie du vielleicht meinst.

Es muß dir nur klar und zwar vollkommen klar sein, wo die Ursache aller emotional belastenden Probleme liegt. **Die überschreibende Information ist es, nicht die Situation!** Die Situation kann sein, wie sie will: Ist die Information nur beschreibend und nicht überschreibend, KANN sie zwar als unangenehm oder schmerzhaft, jedoch nicht als problematisch empfunden werden und daher nicht zum Leiden führen.

Konsequenz: Ran an die überschreibende Information! Raus mit ihr aus deiner inneren Software. Dann bleibt nur übrig, was ich als beschreibende Information bezeichne. Sie mußt du nicht integrieren, sie ist schon da, sie wird lediglich in ihrer natürlichen Funktion unterdrückt, weil die überschreibende Information deine innere Software in ihrer Funktion beeinträchtigt, stört.

Eins noch zum Schluß: Ist die überschreibende Information in deiner inneren Software deaktiviert, wirst du viele der Ereignisse, die du jetzt noch als problematisch bezeichnest, überhaupt nicht mehr erleben. Das beweist die Erfahrung all derer, in deren innerer Software die überschreibende Information deaktiviert oder zumindest abgeschwächt ist.

Tiere sind gar nicht so dumm

Was unterscheidet uns von den Tieren? Natürlich vor allem der Verstand. Es ist die Fähigkeit, uns selbst zu definieren, über uns selbst und die Welt zu reflektieren, zu forschen, dem Erforschten Begriffe zuzuordnen, sie zu katalogisieren u.v.a.

Wenn es dabei bliebe, hätten wir keine Probleme und schon gar nicht emotionale. Aber leider bleibt es nicht dabei.

Tiere haben den Nachteil, keinen über sich selbst reflektierenden Verstand zu besitzen, dafür aber haben sie uns etwas Wesentliches voraus: Sie denken nicht darüber nach, warum etwas nicht so ist, wie es gerade ist. Sie quälen sich auch nicht mit dem Gedanken, wie es wäre, wenn es anders wäre, als es gerade ist. Außer einer Hunderasse, den Boxern, haben sie daher auch keine Sorgenfalten auf der Stirn, und bei denen ist dies genetisch bedingt.

Wenn Herrchen nicht anwesend ist, jault der Hund, aber wenn Herrchen wieder bei ihm ist, macht er ihm keine Vorwürfe dafür, daß er ihn allein gelassen hat. Vielmehr gibt er seiner Freude Ausdruck, springt an ihm hoch und leckt sein Gesicht und seine Hände.

Wenn ein Tier krank oder verletzt ist, fühlt es wie wir den Schmerz, aber es klagt nicht darüber, sondern zieht sich einfach zurück und leckt seine Wunden.

Morgens steht eine Katze vom Schlaf auf, streckt sich, putzt sich und wandert zum Freßnapf. Auch alle anderen Vierbeiner sorgen ohne Gequengel für ihre Existenzsicherung. Kühe ziehen auf die Weide und weiden, Füchse streifen durch die Wälder, um Hasen aufzuspüren, Löwen jagen und reißen Zebras. Vögel fangen Insekten, und die Vegetarier unter den Tieren tun sich gütlich an Pflanzen. Kommt die Zeit für sexuelle Aktivität, tun sie es einfach, ohne sich vorher in Tantra zu üben oder sich durch entsprechende Literatur über die besten Stellungen beim Sex zu informieren. Und wenn sie weder essen noch trinken, sich weder putzen noch spielen, weder jagen noch sich fortpflanzen, liegen sie auf der faulen Haut.

Anders wir Menschen. Natürlich sorgen auch wir für unsere Existenzsicherung, doch wie viele unter uns machen widerstandslos ihren Job und sind wirklich zufrieden dabei? Da wird sich mit Besserverdienern verglichen, da macht man sich Sorgen, ob man seinen Job auch morgen noch hat, da gibt man sich die Schuld, warum man in seiner Kindheit und Jugend in der Schule nicht besser aufgepaßt hat, da sucht man die Schuld dafür bei den Eltern, beim Lehrer, beim Pfarrer oder bei den Politikern und besucht Therapeuten, um sein Leben in den Griff zu bekommen.

Ein Hund sucht keinen Therapeuten auf, um in 328 Sitzungen zu analysieren, weshalb er knurrt, wenn ihm ein Lebewesen begegnet, das er nicht mag, obwohl der es doch nur gut mit ihm meint. Eine Katze hat keine Schuldgefühle, wenn sie stundenlang tatenlos auf der Fensterbank schnurrt. Ein Löwe kennt keine Skrupel, weil er kein Vegetarier ist, sondern ein unstillbares Verlangen nach Fleisch hat. Ein Fisch grämt sich nicht, weil er nie an Land gehen kann, sondern an das Lebenselement Wasser gebunden ist. Eine Mücke hat keinen Ehrgeiz, so groß wie ein Elefant zu werden. Giraffen verlangen nicht nach einer Schönheitsoperation, weil ihr Hals viel zu lang geraten ist. Spatzen sind nicht neidisch auf Papageien, weil die nicht wie sie zwitschern, sondern krächzen und manchmal sogar ein paar Worte sprechen können. Bienen besuchen kein Seminar, um zu erfahren, wie sie ihre Honigproduktion im Folgejahr vervielfachen können. Schlangen gehen nicht zur Beichte, weil sie Giftzähne haben und diese bei Gefahr oder zum Überleben zum Töten verwenden. Vögel krakeelen, picken aber jenen, die schneller als sie ans Futter gelangen, kein Auge aus. Und die Gottesanbeterin geht nicht ins Kloster, um ein geschlechtsloses Wesen zu werden, weil sie keine Erklärung dafür findet, warum sie nach dem Geschlechtsakt ihren Begatter umbringt und sogar Gefallen daran findet, ihn aufzufressen.

Daher sage ich: Tiere sind gar nicht so dumm! Denn unsere Probleme haben sie nicht. Sie kennen auch keine Schuldgefühle wegen ihres Verhaltens, schon gar nicht wegen ihrer sexuellen Vorlieben, und Schuldzuweisungen machen sie einander auch nicht. Diesen völlig überflüssigen Luxus leisten nur wir uns, wir hochentwickelten Menschen.

Wer in seinen natürlichen Zustand zurückkehrt, wird in gewisser Weise zum Tier. Nicht, daß er seinen Verstand nun nicht mehr in sinnvoller Weise benutzt, aber eben nicht zweckentfremdet, denn Sorgen, Neid, Eifersucht, Schuldgefühle, Schuldzuweisungen und unerfüllbare Erwartungen gehören der Vergangenheit an.

Nichts oder Liebe?

Aus einem Leserbrief:
Was ist das, was ich erlebe, warum kommt es immer wieder? Es ist, als ob man plötzlich in einen bodenlosen Abgrund fällt, und die Vorstellung, dies mit einem gegengerichteten positiven Gedanken auszugleichen, erscheint mehr als lächerlich. Außerdem fehlt mir dann die Kraft dazu. Dieses Nichts macht irgendwo Angst, alles schöne Spielzeug des Lebens, jeder Wert fällt plötzlich ab, und es ist soooo unendlich langweilig!

Antwort:
Angst macht es, ja, aber nur eine Zeitlang und solange du nicht weißt, worum es sich handelt. Angst macht alles, was uns fremd erscheint. Und vor allem: was uns wie Sterben und Tod erscheint.

Da mußt du durch. Es ist unvermeidlich. Aber ich kann dir versichern, daß die Angst sich verflüchtigt. Und auch das Gefühl unendlicher Langweile. Was am Ende bleibt, ist ... Friede und Liebe. Allerdings nicht eine Liebe, die wir mit einem mordsmäßig geilen Gefühl verbinden ...

Das Nichts oder das, was du Nichts nennst, oder das, was sich wie ein Nichts anfühlt, ist in Wahrheit Liebe, weil Liebe der Urgrund ist, aus dem alles strömt.

Wenn wir Liebe erfahren, ist sie bereits dem Urgrund entströmt. Daher kann sie auf der Erfahrungsebene auch zu Haß werden. Haß ist einfach der Gegenpol zu „entströmter" und damit bedingungsloser Liebe. Liebe im Urgrund dagegen fühlt sich wie nichts an, denn sie ist dort, im Urgrund oder als Urgrund außerhalb unserer dualen Erfahrungswelt und kann somit nicht gefühlt werden.

Daher wird Liebe im oder als Urgrund nicht erfahren. Oder eher „NICHT erfahren" und daher auch als NICHTS wahrgenommen.

Kommt unser illusionäres Ego in Berührung mit seinem Urgrund, schreckt es zurück, ihm erscheint dieser Urgrund nämlich nicht als Ur-, sondern als Abgrund. Es löst sich auf, wenn es dort bleibt, weil es überhaupt nicht existiert, und genau das wird im Urgrund offenbar, weil nur Urgrund und kein Ego existiert. Deshalb schreckt es zurück, denn nur so kann es seine Scheinexistenz am Leben erhalten.

Ich weiß nicht, ob du da bleiben kannst. Ich weiß noch nicht einmal, ob ich dir wünschen sollte, dort bleiben zu können. Ich weiß nur, daß „ich" dort bleiben mußte, weil meine Scheinexistenz, die Ich-Illusion, (dort) aufgelöst wurde, so daß es überhaupt keine Möglichkeit mehr zur Rückkehr gab. Ich kann nicht sagen, daß es „mir" seitdem immer gut geht. Es ist nur niemand mehr da, der Gutsein und Schlechtsein unterscheidet oder bewertet. Es ist jetzt immer okay, wie es ist. Egal wie es ist.

Liebe in Aktion bedeutet zu „sehen", daß immer alles okay ist, selbst wenn es alles andere als okay ist. Weil alles, was ist, dem Urgrund und damit der Liebe entströmt.

Liebe, die gefühlt werden kann, ist wunderschön, ich verachte sie nicht, ich mag sie vielmehr, mag sie wie alles, was angenehm, schön, zauberhaft oder wundersam ist, und doch ist sie nicht vergleichbar mit der Liebe, die sich zwar „nicht" anfühlt, jedoch „Liebe im Urgrund" oder bedingungslos und damit nondual ist. Und sie ist in allem. Auch im Schmerz. Auch im Ärger. Auch in dem, was verachtenswert und uns widerlich ist.

Jenseits aller Gefühle

Ich will dir deine Gefühle nicht rauben. Ich weiß aus Erfahrung, wie schön sie sind, wie bereichernd und wichtig, notwendig sogar. Wenn du jedoch auf Gefühle **fixiert** bist, wirst du das, was du suchst, niemals finden. Das Gefühl, das du suchst, ist jenseits aller Gefühle.

Frieden, Liebe, Glückseligkeit – diese Gefühle gibt es sozusagen in zweifacher Ausfertigung. Auf der Ebene des menschlichen Lebens, und tja, eben jenseits desselben. Satyam Nadeen[1] nennt dieses Jenseits „vierte Dimension." Ich sage dazu: nonduales Bewußtsein. Aber was ist mit diesen Begriffen schon gewonnen? Kannst du dir jetzt vorstellen, worum es geht?

Die Gefühle jenseits der Erfahrung des menschlichen Lebens werden nicht „erreicht". Sie sind da, immer, ewig, auch wenn du sie (noch) nicht erfährst. Und sie sind bedingungslos, also nicht an irgendwelche Objekte und deren Genuß gekoppelt.

---

[1] Satyam Nadeen, Ex-Drogenboss aus den USA, ging durch die Hölle amerikanischer Drogengefängnisse – und fand dort die Erlösung, die ihm spirituelle Praxis, Drogen und Reichtum nicht geben konnten.

Beim Aufsprechen des Textes für mein Hörbuch „Leide nicht – liebe" (erschienen im Herbst 2006) hatte ich mich übernommen. Meine Stimmbänder waren belegt und die Bronchien entzündet. Kein angenehmer Zustand. Wenn ich hustete, schmerzte der gesamte Brustraum. Vom langen Liegen zwischen den Aufnahmen tat mir zudem der Rücken weh. Der Körper hat Einfluß auf die Psyche (umgekehrt ebenso), was sich in Melancholie niederschlug.

Dieser körperlich unangenehme und psychisch ziemlich desolate Zustand änderte jedoch nichts an meinem Gefühl jenseits der dritten Dimension. Das ist schwer zu erklären. Da ist immer noch Glückseligkeit, mitten im Schmerz, mitten in der Melancholie. Da ist immer noch Frieden. Da ist immer noch diese stille, süße, von äußeren Objekten völlig unabhängige Freude, ja dieses göttliche Verliebtsein, selbst wenn ich weine, auch wenn du mir dies vielleicht nicht glauben wirst.

Es ist, als wärst du zwei gänzlich verschiedene Wesen. Der Körpergeist zum einen, und dann das, was sich einfach nie ändert, das, worin der Körpergeist auftaucht und überhaupt alles erscheint.

Ich kann das unmöglich erklären, aber ich bin mir gewiß, daß ich DAS bin und sonst nichts. Der Mensch, der Werner genannt wird, taucht **in mir** auf und ebenso jedes andere Lebewesen, jedes Ding, ja die gesamte Welt. Ebenso wie jeder andere Mensch hat Werner ab und zu Schmerzen, fühlt sich unwohl, aber **ich bin nicht** Werner. Werner ist nur eins meiner zehntausend Gesichter. Und meine Bestimmung während dieser Zeitspanne ist die funktionale Identifikation mit eben diesem Gesicht. Was soll man dagegen tun? (☺)

Immer wieder schreiben mir Leser: *Wie komme ich nur zu*

beständigen Gefühlen der Liebe? Meine Antwort: auf der Körper-Geist-Ebene überhaupt nicht. In der dritten Dimension gibt es immer einen Wechsel. Der Wechsel ist das einzig Beständige hier. Was du brauchst, ist eine Art Transfer. Von dieser Dimension in die vierte, um noch mal mit Satyam zu sprechen.

Wie komme ich dahin? Gar nicht. *Warum?* Weil du schon da bist! Du kannst niemals anderswo sein. Du bist das und warst noch nie etwas anderes. Und wenn die Erinnerung daran vollständig zurückkehrt, dann bleibst du auch da, wo du ohnehin bereits bist.

Realitätsgestaltung

„Das ganze Universum ist aus Geist entstanden. Deswegen ist es auch möglich, daß Sie mit Ihrem Willen erfreuliche Lebensumstände schaffen, zumindest für eine gewisse Zeit. Aus diesem Grund ist das von amerikanischen spirituellen Lehrern propagierte Prinzip, nach dem man seine Wirklichkeit erschaffen kann, manchmal für einige Zeit erstaunlich wirksam. Aber sie haben keine Kontrolle darüber, ob das zu Glück führt. Wie endet es meist? Im Jammertal!"

– Madhukar in „Einssein"

Spinnen oder wachsen?

Und warum sorget ihr für die Kleidung? Schaut die Lilien auf dem Felde, wie sie wachsen: sie arbeiten nicht, auch spinnen sie nicht. Ich sage euch, daß auch Salomo in all seiner Herrlichkeit nicht bekleidet gewesen ist wie derselben eine. – Mt. 6,28

Jesus vergleicht uns mit Lilien. Mit Pflanzen also. Und er stellt sie in ihrem äußeren Ausdruck sogar weit über die Bekleidung eines Königs. Pflanzen sind viel intelligenter als wir. Denn obwohl sie weder arbeiten noch „spinnen", sich kaum bewegen, wachsen sie und werden genau das, was in ihnen angelegt ist.

Natürlich meinte Jesus die Arbeit am Spinnrad, aber wir spinnen wirklich, wenn wir glauben, durch Arbeit oder „Arbeit an uns selbst" etwas anderes werden zu können als das, was in uns angelegt ist.

Unser Schicksal ist beschlossene Sache. Es wird Zeit, daß wir den Irrglauben ablegen, wir gestalteten unsere Realität in eigener Regie. Ich gehörte früher selbst zu den Wunscherfüllungspropheten, doch heute kann ich nicht gegen besseres Wissen weiterhin in dieses Horn blasen! Hierzu empfehle ich auch das Buch „Aus Sicht des Gehirns" von Prof. Dr. Dr. Gerhard Roth, solltest du den Weisen aller Zeitalter keinen Glauben schenken, die allerdings noch nie etwas anderes gesagt haben.

Natürlich erfüllen sich Wünsche. Aber warum erfüllen sie sich? Weil du sie bestellst oder verstehst, wie man erfolgreich bestellt? Wie unwissend oder arrogant muß man sein, um das zu glauben! Und die, deren Wünsche sich nicht erfüllen, sind zu doof, zu ungeschickt, zu ungläubig oder was? Laßt uns doch endlich Schluß machen mit diesen Kindereien! Das ist eine Philosophie für Erstkläßler!

Wünsche erfüllen sich, WEIL und WENN sie deine potentielle Zukunft sind und sonst nicht. Ein Rosensamen mag sich wünschen, eine Nelke zu werden, es wird ihm nichts nützen, denn seine potentielle Zukunft ist die, eine Rose zu sein. Punkt! Kein Wenn und kein Aber.

Sei intelligent, sagte Jesus, und betrachte die Lilien auf dem Felde. Sie arbeiten nicht, man könnte auch sagen: Sie tun nichts und erreichen doch alles!

Der wesentliche Unterschied zu uns, die man Menschen nennt, besteht darin, daß wir glauben können, selbst zu entscheiden, was wir werden wollen. Ich betone: Wir können es „glauben"! „Werden" können wir nur, was in uns angelegt ist. Und zwar nicht wegen, sondern trotz unseres Glaubens.

Du liest die Biographie eines berühmten, erfolgreichen Menschen: *Schon in meiner Kindheit malte ich mir in allen Farben aus, daß ich einmal ein bekannter Schauspieler werden würde. Und es hat sich tatsächlich ereignet.* Hey, denkst du nun, das ist ja phantastisch! Ich brauche mir also nur vorzustellen, ein bekannter Schauspieler zu werden, und es trifft ein. Es könnte eintreffen, wenn dieses Schicksal in dir angelegt ist, ja. Aber es könnte ebenso sein, daß du dein Leben lang nur davon träumst, und zwar dann, wenn deine potentielle Zukunft etwas anderes vorsieht.

Daher empfehle ich, dem Rat Jesu zu folgen: Nimm dir ein Beispiel an den Lilien. Sei, was du bist. Und wachse auf natürliche Weise in das hinein, was in dir angelegt ist. Ich könnte auch sagen: Liebe dich so, wie du bist! Natürlich gehören auch deine Wünsche dazu. Doch bedenke das Motiv hinter allen Wünschen! Es sind nicht die Dinge, die du dir wünschst, sondern das Glück, das du mit ihrer Erfüllung verbindest. Glücklich sein möchtest du, und weil du denkst, daß du es sein oder werden könntest, wenn sich dieser oder jener Wunsch erfüllt, wünschst du dir, er möge erfüllt werden.

Ich sage ja nicht: Wünsche dir nichts mehr! Ich sage nur: Lerne von den Lilien. Denn ob sich ein Wunsch erfüllt oder nicht, entzieht sich deiner Kontrolle. Er mag sich erfüllen, doch wenn er sich nicht erfüllt, geschieht das nur deshalb, weil seine Erfüllung nicht in dir, man könnte auch sagen, nicht in deinem Schicksal angelegt ist.

Willst du ein Spinner bleiben? Dann bemühe dich weiterhin um die Erfüllung deiner Wünsche. Willst du so schön wie eine Lilie sein? Dann hör auf zu spinnen. Wachse einfach in dein volles Potential hinein. Ohne Anstrengung. Es geschieht ganz von allein. Es MUSS geschehen, weil es in dir angelegt ist. Egal wie viele „Fehler" du machst. Fehler sind in Wahrheit Wachstumsfaktoren: Endlich weißt du, wie es nicht geht, und kannst den Fehler vermeiden.

Vielleicht denkst du: Das habe ich mir alles selbst erarbeitet! Nein, es geschah nicht wegen deiner Anstrengungen, sondern trotzdem!

Also: keep cool! Lerne entspannt mit Wünschen umzugehen. Ereignet sich in dir eine Zukunftsvorstellung, sag dir vielleicht: **SO SEI ES!** Das reicht. Mehr brauchst du nicht zu tun. Denn wenn sich ein Wunsch erfüllen soll, wird es geschehen. Wenn nicht, kannst du den Wunsch bis an dein Totenbett visualisieren, er wird sich niemals materialisieren. Dein Glaube muß nicht größer sein als ein Senfkorn, sagte Jesus. Wieder der Bezug zur Pflanze, weil das Prinzip jeder Wunscherfüllung ist: Das, was in uns angelegt ist, wird wachsen, egal wie unscheinbar der Same auch sein mag.

Mit dem Begriff Mensch verbinden wir ein Lebewesen, das kraft seines Denkens und Glaubens ALLES schaffen kann. Pflanzen sind und werden einfach, was in ihnen angelegt ist. Das ist die Realität, und sie gestaltet sich selbst.

Glaubenssätze

Aus einem Leserbrief:
Lieber Werner,
ich bin NLP-Trainer und arbeite seit vielen Jahren mit Glaubenssätzen (beliefs). Nach dem Lesen vieler deiner Texte entsteht die Frage, weshalb du es so vehement ablehnst, behindernde Glaubenssätze durch günstige zu ersetzen. Wenn ich dein Konzept

richtig verstehe, hat es zum Ziel, die behindernden Glaubenssätze lediglich aufzulösen. Nun, das kann ich nachvollziehen, aber was geschieht mit einem Menschen, der keine beliefs hat? Ist Leben ohne beliefs überhaupt möglich, frage ich mich ...

Antwort:
*Lieber Franz,
als NLP-Master habe ich wie du lange Jahre mit Glaubenssätzen gearbeitet. Und ich behaupte keineswegs, daß sie nicht nützlich und wirksam sind. Ich sage lediglich, daß sie nicht mehr notwendig sind, wenn der Glaubenssatz wegfällt, daß wir unser Leben und die Ereignisse, die in ihm stattfinden, in eigener Regie bestimmen.*

Seit Juli 2004 lebe ich relativ ziel- und vollkommen glaubenslos! Ich tue jeweils und stets nur das, was mir in einer gegebenen Situation als günstig bzw. als das jeweils Beste erscheint, ohne zu wissen, ob es tatsächlich das Beste ist. Aber immer und in jedem Fall erwies es sich bisher als das Beste. Nicht immer sofort – ich habe u. a. Entscheidungen getroffen, die niemand in meinem Bekanntenkreis verstehen konnte, für die ich sogar angegriffen, als unmoralisch, egoistisch, lieblos bezeichnet wurde. Im nachhinein jedoch haben sich selbst solche Entscheidungen für alle Beteiligten als vorteilhaft erwiesen.

*Wenn der Eindruck wegfällt, „ich" könnte tatsächlich – und nicht nur virtuell– über mein Schicksal entscheiden, sind Glaubenssätze nicht mehr relevant, weil klar gesehen wird, daß jedes Ziel, das erreicht werden **soll**, zweifelsfrei erreicht werden **wird**.*

Glaubenssätze sind nur so lange nötig, solange der Glaube vorhanden ist, man könne (oder müsse) die Realität selbst gestalten. Nonduales Bewußtsein eröffnet die Sicht, daß niemand etwas tut und daß sämtliche Ereignisse determiniert[2] sind. Vollkommen egal, was wir tun, wir können unser Schicksal niemals verändern, denn selbst jene Veränderungen, die wir zweifelsohne vornehmen können, sind Teil unseres Schicksals und damit nur das, was zwingend geschehen muß.

Niemals würde ich versuchen, jemanden davon abzubringen, Glaubenssätze zu nutzen! Denn ohne nonduales Bewußtsein haben sie wie bereits erwähnt durchaus ihre Berechtigung. Zumindest verleihen sie ein gutes Gefühl und Zuversicht. Wer jedoch behauptet, sie würden in jedem Fall Ziele erreichbarer machen, redet in Unkenntnis der wahren Tatsachen baren Unsinn.

Wieso gibt es wohl so eingefleischte Pessimisten wie Woody Allen, die in ihrer Karriere all das erreicht haben, was sich so mancher Optimist wünscht? Und warum gibt es Optimisten, die jahrelang höchst zuversichtlich mit Glaubenssätzen arbeiten und doch in ihrem Erleben nie über die Behauptung hinausgelangen, mit deren Anwendung erfolgreicher als andere zu sein?

Ein Beispiel dafür ist der in den neunziger Jahren als bekanntester Motivationstrainer gehandelte Jürgen Höller, dessen Seminare supergut besucht waren und ihm jede Menge Geld einbrachten. Sein Wahlspruch war: Jeder Mensch kann alles erreichen, er muß nur daran glauben. Schließlich wurde er wegen Untreue, vorsätzlichen Bankrotts und Meineids zu drei Jahren Gefängnis verurteilt. Heute hört man praktisch nichts mehr von ihm.

Ich führe dieses Beispiel freilich nicht an, um zu beweisen, daß Arbeit mit Glaubenssätzen im Knast enden muß. Ich sage nur, was die Weisen aller Zeitalter verkünden und die moderne Hirnforschung bestätigt, nämlich daß unser Leben determiniert

---

2 vorherbestimmt, festgelegt, entschieden

ist und daß kein Glaubenssatz und kein noch so professionelles Motivations- oder Mentaltraining dies zu ändern vermag.

Wer mit Glaubenssätzen arbeitet, tut dies, weil es ihm bestimmt ist. Es könnte jedoch der Zeitpunkt kommen, an dem der Glaube, mit Glaubenssätzen mehr erreichen zu können als ohne sie, als Illusion durchschaut wird. *Und wenn dies bei dir geschähe, würdest du von da an ebenso relativ ziellos und vollkommen glaubenslos leben wie ich. Und würdest somit gar nichts mehr tun und dennoch alles (was dir bestimmt ist) erreichen.*

Was sind Wünsche?

Nur Unwissende oder Ignoranten bezweifeln heute noch, daß der freie Wille Illusion ist. Wünsche können sich daher nur erfüllen, wenn ihre Erfüllung vorherbestimmt ist. Wünsche, die sich erfüllten, waren daher Einblicke in das schon fertig geschriebene Drehbuch deines Lebens. Wünsche, die sich nicht erfüllten, waren auf unserer Phantasie beruhende Vorstellungen, die mit Enttäuschung endeten und enden sollten.

Zur ersten Möglichkeit: Wann immer du einen Wunsch hast, der sich erfüllt, solltest du nicht meinen, er habe sich erfüllt, **weil** du gewünscht oder ihn beim Universum bestellt hast. Du kannst es natürlich tun, solltest jedoch nicht enttäuscht sein, wenn sich ein zweiter Wunsch oder eine zweite Bestellung nicht erfüllt.

Wäre der Wunsch etwa auch ohne mein Gebet oder ohne meine Bestellung in Erfüllung gegangen? Diese Frage ist irrelevant und läßt sich nicht beantworten. Tatsache ist, daß ein Zusammenhang hergestellt werden kann. Aber gibt es nicht höchst vorteilhafte Ereignisse, die sich ohne vorherigen Wunsch und auch ohne vorheriges Gebet überraschend manifestieren?

Du kannst diese Behauptung überprüfen, indem du dich fragst: Sind nicht schon eine Reihe von Dingen in meinem Leben passiert, die ich mir **nicht** explizit gewünscht habe? Und gibt es nicht ebenso auch Beweise dafür, daß Wünsche sich **nicht** erfüllt haben, obwohl ich sie vorher exakt formuliert, visualisiert und/oder bestellt hatte? Ich denke, du wirst beide Fragen mit ja beantworten müssen. Fazit: Offenbar passiert immer nur das, was passieren soll, und wenn vorher ein Gebet oder eine Bestellung passieren soll, wird vorher gebetet oder bestellt.

Manche Wünsche erfüllen sich offenbar nicht, ganz egal, was du anstellst. Denn auch die Enttäuschungen stehen natürlich in deinem Drehbuch. Enttäuschung ist etwas, das uns überhaupt nicht gefällt, aber mindestens ebenso wichtig in unserem Leben ist wie die Erfüllung von Wünschen.

Ohne Enttäuschungen kann niemand reifen. Gold wird schließlich auch im Feuer geläutert, eine Perle entsteht durch ein Sandkorn, das die Muschel verletzt, Edelsteine formen sich unter gewaltigem Druck, prachtvolle Schmetterlinge schlüpfen nur, wenn die Raupe im Kokon völlig bewegungslos wird und schließlich abstirbt.

Du kannst damit aufhören, dir endlos darüber Gedanken zu machen, ob du bei deinen Bestellungen irgendeinen Fehler machst, weshalb sie nicht geliefert werden. Das ist nur Energieverlust und Zeitverschwendung. Denn es liegt **niemals** an deinem fehlenden Glauben. Und **niemals** an der falschen Handhabung irgendeiner mentalen Technik. Wenn du *ein* Buch über positives Denken oder Visualisierung gelesen hast, hast du sie alle gelesen. Spare dir also das Geld für weitere Bücher solchen Inhalts. Es sind immer nur Varianten eines Prinzips, das mehr oder weniger gut funktioniert. Was in deinem Leben geschieht oder nicht geschieht, hat mit dir nur insofern zu tun, als es in deinem Erlebniskosmos erfahren wird.

Das, was geschehen soll, wird geschehen, egal wie dämlich du dich anstellst! Das, was nicht geschehen soll, wird nicht geschehen, ganz gleich, wie professionell du an die Sache herangehst. Lies die Biographien erfolgreicher Menschen, um zu erkennen, wieviel Glück jeweils im Spiel war. Und lies auch die der Gescheiterten, um zu erkennen, wieviel Pech mit von der Partie war, obwohl manche von ihnen nicht weniger optimistisch und glaubensstark waren.

Begreife, daß **du** in Wahrheit nichts tust. Daß **du** noch niemals etwas getan hast. Und daß **du** nie etwas tun wirst. Alles, was du glaubst, entschieden zu haben oder noch zu entscheiden, ist ein Geschehen, über das du nur **glaubst,** Kontrolle zu haben, in Wahrheit jedoch hast du das Steuer deines Schicksals nie, auch nicht für eine Sekunde, in deiner Hand.

Solange du meinst, dein Leben hinge von richtigen Entscheidungen – oder richtig verwendeten mentalen Techniken – ab, wirst du ein Getriebener sein. Du wirst nicht zur Ruhe kommen. Wie auch, wenn du deinen inneren Frieden von Bedingungen, in diesem Fall von der Erfüllung von Wünschen und Zielen, abhängig machst.

Man hat dir gesagt: Gehe entspannt mit deinen Wünschen um, erst dann erfüllen sie sich! Aber du wirst nur entspannt sein können, wenn dir bewußt ist, daß das Steuer deines Lebens gar nicht in deiner Hand ist und niemals in deiner Hand war! Ein anderer ist Kapitän. Nenne ihn Leben, Kosmos, Gott, Tao – ganz egal. Entscheidend ist nur ... – nein, nicht loszulassen, das ergibt sich von allein dadurch, daß du weißt: Niemand tut etwas, alles geschieht. Es geschieht genauso, wie es geschehen soll!

Zappelst du noch?

Ich denke, den meisten Menschen, besonders denen in der westlichen Welt, erscheint es einfach nicht attraktiv genug, sich einzugestehen, daß ihr Leben in jedem Detail vorherbestimmt ist. Wenn ihnen die Argumente gegen diese Wahrheit ausgehen, gebärden sie sich wie Fische an der Angel und zappeln so lange wie möglich, um sich von ihr zu befreien. Wenn du diesen Haken jedoch erst einmal im Maul hast, wird er mit jedem Zappeln tiefer eindringen. Gegen die Wahrheit hast du letztlich keine Chance.

Es scheint ja so wunder-, wunderschön zu sein, glauben zu können: *Ich kann meine Realität selbst gestalten!* Egal ob es funktioniert oder nicht, eisern wird an dieser Vorstellung festgehalten. Diejenigen, die versprechen, die richtige Methode gefunden zu haben, und unzählige Beispiele dafür liefern können, daß es tatsächlich funktioniert – mein Gott, die werden doch wohl nicht alle lügen!

Ich denke nicht, daß sie lügen! Die meisten zumindest sind fest davon überzeugt, sich selbst und dir zu helfen, ein besseres, erfolgreiches, glückliches Leben zu führen! Und zweifellos klappt es ja auch manches Mal. Aber es klappt eben nicht, weil **du** alles richtig gemacht hast, sondern weil dir das, was du jeweils erlebt hast, vorherbestimmt war.

Eins steht in jedem Fall fest: Frieden, Stille, Gelassenheit, Abgeklärtheit, Vertrauen kommen erst dann in dein Leben, wenn du aufhören kannst, Zielen hinterherzujagen, egal mit welcher Methode.

Ich kenne den esoterischen Jahrmarkt aus eigener Erfahrung. Das schier endlose Bezeugen von Wundern, Veränderungen und

Transformation, die man erlebt hat, weil man dies oder jenes getan hat, bei diesem oder jenem tollen spirituellen Lehrer war, ermüdet mich heute mehr, als die Fassade eines Hauses zu streichen, was ich erst heute mit stiller Freude erledigt habe. In meiner Wahrnehmung unterscheiden sich die Verkäufer esoterischer Ware kein bißchen von denen, die ich früher auf konventionellen Verkaufsmessen kennengelernt habe.

Nun, dieser Jahrmarkt muß sein, sonst gäbe es ihn nicht, aber warum gibt es ihn? Mein Eindruck ist: um dich zu ermüden! Denn erst dann, wenn du all dessen, was man tun kann, um seine eigene Realität zu gestalten – ob es nun funktioniert oder nicht –, überdrüssig geworden bist, erst dann bist du in der Regel bereit, dich – als Fisch an der Angel – an Land ziehen zu lassen. Dort kriegst du noch einen Schlag auf den Kopf, stirbst und landest in der Pfanne- Und erst dann gibt es eine Feier, ein Festmahl. Nicht für „dich" allerdings, sondern für „Gott", womit ich den Ursprung und die Essenz allen Seins meine.

Dieses Festmahl wird jedoch nie inmitten des esoterischen Jahrmarkts gefeiert, dort gibt es nur Marshmallows und gepanschten Wein für 90 Cent, von dem du, nachdem er dich so richtig besoffen gemacht hat, anschließend verheerendes Kopfweh bekommst.

Am Tod kommt der eingebildete Regisseur des Schicksals, mit anderen Worten, das illusionäre Ich nie vorbei, wenn du das Leben feiern möchtest. Nicht nur wir Menschen, auch Gott kann nur essen, was nicht mehr am Angelhaken zappelt.

Nun, ich kann dich beruhigen! Nicht dein Körper muß sterben, noch nicht einmal dein Ego, lediglich das Trugbild oder die Illusion, daß das Ego etwas anderes ist als der Ausdruck der Quelle in ihrem Menschsein. Was meinst du: Ist dieser Zeitpunkt gekommen, oder hast du einfach keine andere Wahl, als noch ein wenig am Haken zu zappeln, damit er tiefer eindringen kann?

Was auch immer gerade geschieht, ist in jedem Fall das, was jetzt sein soll. Sonst wäre es anders!

Gestalte „ich" meine Realität?

Ein Leserbrief:
Lieber Werner,
zunehmend verunsichert durch deine Texte, stellen sich mir einige Fragen, die ich mir selbst nicht beantworten kann.

Seit etwa 10 Jahren glaube ich, daß ich meine Realität selbst gestalte. Unbewußt tut das wohl jeder. Bewußt tue ich es, seit ich meine Gedanken kontrolliert und gezielt einzusetzen lernte. Die meisten meiner Ziele wurden so Wirklichkeit. Hätte ich meine Gedanken nicht gezielt eingesetzt, hätte ich dann meine Ziele erreicht? Ich glaube es nicht.

Wenn unser Leben determiniert ist, hätte ich aber „gar nichts getan und (dennoch) alles erreicht." Oder wie siehst du das?

Du schreibst, daß du keine Wünsche mehr hast, keine Ziele mehr anstrebst. Ist der Grund hierfür deine Überzeugung, daß ohnehin alles geschieht, was geschehen soll, auch ohne den Einsatz gebündelter Gedankenkraft? Oder ist es bei dir so, daß sich einfach keine Wünsche mehr einstellen?

Wäre letzteres der Fall, würdest du dein Potential meines Erachtens nicht nutzen. Gerade ein Mensch, wie du einer bist, müßte doch Wunder über Wunder erleben können. Jesus war sich zwar sicher, daß er nur tun kann, was er den Vater tun sieht (von der Existenz dieses Bibelverses weiß ich übrigens erst durch dich), dennoch hat er gewaltige Wunder bewirkt. Offenbar widerspricht also die Hingabe an den Willen Gottes nicht dem kontrollierten Einsatz der Gedankenkraft. Oder wie siehst du diesen Punkt? Für eine Antwort wäre ich dir dankbar.

Antwort:
Keine Frage, daß Gedankenkraft existiert. Auch keine Frage, daß durch kontrollierte Gedankenkraft nicht nur Gläser zerspringen und Uhren anhalten, sondern sich auch Wünsche erfüllen, Ziele erreichen lassen. Das geschieht ständig, bewußt oder unbewußt. Aber wer entscheidet, ob du Gedankenkraft überhaupt einsetzen WILLST? Wer entscheidet, ob du sie einsetzen KANNST? Und wer entscheidet, ob du sie EFFIZIENT und zum richtigen Zeitpunkt einsetzen kannst? Allein die Tatsache, daß du weißt, wie man es macht, ist determiniert. Unzählige Menschen sind diesbezüglich (noch immer) völlig unwissend. Viele andere wissen um dieses Prinzip, KÖNNEN jedoch nicht daran glauben. Wieder andere glauben daran, sind aber NICHT FÄHIG, ihre Gedanken kontrolliert einzusetzen. Und wieder andere können es zwar, erleben jedoch, daß sich trotzdem NICHT JEDER ihrer Wünsche erfüllt, NICHT JEDES Ziel erreichen läßt. Selbst du schreibst ja, daß sich „viele" deiner Wünsche erfüllten, woraus ich schließe, daß es nicht alle waren.

Du hast womöglich recht mit deiner Behauptung, daß sich deine Wünsche ohne den Einsatz von Gedankenkraft nicht erfüllt hätten. Aber daß du sie eingesetzt HAST und einsetzen KONNTEST, hat sich schlicht ereignet.

Was mich angeht: Der Wegfall meiner Wünsche und Ziele hat folgende Ursache: Ich habe einfach nicht mehr das Empfinden, mehr zu brauchen, als jeweils da ist. Was ich meine, ist: Da ist kein Verlangen mehr, mehr zu erfahren als das, was sich jeweils gerade ereignet. Ob ich in einer hellen, großräumigen Penthousewohnung oder in einer dunklen und engen Dachgeschoßwohnung hause, ob ich in einem sündhaft teuren Restaurant in bester Gesellschaft fürstlich speise oder zu Hause ganz allein Pellkartoffeln mit Butter und Quark zu mir nehme, ob ich in einem nagelneuen 1500-Euro-Boss-Anzug oder in einer 20 Jahre alten, abgewetzten Jeans und einer ebenso alten Lederjacke herumlaufe, ob ich vor 500 applaudierenden Leuten auf dem Podium stehe oder ein Einzelcoaching mache – in meiner Wahrnehmung ändert sich nur, was an äußeren Unterschieden wahrnehmbar ist –, ich bin stets jenseits aller Unterschiede. Also, was sollte ich mir denn noch wünschen?

Daß ich wunschlos bin, bedeutet jedoch nicht, daß ich keine sogenannten Wunder erlebe. Nur bedeuten sie mir nicht mehr als das „Wunder des Lebens". Wenn ich einen Mangel erkenne, egal auf welchem Gebiet meines Lebens, erscheint zumeist automatisch ein Bild, in dem der gegenwärtige Mangel in Fülle verwandelt ist. Und in den meisten Fällen verwirklicht sich dieses Bild, manchmal sogar schon wenig später. Ich visualisiere jedoch nicht mehr irgendein Bild, einen Wunsch, ein Ziel, das mir aus welchen Gründen auch immer vorteilhaft erscheint.

„Gar nichts tun und alles erreichen" bedeutet natürlich nicht, herumzusitzen und darauf zu warten, daß dir die gebratenen Tauben ins Maul fliegen. Es bedeutet lediglich den Verlust des Ich-Bewußtseins, das dich an der Nase herumführt, indem es dir suggeriert, „du" müßtest alles erreichen und daher schuften und schwitzen. Nichts gegen Schuften und Schwitzen, wenn jedoch niemand mehr da ist, der sich dabei unter Druck gesetzt oder gestreßt fühlt, wird manchmal geschwitzt und geschuftet, ohne es als Plackerei zu empfinden.

Im natürlichen Zustand ist die Frage: „Nutze ich mein volles Potential?" irrelevant, weil es ohne Ich-Bewußtsein unmöglich ist, nicht das zu leben, was in einem angelegt ist. Eine Rose IST eine Rose, ein Gänseblümchen wird NIE eine Rose, egal wie sehr es sich anstrengen würde, eine zu werden. Und umgekehrt ist es natürlich genauso. Nur das eingebildete Ich macht sich Gedanken darüber, ob es sein volles Potential lebt, ohne Ich-Bewußtsein entfaltet sich das vorhandene Potential ganz natürlich. Ohne Sinn, ohne Zweck, wie bei einer Blume, die ihren Duft auch dann noch verströmt, wenn ihn kein Mensch in die Nase bekommt und keine Biene von ihm angelockt wird, um den Nektar aus ihrer Blüte zu schlürfen.

Beten – ja oder nein?

Aus einem Leserbrief:
... und so entnehme ich deinen Worten, daß du Beten für Zeitverschwendung hältst. Aber hat uns nicht Jesus selbst beten gelehrt? Und hat er nicht auch gesagt: Alles was ihr bittet, glaubt nur, daß ihr's empfangen habt, so wird's euch werden? Kannst du mir auf diese Fragen bitte antworten?

Antwort:
Glaubst du an jemandem über dir? Dann bete. Wie ich es übrigens auch tat. Viele Jahre. Wenn ich mich recht erinnere, über 20. Und es funktionierte in vielen Fällen.

Als ich später im Leben mit der esoterischen Idee konfrontiert wurde, „du bist Gott", betete ich nicht mehr, sondern „befahl" – so wie Jesus, als er dem Sturm befahl, sich zu legen. Und manchmal funktioniert das ebenso wie das Beten. Erst kürzlich wieder, ganz witzig:

Wir machten eine Übung im Workshop. Ein Teilnehmer erhielt die Aufgabe, über folgendes Thema zu referieren: Der freie Wille ist Illusion. Zwei andere Teilnehmer sollten anschließend den Gegenbeweis antreten. Einer der beiden war ich! Denn mir sind viele Argumente gegen die Annahme, einen freien Willen zu besitzen, aus früheren Zeiten geläufig. Als ich mein nicht ernstgemeintes Plädoyer für den freien Willen hielt, sagte ich plötzlich im Übermut: „Ich kann sogar beweisen, daß ich einen freien Willen besitze. Nur weil ich es will, wird in spätestens fünf Minuten die Sonne scheinen." Wenig später brachen ihre Strahlen tatsächlich durch die dichte Wolkendecke, und hätte ich ein Seminar abgehalten, um zu beweisen, daß Realitätsgestaltung tatsächlich funktioniert, wäre ich höchstwahrscheinlich zum Helden (oder zum Heiligen) geworden und alle Workshopteilnehmer wären vor mir niedergefallen.☺ In Wahrheit stimmte meine im Übermut getroffene „Voraussage" schlicht mit dem überein, was determiniert war.

Wie gesagt, als ich glaubte, jemand sei „über mir", betete ich. Dann glaubte ich, Gott zu sein, und sprach, wie er es tat: So sei es! Als das Ich als Einbildung entlarvt wurde und aufgrund dessen klar wurde, daß alles determiniert ist, hörte ich auf, meine „Göttlichkeit" unter Beweis stellen zu wollen.

Versteh mich aber bitte nicht falsch! Ich kann immer noch beten, zu Jesus, zu Buddha, zu Mother Mary, zu jedem Heiligen, zu Gottvater, selbst zum Geist meiner verstorbenen Mutter. Ich kann auch noch immer befehlen: So sei es! Und manchmal geschieht das. Wie beispielsweise in jenem erwähnten Workshop. Aber prinzipiell besteht keinerlei Notwendigkeit dazu, denn die Dinge geschehen immer so, wie sie geschehen sollen. Und daher fließe ich einfach mit dem, was ist.

Beten ist eine wundervolle Erfahrung. Du fühlst dich geborgen, verstanden, geliebt, womöglich sogar erhört. Ob du tatsächlich erhört wirst, darüber hast weder du noch sonst jemand Kontrolle. Das ist ja das eigentlich Spannende im Leben, daß du nie genau weißt, was geschieht. Eine Wahrsagerin, die mir meine Vergangenheit so überaus genau beschrieb, als hätte sie ein Tagebuch von mir gelesen (ich schreibe aber keins), sagte mir die Zukunft und sogar mein Todesjahr voraus. (Weil ich es erfragte, denn hätte sie „morgen" gesagt, hätte mich das nicht umgehauen.) Aber wer weiß, ob alles stimmt, was sie vorhersah! Es könnte ebenso sein, daß sie sich irrt. Denn der Irrtum ist ebenso determiniert wie eine präzise Vorhersage.

Ich glaube an gar nichts! *Weder an Gott noch an die Möglichkeit zur eigenen Realitätsgestaltung, nicht einmal an das Schicksal! Ja, du hast ganz richtig gelesen. Schicksal oder Determinierung ist für mich kein Glaube, sondern die logische Folgerung aus dem Faktum, daß der freie Wille Illusion ist.*

Ein einfaches Beispiel: Jemand würfelt. Die Zahl, die jeweils auf dem Würfel erscheint, scheint Zufall zu sein. In Wahrheit ergibt sie sich zwingend aus der jeweiligen Bewegung des Spielers, der Art und Weise sowie der Geschwindigkeit, mit der der Würfel geworfen wird. Der Spieler folgt bei dem Wurf einem Impuls, er kann in Wahrheit keinen bzw. nur scheinbar Einfluß darauf nehmen, wie und wann er den Wurf ausführt, und somit kann er nicht bestimmen, welche Zahl er würfeln wird. Der sogenannte Zufall ist daher nichts anderes als das zwangsläufige Ergebnis, das im Zusammenspiel aller Faktoren erfolgen muß. Wäre nun ein Mensch in der Lage, alle Faktoren, die das Ergebnis hervorbringen werden, vorauszusehen, könnte er auch voraussagen, welche Zahl erscheinen wird. Und solche Seher gibt es ja tatsächlich. Wie sollten sie Voraussagen über die Zukunft treffen können, wenn diese nicht feststehen würde?

Was auch immer geschieht, ist zwangsläufig das, was im Zusammenspiel aller Faktoren geschehen muß. Selbst wenn wir uns entscheiden würden, eine andere Entscheidung zu treffen als die, die wir ursprünglich treffen wollten, also ein Veto einlegten, wäre das Veto determiniert, und daher führt letztlich kein Weg daran vorbei, genau so zu entscheiden, wie es determiniert ist.

Wie anfangs gesagt, ich betete ungefähr 20 Jahre. Und wenn ich nicht gerade von dem unseligen Gebot unterjocht war, täglich beten zu „müssen", waren mit dem Gebet zumeist selige Erfahrungen verbunden und natürlich auch Erhörungen, wenn das Geschehnis, um das ich betete, determiniert war.

Unsinn war es jedoch zu glauben, mein Glaube sei zur Erhörung notwendig gewesen. Leider wird die Aussage Jesu, die er gegenüber denen machte, die nach Wundern oder Heilungen verlangten, falsch interpretiert. „Alles was ihr bittet im Gebet, glaubt nur, daß ihr's empfangen habt, so wird's euch werden[3]*". Die Realitätsgestalter, aber auch bestimmte Kreise bibelgläubiger Christen interpretieren diese Aussage folgendermaßen: Stell dir vor, daß du schon hast, was du dir wünschst, oder glaube, daß Gott es dir gab, und es wird sich materialisieren.*

Nun, stell dir bitte einmal vor, daß Jesus seine Aussage tatsächlich so gemeint hätte. Dann müßte sich alles, was du dir bildlich vorstellst, materialisieren. Also beispielsweise auch der spontan entstehende perfide Wunsch, jemand, den du nicht magst oder haßt, möge sterben!

Nein, was Jesus mit dieser eigentümlich klingenden Formulie-

---

3 Mk. 11, 24

*rung „Glaubt nur, daß ihr's **empfangen habt** ..." meinte, ist, daß alles, was die Zukunft tatsächlich bringen WIRD, zwangsläufig geschehen MUSS. Was geschehen wird, ist in Wahrheit ja schon geschehen, auch wenn es erst in der Zukunft erscheint. Und **aus diesem Grund** kannst du glauben, es bereits empfangen zu **haben**. Glaube daran, bereits zu besitzen, was sich erst noch ereignet, ist also eine natürliche Folge der Gewißheit, daß ein bestimmtes Ereignis determiniert ist. Die Betonung liegt nicht etwa auf „Glaube nur", sondern auf „empfangen habt". Wie solltest du etwas empfangen haben, was keine Wirklichkeit darstellt? Aber Wirklichkeit braucht keine Zeit, sie wird nur in der Zeit offenbar, manifest.*

Beten – ja oder nein ist daher gar nicht die Frage. Denn was immer du tust, ist genau das, was geschehen muß. Wenn du dich also zum Beten gedrängt fühlst, weshalb zum Teufel solltest du es nicht tun?

Auf der Homepage des Advaita-Lehrers Ramesh Balsekar findest du einen „Brief an Gott", den er selbst formuliert hat. Du könntest ihn nun fragen: Weshalb betest du zu Gott? Lehrst du nicht, daß alles das Eine ist? Bist du demnach nicht selbst der, den du anbetest? Nun, für Ramesh bildet es offenbar keinen Widerspruch, zu Gott zu beten und gleichzeitig zu wissen, daß er selbst niemand anderes ist als Gott selbst! Als Beweis dafür hier einer der letzten Sätze aus seinem Brief an Gott: „Ich bin tatsächlich gesegnet, oder, mein Geliebter, hast du dich nicht eigentlich selbst gesegnet?

Innerhalb der virtuellen Realität wird die Eins scheinbar zur Zwei. Das ist das Hauptmerkmal der dualen Welt. Und daher gibt es keinen Grund, Gott oder Gebete zu ihm auszuschließen. Tu, was immer sich tut, nichts ist falsch, nichts ist richtig, alles ist genau so, wie es sein soll.

Wenn du das zu erkennen vermagst, wird das Leben einfach und unkompliziert, frei von all jenen Zweifeln, die dich umtreiben, frei von Vernünfteleien, die dich nur verwirren, frei auch von all den Konflikten, die entstehen, wenn es Entscheidungen zu treffen gilt.

Ich erlebe ständig, daß sich Entscheidungen und Aktivitäten auf harmonische Weise ergeben; kaum einmal bin ich gefordert, über Handlungsalternativen nachzudenken. Und selbst wenn ich es muß, fühle ich mich nicht unter Druck, schlicht deshalb, weil ich gewiß bin, daß nichts geschehen kann, was nicht geschehen soll.

Spürst du die Sehnsucht nach so einem befreiten Leben? Dann mag der Zeitpunkt gekommen sein, die Hindernisse aus dem Weg zu räumen, die dich davon abhalten.

Geld

Maximiere die Kunst, Geld zu machen!

– Geldregel Nr. 41 von U.G. Krishnamurti

Was ist dir Geld wert?

Ein Leserbrief:
Werner, mir ist es ehrlich gesagt völlig schnurz, ob ich erleuchtet oder unerleuchtet in den Sarg gepackt werde. Ich habe ein praktisches Problem, obwohl .., eigentlich ist es kein Problem, sondern ein Wunsch, den ich aber nicht loswerden kann. Ich habe es schon versucht, mehrere Male sogar, aber er kommt immer wieder. Und du sagst ja, daß es immer so ist, wie sein soll, also sind demnach auch meine Gedanken, die sich immer wieder um Geld drehen, das, was sein soll, denn, sonst wären sie ja gar nicht da. Ich bin jetzt 43 Jahre und habe mein Leben lang hart gearbeitet, aber viel raus kam dabei nicht., Ich habe praktisch nichts auf der hohen Kante, das Geld ging immer für meinen Lebensunterhalt und für Urlaub drauf, und erben werde ich auch nichts, soviel steht fest. Ich hab all die Bücher übers „Manifestieren" durch, ich habe mehrere Seminare von ...[4] besucht, alles hat nichts genützt. Vor zwei Jahren habe ich „Leide nicht – liebe" gelesen und seitdem geübt, ich bin seitdem besser drauf als je

---

4 Name eines bekannten Mentaltrainers

zuvor, aber ich habe trotzdem nicht mehr Geld. Da hat sich überhaupt nichts getan. Ich kenne ja auch deine beiden anderen Bücher, lese ab und zu auch schon mal einen deiner Texte auf deiner Homepage oder schaue mir ein Video an, und klar weiß ich jetzt, daß ich wohl nichts machen kann, wenn es mir nicht bestimmt ist, an mehr Geld zu kommen. Aber irgendwie ist mir halt doch danach, dir jetzt mal zu schreiben und dich zu fragen, was ich denn machen soll, wenn einerseits der Wunsch nach mehr Geld da ist und ich es trotzdem bekomme. Das ist nämlich schon ein ziemlich beschissener Zustand. Klar weiß ich durch deine Texte, daß nur der Gedanke selbst wegfallen muß, daß der das Problem ist, aber was machst du, wenn er nicht wegfallen will? Wie gesagt, ich übe jetzt schon so ca. zwei Jahre, und nichts hat sich getan. Bin ich da vielleicht ein Sonderfall, oder mache ich etwas grundfalsch oder, oder, oder ... Vielleicht hast du mal Lust und Zeit, mir zu schreiben.

Antwort:
Lieber Pedro,
niemand kann seine jeweilig vorhandenen Wünsche wirksam verleugnen, spirituelle ebenso wenig wie materielle. Und wozu auch? Ramesh Balsekar sagt: Wenn du zwischen einer Million Dollar und Erleuchtung wählen könntest, dann nimm die Million, denn wenn sich Erleuchtung ereignet, ist niemand mehr da, der sie genießen könnte.

Also sei dankbar, daß du offenbar nicht zu denen gehörst, die keine andere Wahl haben, als nach Erleuchtung zu suchen. Wie ich beispielsweise, über 40 Jahre lang hat mich dieser Wunsch umgetrieben, mich vereinnahmt und einen Großteil meiner Energie und Zeit gebunden. Und doch kann ich mich bestens in deine

Situation hineinversetzen. Denn gleich nach meinem drängenden Wunsch nach Erleuchtung stand auf meiner Prioritätenliste ganz oben: Geld, mehr Geld, möglichst viel Geld.

Ich kann und will nur aus meiner Erfahrung berichten, einen absolut sicheren Tip, wie man zu mehr oder viel Geld kommen kann, habe ich nicht. Dieses Feld überlasse ich den Lehrern des positiven Denkens, die mir allerdings ebenso wenig wie dir weitergeholfen haben, obwohl ich viele Jahre ihren Empfehlungen gefolgt bin.

Zunächst: Ich bin nicht das, was man reich nennt. Aber finanziellen Mangel kenne ich schon seit vielen Jahren nicht mehr. Das heißt nicht, daß ich die Hände in den Schoß legen könnte, um von den Zinsen meines Vermögens zu leben, aber das möchte ich gar nicht. Ich kann mir nicht vorstellen, in ein Alter zu kommen, in dem ich als Pensionär frühmorgens die Tageszeitung vom Politikteil ganz vorn bis zu den Sterbeanzeigen ganz hinten durchlese, im Park Tauben füttere, Obstbäume schneide oder mir gar nachmittags dämliche Gerichtsshows reinziehe. Nein, ich werde wohl meinen Job machen, bis das Herz in diesem Körper nicht mehr schlägt.

By the way: Ich halte das Konzept, mit 67, 65 oder gar früher in Rente zu gehen, für eine der sichersten Chancen, den Löffel abzugeben. Klar, wenn ich körperliche Schwerstarbeit leisten müßte, um mir die Brötchen zu verdienen, sähe es anders aus. Aber wer leistet heute noch Schwerstarbeit? Die wenigsten tun das.

Ich habe Verkäufer im Außendienst kennengelernt, die sich am liebsten über den Zeitpunkt ihrer vorzeitigen Pensionierung unterhielten. Tolles Thema, und vor allem machte es die Arbeit, die sie noch bis zur Pension zu leisten hatten, ungemein attraktiv!!!

Die Typen liefen herum wie Falschgeld, wunderten sich aber über ihren stets steigenden Mißerfolg und machten den Markt, die Kunden oder die Firma dafür verantwortlich. Sie moserten über all das, was nicht gut lief in ihrem Unternehmen und verloren dabei das Wichtigste, was ein guter Verkäufer (und jeder erfolgreiche Mensch) braucht: Zuversicht, Leidenschaft, Überzeugungskraft, Ausstrahlung!

Wenn ich nicht „brennen" konnte bei einer Arbeit, suchte ich mir einen anderen Job. Das war nicht immer gleich möglich, schließlich hatte ich eine Familie zu ernähren, aber der Drang nach einer Arbeit, die mich erfüllte, war immer so stark, daß die Umstände überhaupt keine Chance hatten, als sich ihm anzupassen.

Eine Frage ist hilfreich und sehr erhellend für alle, die wie du auf Geld fixiert sind: Was würde ich mit dem Geld machen, wenn ich es hätte? Was ist für mich persönlich der **Gegenwert***?*

Als ich mir diese Frage stellte, wurde mir klar, daß ich in erster Linie frei sein wollte, das zu tun, was mir Freude bereitet. Daß ein Leben ohne Arbeit kein gutes Leben wäre, wurde mir relativ früh klar. Du verödest, gehst langsam vor die Hunde. Es sei denn, du würdest dich dem Müßiggang voller Leidenschaft hingeben können. Dann wäre das aber auch Arbeit!

Nachdem mir klar geworden war, weshalb ich Geld so attraktiv fand, hörte ich automatisch auf, mich darauf zu fixieren, und richtete statt dessen meine Aufmerksamkeit auf die Tätigkeit, in der ich aufgehen und für die ich „brennen" konnte. In meiner Freizeit zunächst, denn ich brauchte ja Geld, um meine Existenz abzusichern.

Ein innerer Drang ist niemals einfach so da. Auch deiner nicht, Pedro. Aber ich würde ihn einer genauen Prüfung unterziehen: **Was genau ist es, das mir den Wunsch nach Geld so unendlich** *wichtig erscheinen läßt, daß ich ihn einfach nicht loslassen kann?* *Wenn diese Frage erst einmal geklärt ist, wirst du dich auf den* **Wert** *konzentrieren, den du mit mehr Geld verbindest.*

Ich gebe dir ein Beispiel für diese Art der Untersuchung: Nehmen wir einmal an, die Antwort auf die oben gestellte Frage wäre: ein eigenes Haus besitzen. Dann hinterfragst du auch diesen Wunsch: Und welchen Wert verbinde ich mit dem eigenen Haus? Vielleicht ist die Antwort: keine Miete mehr zahlen. Und welchen Wert verbinde ich damit? Mögliche Antwort: das Geld für andere Dinge ausgeben können. Wiederum: Was sind das für Dinge? Hinterfrage den Wunsch so lange, bis du an den Punkt gelangst, an dem dir klar wird, welchen Wert du **wirklich** *im tiefsten Innersten mit mehr Geld verbindest.*

Lieber Pedro, ich greife der Antwort, die du am Ende erhalten wirst, einmal vor, aber dieser Wert kann und wird nie etwas anderes sein als Liebe und Leidenschaft für irgend etwas, das dir bedeutsam, groß, wichtig, lebens- und liebenswert erscheint. Natürlich Liebe zu einem Objekt in dem Fall, keine objektlose Liebe. In meinem Fall war es das Schreiben von Büchern.

Immer wieder sagen mir Menschen, denen ich diese Art der Untersuchung empfehle, sie könnten sich für nichts richtig begeistern, nichts richtig lieben. Ich will nicht in Frage stellen, daß ihre Antwort aufrichtig ist, kann mir aber nicht vorstellen, daß sie die Untersuchung konsequent bis zum Ende verfolgt haben. Was ich zudem für möglich halte, ist, daß sie zu nüchtern an die Sache herangehen und sich selbst nicht eingestehen, was sie wirklich interessiert. Vielleicht auch deshalb, weil sie schon in der Kindheit darauf getrimmt wurden, man könne nur mit einem soliden Job Geld verdienen und gehe ein zu hohes finanzielles Risiko ein, würde man sich seinem ureigensten Interesse widmen. Natürlich kann man so denken, darf sich dann aber nicht wundern, wenn man nur kleine Brötchen zu backen imstande ist.

„Du mußt die Arbeit finden, die du lieben kannst", sagte der Apple-Gründer Steve Jobs in seiner bemerkenswerten Rede vor Absolventen der Stanford University im Jahr 2005, „und wenn du sie jetzt noch nicht gefunden hast, gib nicht auf, bis du sie findest!" Onassis war steinreich, aber wie sehr liebte dieser Mann sein Geschäft. Der Milliardär Bill Gates liebt seins mindestens ebenso. Natürlich gibt es Ölscheichs, denen das Geld einfach zuflog und -fliegt, weil sie am richtigen Ort geboren wurden. (Und dabei haben die meisten von ihnen von Realitätsgestaltung und Visualisierung noch nicht einmal gehört!) Sicher ist dennoch, daß ihnen ihr Vermögen für ihr emotionales Schicksal überhaupt nichts nützt, wenn sie in Bezug auf die Liebe im Trüben fischen.

Ich habe wie gesagt keinen todsicheren Tip, weiß jedoch aus Erfahrung, daß hohes Interesse und Leidenschaft für eine Arbeit, die dich erfüllt und sich auf deine Kreativität und deinen Tatendrang auswirkt, alles, natürlich auch deinen Wunsch nach mehr Geld, regelt.

Ich gehöre nicht zu denen, die sagen: Geld macht nicht glücklich, es verdirbt den Charakter. Nein, ich empfehle: Mach so viel Kohle wie irgend möglich! Es ist doch herrlich, dir all die Spielzeuge kaufen zu können, die dir temporär Freude bereiten. Was sollte daran um Gottes willen verwerflich sein? Sei dir nur im klaren darüber, daß ohne Leidenschaft und Liebe im Herzen nichts etwas bedeutet, denn Liebe ist die Essenz allen Seins, und sie strebt danach, sich in allem, was ist, zu erfahren.

Befreundet

Aus einem Leserbrief:
Zur Zeit stecke ich gerade mal wieder in einer Krise. Bin auf Arbeitssuche und hoffe, bald etwas Geeignetes zu finden. Auch finanziell sieht es somit nicht sehr rosig aus. Kann ich irgendwas tun, um an Geld zu kommen, oder ist es mein Schicksal, immer nur kleine Brötchen zu backen?

Antwort:
Geld ist die einzige Möglichkeit in dieser Welt, um möglichst unabhängig zu leben, weil es nun einmal DAS Tauschmittel ist. Geld ist nahezu ebenso wichtig wie dein eigener Körper, denn ohne Geld kannst du ihn – zumindest in unserem Zeitabschnitt, unserer Zivilisation – nicht vernünftig am Leben erhalten, und angenehm leben schon gar nicht.

Komisch, daß viele Menschen chronischen Geldmangel für weniger problematisch halten als eine chronische Krankheit oder chronische Partnerprobleme. Woher kommt das? Es rührt von einer gestörten Beziehung zum Geld. Ich kenne das, denn ich hatte sie auch.

In meiner religiösen Ära galt mir Geld wenig, schlimmer noch – ich verachtete es, bezeichnete es als schnöden Mammon und die Wurzel allen Übels. Heute liebe ich Geld, und mit dem Spirit im Geld habe ich Freundschaft geschlossen. Ich gehe sogar so weit zu sagen: Ich liebe diesen Spirit wie mich selbst! Und in Wahrheit ist er ja auch nichts anderes!

Geld ist in meiner Wahrnehmung alles andere als tote Materie. Nichts ist tote Materie, allem wohnt der eine Geist inne. Oder besser noch: Alles ist Geist, verhüllt in Materie. Grundsätzlich war mir das schon vor dem Sommer 2004 klar. Sehen und wirklich schätzen jedoch konnte ich dies erst nach dem Abschied von der Ich-Illusion, die diese Sicht immer wieder verschleierte und verunreinigte.

Wenn du klar siehst, daß kein reales, sondern nur ein virtuelles Ich existiert, gibt es in deiner Wahrnehmung keine einzige Lebensform mehr, in der etwas anderes lebt, webt, wirkt, zum Ausdruck kommt als das Eine. In guten und bösen Menschen, wilden Tieren und kuscheligen Haustieren, Bäumen und Sträuchern, Blumen und Gräsern, der Erde und den Steinen und natürlich auch den Geldscheinen und Münzen. All das sind lediglich verschiedene Formen einer einzigen Energie. Und so beginnst du mit allem, was ist, natürlich auch mit Scheinen und Münzen, auf natürliche Weise Freundschaft zu schließen. Ich betone: auf natürliche Weise und nicht etwa mit dem Ziel, den Geist im Geld zu beschwören. Das mag vielleicht sogar funktionieren, es könnte jedoch ebenso sein, daß du irgendwann wie der Zauberlehrling in Goethes Faust verzweifelt ausrufen mußt: „Die Geister, die ich rief, die werd' ich nun nicht los!"

Als ich in meine bislang letzte finanzielle Krise geriet, blieb die Angst aus, die mich als Freiberufler in solchen Situationen vorher immer im Würgegriff hatte. Ein Urvertrauen, das ich bis dahin nicht gekannt hatte, hatte mich durchdrungen. Je tiefer ich in die roten Zahlen rutschte, desto deutlicher ausgeprägt nahm ich es wahr – grundlos sozusagen. Und siehe da, nach einer gewissen Zeit wurde mir eine hohe Geldsumme geschenkt, ohne darum gebeten zu haben. Sie war genauso hoch wie das Defizit auf meinem Bankkonto.

Wie läßt sich das erklären? Ich habe wirklich nicht die geringste

Ahnung, will mich aber dennoch um eine Erklärung bemühen, allerdings ohne sie beweisen zu können oder gar beweisen zu wollen.

Was geschieht, wenn du jemanden ablehnst oder übel über ihn redest? Er wird sich zurückziehen, nicht wahr? Mit dem Geld scheint es sich nicht anders zu verhalten. Wer Geld mißbilligend behandelt oder gar verachtet, macht es sich, womöglich ohne daß er es will, zum Feind, und wie sollte sich ein Feind gern und vor allem dauerhaft bei ihm aufhalten wollen?

Moral scheint diesen Geist übrigens nicht zu interessieren, sonst wären sicher nicht so viele skrupellose Leute steinreich, aber eine freundliche Einstellung ihm gegenüber scheint sich auszuzahlen. Ich jedenfalls kenne keinen dauerhaft wohlhabenden Menschen, der nicht eine liebevolle, mitunter sogar zärtliche Beziehung zum Geld unterhält.

Wenn du einem Gast in deinem Haus Raum gibst und ihn gut behandelst, einfach so und ohne Hintergedanken, schlicht weil dein Herz mit Liebe erfüllt ist, dann wird er sich wohl bei dir fühlen und auch gern bei dir bleiben.

Selbst wenn dies nur eine Theorie und nicht die Wahrheit sein kann, steht eins in jedem Fall fest: Geld kann man sich zwar verdienen – um aber möglichst viel Geld zu bekommen, muß es nicht verdient werden. Wer das glaubt, wird hart arbeiten müssen, meist ohne einen entsprechenden Gegenwert zu erhalten. In dem Schweizer Film „Vitus"[5] fragt der Großvater seinen kleinen, genialen Neffen: „Eins verstehe ich nicht, Vitus: Wie ist es möglich, daß manche Menschen viel Geld besitzen, ohne dafür zu arbeiten?" Der Kleine antwortet: „Ganz einfach: indem man das Geld arbeiten läßt!"

---

5 Schweizer Filmpreis 2007, bester Film, Regisseur Fredi M. Murer

Ich liebe es, ein Bündel Geldscheine bei mir zu haben, selbst dann, wenn ich weiß, daß ich es nicht ausgeben werde. Ich mag das Gefühl, viele Scheine in meiner Tasche zu haben. Dies scheint wie ein Magnet auf Geld zu wirken, man kriegt immer mehr davon! Natürlich kann ich auch diese Behauptung nicht beweisen und würde auch kein Dogma daraus machen. Schon deshalb, weil Dogmen und Liebe sich überhaupt nicht vertragen.

Geld fällt natürlich nicht einfach vom Himmel, auch dann nicht, wenn du es wirklich liebst. Es läuft vielmehr so: Dir kommt eine Idee, du begegnest Menschen, die es gut mit dir meinen und dich fördern, und irgendeine Tür, die bisher verschlossen schien, öffnet sich plötzlich. Ohne Freundlichkeit gegenüber dem Geld, die womöglich sogar zu einer Art Freundschaft wird, scheinen die Türen jedoch meist verschlossen zu bleiben, und wenn sie sich tatsächlich einmal öffnen, gehen sie nach einer bestimmten Zeit wieder zu.

By the way: Die Behauptung, man müsse Geld oder zumindest den zehnten Teil davon ausgeben oder gar verschenken, damit es „nachfließen" könne, halte ich für einen Mythos. Ich kenne eine Reihe wirklich reicher Leute, die auf mich nahezu knauserig wirken und es vor allem besser zusammenhalten als manch ein Hartz-IV-Empfänger.

Ich halte mich jedenfalls nicht (mehr) an diese Regel, wenn ich aber Geld ausgebe, dann tue ich es gern. Was ich meine, ist: ich trauere ihm auf keinen Fall nach. Und ich beklage nicht ständig den Umstand, daß das Geld seit der Euro-Einführung viel von seinem Wert eingebüßt hat. Obwohl es natürlich stimmt.

Zuletzt: Ich bin (leider oder Gott sei Dank) kein Seher und kann daher über dein Schicksal keine Voraussagen treffen, kann dir also nicht sagen, ob du zum Millionär wirst, wenn du Geld nicht mehr mißbilligst oder gar als Übel betrachtest. In jedem Fall ist es alles andere als ein Erfolgsritual und mitnichten eine todsichere Erfolgsmethode, was ich hier empfehle. Es ist vielmehr die Beschreibung meines nicht von mir selbst initiierten Gesinnungswandels nach dem Abschied von der Ich-Illusion.

Loslassen

Aus einem Leserbrief:
Ich habe zu wenig Geld und das schon seit langem. Und ich weiß auch, daß ich, je mehr ich davon möchte, desto WENIGER bekomme. Und deshalb hab ich versucht, den Wunsch nach mehr Geld loszulassen, aber dabei bemerkt, daß ich es nicht kann, weil ich verdammt noch mal einfach mehr davon will und weil ohne Moos nix los ist in unserer Welt!

Antwort:
Weshalb um Himmels Willen willst du denn den Wunsch nach Geld loslassen? Wer hat dir diese ineffiziente Empfehlung gegeben? Vergiß sie! Lösche sie aus deinem Bewußtsein! Geld sollte auf deiner Prioritätenliste ganz oben rangieren, denn du hast natürlich recht, wenn du sagst: Ohne Moos ist nix los!

Ich empfehle dir: Liebe dich von ganzem Herzen dafür, daß du diesen brennenden Wunsch nach mehr Geld in dir spürst, und liebe dich besonders dafür, daß du den Wunsch gar nicht loslassen willst! Das beweist nämlich, daß dein System noch nicht mit der ebenso scheinheiligen wie falschen Theorie verseucht ist, Geld verderbe den Charakter und sei die Wurzel allen Übels!

Wenn du dich wirklich liebst und das Liebesbekenntnis nicht einfach nur so herunterleierst, wie manch einer einen Rosenkranz betet, befindest du dich sofort in einer ganz anderen Energie als zuvor. Und bleibst du darin, dann ist dir zwar weiß Gott nicht egal, ob du viel oder wenig Geld hast, weil ohne Moos auch in diesem Zustand nix los ist, doch die Liebe, die du dann im Inneren erfährst, wird dir so ungeheuer wertvoll sein, daß du lieber auf der Straße betteln würdest, als jemals mehr auf dieses göttliche Verliebtsein zu verzichten. Und gerade dann wäre es durchaus möglich, daß dir ganz plötzlich eine Idee kommt, die sich in Geld verwandeln läßt! Oder daß dir jemand begegnet, der es gut mit dir meint und dir in den Sattel hilft, um dem Goldesel die Sporen geben zu können. Du weißt nicht, wie es passiert, aber plötzlich sprudelt eine Geldquelle. Das muß nicht bedeuten, daß du gleich oder in jedem Fall superreich wirst, obwohl auch das durchaus möglich wäre, aber auf jeden Fall hast du so viel, wie du brauchst, und meist sogar etwas mehr. Und was zum Henker willst du eigentlich mehr?

Selbst-Liebe

Als ich mich wirklich selbst zu lieben begann,
habe ich verstanden,
daß ich immer und bei jeder Gelegenheit
zur richtigen Zeit am richtigen Ort bin
und daß alles, was geschieht, richtig ist.
Von da an konnte ich ruhig sein ...

– Charlie Chaplin

Liebe ist das Herz aller Dinge

Liebe ist das Herz aller Dinge,
und deshalb suchst du die Liebe,
egal was du glaubst, suchen und finden zu müssen.

Liebe ist das Herz aller Dinge,
sie ist vor lauter Liebe in unzählige Stücke zersprungen,
um nach sich selbst, um in Liebe nach der Liebe suchen zu können.

Liebe ist das Herz aller Dinge,
und sie ist so verrückt nach sich selbst,
daß sie das Zerbrechen wählen muß,
um sich äonenlang nach der verlorenen Einheit zu sehnen,
die von Liebe zu Liebe führt.

Liebe ist das Herz aller Dinge,
und indem sie sich verweigert, gibt sie sich hin,
indem sie sich ausgießt, gießt sie sich ein,
indem sie verlorengeht, findet sie sich,
indem sie verdunkelt, erhellt sie sich,
indem sie nach sich fragt, antwortet sie sich.

Liebe ist das Herz aller Dinge,
und wenn sie sich selbst begegnet,
dann frohlockt sie und ist überglücklich.

Liebe ist das Herz aller Dinge,
und daher muß sie enttäuscht werden, immer,
weil sie sonst nie zu sich selbst finden kann.

Liebe ist das Herz aller Dinge,
und sie ist sogar alle Dinge,
weil sie niemals abwesend ist.

Liebe ist das Herz aller Dinge,
und deshalb gibt es nie einen Zustand,
in dem Liebe nicht anwesend ist.

Liebe ist das Herz aller Dinge,
und du mein Herz, du weißt schon, daß es so ist,
noch magst du dich ihr und damit dir selbst verweigern,
weil es dir dein Verstand majestätisch gebietet,
doch er wird zerbrechen, wenn die Zeit da ist,
und die Liebe wird ungehemmt fließen ...

Immer ist Liebe am Werk

Wenn ich heute sage: ALLES ist Liebe, so ist dies keine Fähigkeit, die ich mir erwarb, sondern Unfähigkeit, es anders zu sehen, sozusagen das Ergebnis einer Art Amputation.

Psychologen könnten mich als pathologischen Fall betrachten. Das wäre ihr gutes Recht, denn in allem Liebe zu sehen, das ist ziemlich unnormal in einer Welt, in der weiß Gott nicht nur liebevolle Ereignisse stattfinden. Aber die Herren Doktoren und Professoren würden die typischen Symptome einer Geistesgestörtheit bei mir nicht feststellen können. Ich halte es sogar durchaus für möglich, daß sie diese, während sie mich therapieren, bei sich selbst diagnostizieren müßten.

Wenn ich wie gestern in der Bildzeitung lese: *Warum tötet Mutter ihre beiden Söhne?*, bin ich wie jeder andere Mensch bestürzt über diese grauenvolle Tat. Gleichzeitig bin ich jedoch **unfähig**, diese Frau zu verdammen. Ich habe vielmehr keine andere Wahl, als festzustellen, nicht etwa zu glauben, daß Liebe am Werk ist. Ich leite diese Feststellung nicht von einer Theorie oder Philosophie ab, beispielsweise dieser: *Gott ist Liebe, und da er die Quelle allen Seins ist, MUSS das, was geschieht, Liebe sein.* Nein, denn obwohl diese These schwer widerlegbar sein dürfte, hätte ich mir lediglich eine Fähigkeit, einen Glauben, erworben, wenn ich so argumentieren würde. Doch dieser Glaube könnte dem Grauen in dieser Welt unmöglich standhalten, besonders dann nicht, wenn es sich bei den getöteten Söhnen um meine eigenen handeln würde.

In früheren Zeiten, also vor jener Ich-Amputation, verzweifelte ich manches Mal schier, wenn ich mit den Ungerechtigkeiten und Leiden in der Welt konfrontiert wurde. Wie jeder andere denkende und sensible Mensch fragte ich mich verzweifelt nach dem Warum, und da ich in jener Zeit noch an einen persönlichen Gott glaubte, fragte ich mich natürlich auch, wie er dieses Grauen zulassen könne.

Heute ist mein Friede stabil, was jedoch nicht bedeutet, daß mir jegliches Mitgefühl abhanden gekommen wäre. Erst kürzlich mußte ich mitansehen, wie ein Mensch, den ich überaus liebe und schätze, über einen längeren Zeitraum unter fürchterlichen physischen Schmerzen zu leiden hatte. Es war mir unmöglich, diesem Geschehen einfach zuzusehen. Ich tat vielmehr alles in meiner Macht Stehende, um ihm mit Tat und offenem Ohr beizustehen. Dennoch bin ich unfähig, Gott, das Schicksal oder wen auch immer deswegen anzuklagen. Da ist immer eine tiefe Gewißheit, daß Liebe am Werk ist. Daß Liebe dahinter steckt. Daß Liebe handelt. Und daß es den Menschen, ob er gerade leidet oder sich freut, letztendlich nicht gibt. Daß die Person(a) Maske ist, unter der sich *Liebe* verbirgt. Ich kann den Blick einfach nicht von der Liebe abwenden.

Mir ist es unmöglich zu glauben, daß das, was geschieht, egal was es ist und wem es geschieht, mir oder anderen, etwas anderes sein KANN als Liebe in ihrer Abwesenheit oder Anwesenheit. In beiden Fällen ist es Liebe. Der Zustand, den Liebe in ihrer Abwesenheit hinterläßt, kann nicht als angenehm empfunden werden, aber er ist die Voraussetzung für den Zustand, den Liebe in ihrer Anwesenheit generiert.

Es gibt eine Analogie für den Zustand von Liebe in ihrer Abwesenheit auf der menschlichen Ebene: Abschied von einem geliebten Menschen. Das tut weh, und da ist zunächst einmal unaussprechliche Leere, die man mit nichts ausfüllen kann. Man kann diesen Schmerz nicht verdrängen, und tut man es trotzdem, tritt er an anderer Stelle wieder zutage. Aber könnten wir denn die Freude des Wiedersehens feiern, wenn es keinen Abschied und das damit einhergehende Gefühl der Leere und Verlassenheit gäbe? Menschen, die ohne Unterbrechung zusammen sind, gehen das Risiko der Gewöhnung und damit der Gewöhnlichkeit ihrer Beziehung ein.

Der Liebe ist so ein Zustand unmöglich, sie ist viel zu dynamisch, viel zu energiegeladen und leidenschaftlich, als daß sie ihn zulassen könnte, und so werden immer neue Herausforderungen angenommen, um sich erfahren zu können. Sie wird nie zu einem stinkenden Teich ohne Abfluß. Und genau deshalb muß es den Zustand von Liebe in ihrer Abwesenheit geben. Dahinter steckt nicht etwa ein Plan oder eine Absicht; das Wechselspiel von Anwesenheit und Abwesenheit ist *Liebe in ihrem SOSEIN*.

Im Zustand von Liebe in ihrer Abwesenheit können freilich die schrecklichsten Dinge geschehen. Doch wie schrecklich sie auch sein mögen, die Liebe geht (sich) dabei niemals verloren, und sobald sich die Chance zeigt, sich wiederzufinden, ist sie sofort präsent. Und wenn es die bitteren Tränen (der Liebe) sind, die jene oben erwähnte Mutter weint, wenn ihr bewußt wird, was sie da eigentlich tat!

Liebe ist in dir keine andere als Liebe in mir. Sie ist in allen Lebewesen identisch, sie erfährt sich nur jeweils unterschiedlich und kommt dementsprechend unterschiedlich zum Ausdruck. Was sie in mir erfährt, muß sie in dir nicht erfahren. Zweimal die gleiche Erfahrung zu machen wäre zudem unökonomisch. Daher ist es auch sinnlos, nach meiner Erfahrung zu trachten. Der Liebe genügt es, sich in der Weise, wie sie sich in mir erfährt, einmalig und exklusiv zu erfahren. Die Erfahrung, die

Liebe im Irdischen macht, ist übrigens in jedem Menschen einmalig und exklusiv.

Ich kann nichts tun, um dir die Augen zu öffnen, nur darüber schreiben und reden, wie ich die Welt und die Ereignisse in der Welt sehe. Und natürlich wünsche ich dir, daß sich die Liebe, die deine wie meine Essenz ist, in dir angesprochen fühlt und dich mit der wundervollen Unfähigkeit beschenkt, die mir zuteil wurde.

Es ist wie Verliebtsein

Aus einem Leserbrief:
Ich schaffe es nicht, mich darin zu lieben, und ich schaffe es auch nicht, mich dafür zu lieben, daß ich es nicht lieben kann, und zwar deshalb nicht, weil es mir, wenn ich ehrlich bin, gar nicht um die Liebe zur Liebe ohne Objekt geht, sondern darum, daß es mir besser geht – ist doch ein Scheißspiel –, ich dreh mich im Kreis, und das macht mich rasend, so rasend, daß, wenn ich versuche, mich dafür zu lieben, ich nicht mal mehr weiß, für was ich mich eigentlich lieben soll, und dann denke ich, die ganze Welt kann mich mal. Mir wird das alles langsam aber sicher zu blöd mit der ewigen Studiererei darüber, wie ich es jetzt am besten anstelle, daß ich so schnell wie möglich in den Zustand der Liebe zur Liebe ohne Objekt komme. Da gefällt mir die Idee von gar nichts tun doch wesentlich besser, aber ich befürchte, daß mich das auch nicht in den emotionalen Zustand bringt, den ich ersehne. Was mich am allermeisten ankotzt, ist die Tatsache, daß mich nur Dinge runterziehen, die mit „meinem" Leben überhaupt nichts zu tun haben ... Bin ich in einer schwierigen Lage, dann krieg ich das immer gebacken, aber bei anderen nicht. Also, wenn Du mich

fragst, dann bin ich nicht ganz dicht ... hoffentlich so undicht, daß die ganze Scheiße die Fliege macht. Ist ja nicht zum Aushalten ... so, jetzt geht's mir besser ...

Antwort:
Die Liebe zur Liebe ist nur ein Hilfsmittel, um klar zu sehen, daß es überhaupt nichts zu üben gibt. Daß du bereits Liebe bist. Daß die Essenz allen Seins Liebe ist. Und dann ist es wie Verliebtsein.

Die Liebe zu lieben ist zu Anfang so ähnlich wie die Aus„übung" eines Hobbys, auf das du dich freust. Versuch es einmal so zu sehen.

Wenn du ein Hobby oder eine Leidenschaft hast, kannst du so viele Probleme haben, wie der Eiffelturm hoch ist: In dem Moment, wo du in dein Hobby vertieft bist, sind sie dir Jacke wie Hose.

Während sich deine Probleme haushoch auftürmen, bist du damit beschäftigt, die Liebe zu lieben. Nicht UM deine Probleme zu lösen, so funktioniert es nicht. Du liebst, weil du in die Liebe verliebt bist!

Du mußt verstehen, daß du damit eine völlig andere Ebene der Problemlösung betrittst. Nicht, daß dich deine Probleme nicht mehr beschäftigen dürften. Nicht, daß du die jeweils aktuellen nicht zu lösen versuchst. Nicht, daß du sie völlig aus dem Auge verlierst. Aber parallel dazu bist du in die Liebe verknallt. Was auch immer du schaffst oder nicht schaffst, was auch immer dir gelingt oder mißlingt, was auch immer du fühlst oder nicht fühlst: niemand und nichts bringt dich davon ab, die Liebe zu lieben.

Du schreibst: ... daß „es mir, wenn ich ehrlich bin, gar nicht um die Liebe zur Liebe ohne Objekt geht, sondern darum, daß es mir besser geht..." Ich kann dich beruhigen: Niemandem geht es um die Liebe ohne Objekt! Jedem geht es um sein eigenes Wohl-

ergehen. Der Punkt dabei ist nur: Wenn es „dir" richtig gut gehen soll, gilt es, die Liebe zu lieben, Probleme sind da, ohne Zweifel, ein menschliches Wesen, ein Körper ist da, auch klar, aber „du" bist das nicht. Du bist Liebe, die Essenz allen Seins.

Die Liebe zur Liebe nimmt dir den Schleier, daß du irgendwann irgendwo etwas anderes bist oder sein kannst als Liebe. Und dann gibt es wirklich nichts mehr zu üben. Die Übung ist letztlich nur ein Erinnern an das, was du bereits bist.

Schau, wenn du dich in einen Menschen richtig verliebst, dann vergißt du dich selbst. Nicht, daß du aufhörst, die Liebe, die du gibst und empfängst, zu genießen – es gibt keine selbstlose Liebe –, aber du liebst nicht, UM sie zu genießen, ich meine, das ist nicht dein Motiv; du liebst, weil dich die Liebe „erwischt" hat. Verliebtsein ist völlig irrational.

Kürzlich berichtete mir Andreas, einer, der sich vor etwa einem Jahr in die Liebe verliebte, daß ihm jüngst nach langer Arbeitslosigkeit ein Job angeboten wurde, er deswegen sogar umzog, doch schon drei Tage später wurde ihm wieder gekündigt. Er war restlos verzweifelt, verständlich, und siehe da, ohne etwas zu tun, war plötzlich die Liebe da, und es fühlte sich an, so berichtet Andreas, wie Verliebtsein. Die Verzweiflung war da, doch gleichzeitig dieses grundlose Verliebtsein. Früher fragte er Leute, die wie er zum Satsang zu mir kamen, andauernd: Bist du schon durch? Heute bekennt er, daß es ihm völlig egal ist, ob er durch ist, aber ebenso egal ist es ihm inzwischen, daß er immer noch nicht glauben kann, daß alles vorherbestimmt und die Welt Illusion ist. Das „Verliebtsein" ist ihm genug. Herrlich!!!!

Schau, das ist der Effekt des Agape-Konzepts. Darum geht es. Nicht um Wissen, nicht um Erkenntnis, nicht darum, es zu schaffen, in jeder Situation „wie ein Blöder" zu lieben. Wer die Liebe in seinem innersten Wesen berührt, kann ihr schließlich nicht mehr widerstehen. Denn Agape, die Liebe ohne Objekt, ist unwiderstehlich.

Das empfundene Ich

Aus einem Leserbrief
... mein Leben ist im Augenblick wirklich ein Scheißleben, und ich könnte nicht nur vor mir, sondern mich selber ausspucken. Und dann denke ich: Wozu lieben? Selbst wenn ich mir sage: Gibt's denn wirklich eine Alternative, würdest du ohne zu lieben nicht noch tiefer reinrutschen in diese Depression oder was immer es ist, sehe ich keinen Sinn darin. Ich habe nicht einmal mehr Lust dazu, die notwendigsten Dinge des Lebens zu regeln, so mies fühle ich mich ...

Antwort:
Liebe Doro,
das ist einmal eine Mail, die ich wirklich schätze. Und weißt du warum? Weil sie authentisch ist. Weil du dir selbst schonungslos eingestehst: Da stehe ich jetzt und nirgendwo anders. Nur ein wesentlicher Faktor des Konzepts ist noch nicht in dich eingedrungen: Zu lieben bedeutet nicht, deine miese Stimmung „wegzulieben". Lieben bedeutet in deinem Fall: Steh zu deinem Ärger, nimm deine miese Stimmung an, sei eins mit dem, was ist. Vielleicht sagst du nun: Das kann ich nicht! Dann nimm dich dafür an, daß du es nicht kannst!

DAS ist wahre Selbstliebe, modifizierst du sie, indem du versuchst, deinen Ärger, deine miese Stimmung „wegzulieben", ***entwertest du sie*** *und machst sie zu einer Übung des Positiven*

Denkens. Und das ist nichts als Verdrängung und führt dich immer weiter in den Schlamassel.

Dein Problem ist nicht der Ärger, nicht die miese Stimmung. Warum, zur Hölle, willst du denn immer glücklich und hochzufrieden sein? **Es gibt kein Leben ohne Perioden des Ärgers und gänzlich ohne miese Stimmungslagen.** *Wer dir so etwas erzählt, ist entweder ein gerissener Lügner, ein esoterischer Scharlatan und Geschäftemacher oder ein Heuchler, der sich selbst und andere betrügt. Moment, eine dritte Alternative wäre noch möglich: Er könnte auch ein oberflächlicher und schwacher Mensch sein, der seine Tiefen nicht ausloten kann, ohne in ihnen unterzugehen und deshalb mit netten Sprüchen und Affirmationen verdrängt, was tief in ihm vorgeht.*

Wenn du damit beginnst, dich über alles zu lieben, kommst du wahrscheinlich erst einmal in Hochstimmung. Das ist wie ein Bonus, um dich bei Laune zu halten, was die Übung betrifft. Also machst du hoffnungsfroh weiter, dann aber, nach einer gewissen Zeit, scheint sie nicht mehr zu wirken. Das Hochgefühl stellt sich nicht mehr oder zumindest nicht mehr jedesmal ein. Und dann passiert genau das, was du jetzt erlebst: Du resignierst, weil sich scheinbar nichts ändert. Doch genau JETZT ist der Zeitpunkt gekommen, an dem es in die entscheidende Phase geht. Das Ich, das einen glückseligen Zustand einklagt, wenn es sich denn schon alles zu lieben „bemüht", wird als das eigentliche Problem entlarvt. Ärger, miese Stimmung ist nicht das Problem, liebe Doro, sondern das Ich, das sich einen anderen Zustand als den jeweils gerade vorhandenen wünscht.

Jetzt kommt es darauf an. Wirst du in der Lage sein anzunehmen, was ist, wie es ist? Oder ist dein „empfundenes" Ich noch so stark, daß es die Situation einfach nicht annehmen kann? Du bist nicht in der Lage, etwas zu unternehmen, wenn dies der Fall sein sollte. Es sei denn, du bist fähig, dich dafür zu lieben, daß du die Situation, die Emotion nicht annehmen kannst. Das ist nahezu immer möglich, und es sendet dem Gehirn zumindest die Botschaft: mein Benutzer möchte sich lieben, obwohl es keinen legitimen Grund dafür gibt.

*Es gibt nur ein „empfundenes" Ich, es ist wirklich nur scheinbar vorhanden. Wenn es sich in dir denkt: **Ich** könnte nicht nur vor **mir**, sondern **mich** selber ausspucken, so ist da nichts anderes als ein „Ich-Gedanke", kein reales Ich! Noch einmal: Der Ärger, die miese Stimmung ist nicht dein Problem. Es ist die Reaktion des empfundenen Ichs, das aus der miesen Stimmung ein Problem konstruiert. Kannst du mir folgen?*

Wenn „ich" heute mal nicht gut drauf bin, komme ich noch nicht einmal auf die Idee, daran was zu ändern. Es ist immer okay, wie es ist. Und so ist Depression heute ein Fremdwort für mich, denn sie kommt nur durch Nichtakzeptanz der miesen Stimmung zustande. Wenn die miese Stimmung auf niemanden stößt, der sie als miese Stimmung bewertet und sie in Hochstimmung verändern möchte, hat sie keine Chance, zur Depression zu werden. Nur das empfundene Ich und seine Bewertung der miesen Stimmung preßt dich aus wie eine Zitrone.

Schau dir Jesus am Kreuz an. Welche Symbolik verbirgt sich dahinter? Es gibt kein persönliches Ich. Es ist gekreuzigt. Mit anderen Worten: Es ist nicht existent. Das ist die frohe Botschaft. Nicht der Unsinn von Buße und Sündenvergebung, eine Lehre, mit welcher der Klerus lediglich seine Schäfchen in Schach hält. Es gibt keine Sünde, weil es den Sünder (das persönliche Ich) gar nicht gibt. Es wird nur empfunden.

Das Ergebnis der erfolgreichen Anwendung des Agape-Konzepts ist nicht dauerhafte Glückseligkeit. Dauerhafte Glückseligkeit ist ein Mythos, den uns irgendwelche Pseudo-Gurus ins Gehirn gepflanzt haben! Also weg damit, denn es führt nur dazu, daß dir das Leben stinkt, wenn du wieder mal nicht im siebten Himmel der Glückseligkeit schwelgst! Das Ergebnis der erfolgreichen Anwendung des Agape-Konzepts ist der Wegfall des lediglich empfundenen Ichs und damit vollständige Akzeptanz dessen, was ist – und wenn es Ärger oder miese Stimmung sind. Stimmungen kommen und gehen. Ebenso wie sich Tag und Nacht abwechseln. Es ist sinnlos, die Nacht zum Tag machen zu wollen. Wenn es dunkel wird, geh einfach schlafen, und wenn der Tag anbricht, stehst du wieder auf. Du versuchst, ein Naturgesetz aus den Angeln zu heben, und das kann nicht funktionieren.

Die meisten Menschen wollen ein Pflaster für ihre Wunde, daher sind alle Methoden, die Heilung versprechen, so attraktiv. Bücher über schnelle Wunscherfüllung, Heilung von jetzt auf gleich, Therapien, die in Sekundenschnelle Veränderung bewirken – damit kannst du richtig Geld machen. (Eigentlich schade, daß ich Bücher solchen Inhalts nicht schreiben und solche Schnellschüsse nicht anbieten kann.) Verstehe mich bitte recht: Ich habe nichts gegen Methoden zur Wunscherfüllung, nichts gegen Methoden, die schnelle Veränderung bringen, ich weiß nur aus jahrzehntelanger Erfahrung, daß sie nur temporär wirken und dein eigentliches Problem nicht beheben können. Das sitzt viel tiefer, und es tut weh, wenn du da rangehst. Es ist das empfundene Ich, es ist der Eindruck, ein mit freiem Willen begabtes Wesen zu sein. Solange diese Vorstellung dein Denken beherrscht, gibt es nur Wundpflaster, keine ultimative Lösung.

Die Übung, alles zu lieben – ich werde nicht müde, das zu wiederholen –, führt dich nirgendwo hin! Sie löscht nur den Ein-

druck, woanders sein zu wollen als da, wo du gerade jetzt bist. Ist sie gelöscht, mag manches Mal Ärger oder eine miese Stimmung aufkommen, doch es ist niemand mehr da, der sich dagegen aufbäumt.

So ist die Liebe

Es gibt verschiedene Konzepte, um die Welt und das persönliche Ich als Illusion zu durchschauen. Am Ende jedoch steht immer die Liebe. Das heißt: Mag schon sein, daß du mit einem intellektuellen Konzept arbeiten mußt. Du fragst dich beispielsweise immer wieder: Was ist Wahrheit? oder Wer bin ich?

So wird Schleier für Schleier entfernt, bis nichts mehr da ist, was fälschlich als Wahrheit oder als Ich durchgehen könnte. Spätestens jedoch, wenn der letzte Schleier fällt, wird Liebe anwesend sein. Warum? Einfach deshalb, weil sie es ist, die von den Schleiern verhüllt wird. Fallen die Schleier, wird sie offenbar.

Ich bin äußerst skeptisch, wenn ich höre oder lese, jemand sei erwacht oder erleuchtet, und er spricht nicht oder nur wenig über die Liebe, die bedingungslose natürlich. Was ist das für ein Erwachen, in dem die Liebe fehlt? Mir scheint, es ist nur spirituelles Wissen, ein winziges Lichtlein, das Licht einer Kerze, das beim ersten Lebenssturm wieder verlischt, und mehr nicht.

Wenn die Liebe enthüllt wird, weißt du nicht sonderlich viel, sondern alles und nichts. Liebe ist die Essenz, Liebe ist die wahre Natur des illusionären Universums. Liebe maskiert sich mit einer Welt, die so real zu sein scheint, daß sie auf ihre eigene Maskerade hereinfällt. Sie glaubt tatsächlich, eine Person unter vielen anderen Personen zu sein und ihr persönliches Glück finden zu müssen. Doch was auch immer sie findet, ist immer weniger als sie selbst, und das hält sie auf Trab. Hält sie so lange auf Trab, bis sie findet. Sich selbst begegnet.

Warum scheint das Größte auf Erden die Liebe zu sein? Ich meine jetzt Leidenschaft und Verliebtheit! Warum ist dieses Gefühl so gewaltig, so unvergleichlich, so überragend? Der Grund ist, daß du dir dabei selbst ganz nah bist. Näher als bei sonst irgendwas.

Unser Leben lang sind wir auf der Suche nach der Liebe. Das ist ihr Spiel mit sich selbst. Du solltest nicht denken, daß Krieg und andere Brutalitäten nicht in dieses Bild passen. Liebe muß sich bis zum äußersten Ende ihrer selbst von sich selbst entfernen, um sich schließlich wiederzufinden. Was für eine Freude, wenn sie nach langer Suche in finsteren Sackgassen endlich wieder zu Hause ankommt.

Das ganze Leben beweist: So ist die Liebe! Sie kommt und sie geht, sie bereitet sich Schmerzen, und sie verbindet die Wunden, die sie sich schlug. Sie kann gar nicht anders. Diese Wellenbewegung – ebenso wie Ebbe und Flut, Tag und Nacht – das, genau das ist ihr ureigenstes Wesen.

Und Liebe ist total unmoralisch. Moral ist ein Spiel, das sie mit denen spielt, die sich noch auf der Suche befinden.

Werde ein Liebender! Liebe auch das, von dem du meinst, daß du es nicht lieben kannst. Setze genau da an, wo du jetzt Liebe zu empfinden vermagst. Und bleibe dabei. Was auch passiert, liebe es. Und wenn du es nicht lieben kannst, liebe deine Liebesunfähigkeit.

Man kann die Schleier der Illusion von außen aufrollen und sehen, daß sich dahinter nur Liebe verbirgt. Man kann aber auch die Liebe zu lieben beginnen, und dann werden die Schleier von innen nach außen – nicht nur aufgerollt, sondern verbrannt. In welcher Reihenfolge, das ist letztlich egal. Aber der Königsweg ist die Liebe.

Liebe denkt nicht nach

Nicht, daß die Liebe nicht denkt,
sie denkt nur nicht „nach".

Für die Liebe gibt es kein DA-nach,
ebenso wenig wie es für sie ein DA-vor gibt,
Liebe ist einfach nur ... DA.

Liebe ist immer in dem, was gerade ist,
und wenn dies Gedanken bedingt,
sind auch Gedanken da.

Liebe verbrennt den Denker,
der denkt, daß „er" denkt
und daß er denken muß,
DA-mit das, was (noch) nicht ist,
existieren kann.

Liebe kennt kein DA-mit,
sie ist sich selbst in ihrem DA-sein genug,
und die Dinge, die geschehen sollen,
geschehen einfach.

Der Denker, der denkt,
daß er denkt, ist:
Liebe, die sich vor sich selbst versteckt hält,
um Denker zu spielen, der denkt,
daß er denkt, denken kann, denken will, denken muß.

Je öfter der Denker, der denkt, daß „er" denkt,
mit diesem Gedanken unglücklich wird,
desto größer ist die Chance,
daß er sich selbst ad absurdum führt
und in seiner Essenz, der Liebe, verbrennt.

Wenn ihr es sehen könntet,
Herr und Frau Denker,
daß ihr nicht existiert,
daß ihr Phantasterei seid,
meine Phantasterei ...

Ich bin, was du bist,
ich bin du,
und du ich,
und sobald du das siehst,
wirst du ein anderes Spiel spielen,
ein ganz anderes Spiel ...

Oh Frau und Herr Denker,
das Spiel, das gespielt wird,
wenn das Gedankenspiel endet,
ist köstlich!

Es schmeckt auf der Zunge süßer als Honig,
es duftet nach Frühlingserwachen,
nach blühenden Veilchen,
nach Rosen,
nach frisch geackerter Erde,
nach Sommersonne und duftendem Heu,
es fühlt sich an wie Verliebtsein,
obwohl niemand da ist,
der liebt und geliebt wird,
dies Spiel bewegt sich mit dir wie ein Tanz,
und all deine Zellen klatschen Beifall.

Dies Spiel ist unverursacht
und ohne Bedingung,
es wird gespielt, sobald der Denker verbrennt,
und in diesem Feuer sein Schöpfer,
die Liebe, aufflammt.

Es ist ein Fest, wenn der Denker verbrennt,
und kein Scheiterhaufen für böse Hexen,
denn der Denker ist:
Liebe, die sich vor sich selbst versteckt hält,
also Illusion, weiter nichts.

Solltest du fragen:
Was muß ich tun, damit der Denker verbrennt,
bist du ihm, dem illusorischen Denker,
wieder einmal in die Falle gegangen,
denn es ist gerade das Tun,
das den Brand verhindert.

Ganz nahe ist dir das Feuer der Liebe,
da ist keine Zeit, die es braucht,
um zu verbrennen, was sie behindert,
weil sie selbst ist, was (sie) behindert.

Da war noch nie etwas anderes als Liebe ...

Entscheidungen

Das, was wir als freie Entscheidung erfahren, ist nichts als eine nachträgliche Begründung von Zustandsveränderungen, die ohnehin erfolgt wären.

– Wolf Singer, Direktor des Max-Planck-Instituts für Gehirnforschung

Entscheidungen treffen

Aus einem Leserbrief:
... ich habe das Bedürfnis, meine Arbeit zu verändern, mein Gefühl sagt mir, es ist Zeit zu gehen, woher kann ich wissen, daß es „nicht" meine VORSTELLUNG, mein EGO, mein nichtexistenzielles Ich, mein virtuelles Lügenprogramm ist, sondern „DIE LIEBE", die ich bin. Wie erkenne ich meinen Lügendetektor? ....

Wann weiß „ich", daß „ich" <u>mir</u> etwas einrede, und wann weiß „ich", daß dieses ICH, das es nicht gibt, daß es die Liebe ist, die ist, und es jetzt tut, handelt, fühlt, wie auch immer...

Antwort:
*Es ist nicht nötig, diese Frage zu stellen. Denn nur **eins** existiert. Niemals zwei. Oder gar drei, vier, fünf oder sechs, obwohl sich vor einer Entscheidung viele Stimmen zu Wort melden mögen: Stimme Nr. 1: Mach das nicht! Stimme Nr. 2: Mach es! Stimme*

Nr. 3: Ich weiß nicht, wie ich mich entscheiden soll! Stimme Nr. 4: Wirf eine Münze, Zahl ist ja, Blatt nein. Stimme Nr. 5: (nach dem Werfen) Mist, jetzt müßte ich es eigentlich tun! Stimme Nr. 6: Ich kann aber nicht und will letztlich nicht!

Dieses Stimmengewirr nennt man auch inneren Dialog, und im Grunde kann man ihn mit der Diskussion der Abgeordneten eines Parlaments vergleichen. Wer die besten Argumente hat, sollte gewinnen. Aber wir wissen, daß nicht immer die besten Argumente gewinnen, weder im Parlament des Bundestags noch in uns selbst.

Der Abwägungsprozeß stellt nur so lange ein Problem dar und wird nur so lange als Durcheinander oder Stimmenwirrwarr empfunden, solange du noch daran glaubst, daß jemand vorhanden ist, der sich richtig oder falsch, zum Vorteil oder zum Nachteil entscheiden könnte. Dieser Glaube ist das eigentliche Problem bei der Entscheidungsfindung, und aus ihm entspringt auch deine an mich gerichtete Frage. Ist der Glaube an einen tatsächlich vorhandenen Jemand als Illusion entlarvt, stellt sich diese Frage nicht mehr, und notwendige Entscheidungen werden problemlos getroffen.

Weil die Vorstellung weg ist, daß etwas schiefgehen könnte, wenn du dich für „dein Ich" und damit „falsch" entscheidest, wirst du frei sein, dich so zu entscheiden, wie es sich am Ende, also nach dem inneren Dialog, am vorteilhaftesten darstellt.

Ich vermag nicht mehr zu glauben, mich anders zu entscheiden, als es ohnehin determiniert ist. Und deshalb entscheide ich mich immer für das, was „mir" am besten, günstigsten, vorteilhaftesten zu sein scheint. Nie kommt mir die Frage in den Sinn, ob ich mich womöglich für mein „Ich" und damit am für mich Besten vorbeientscheiden könnte. Schlicht deshalb, weil in mir der törichte Glaube vernichtet wurde, „ich" könne überhaupt etwas entscheiden. Ich weiß, daß ich mich grundsätzlich immer nur so entscheiden werde, wie entschieden werden soll. Daran geht gar kein Weg vorbei. Jeder Mensch tut genau das, was er im Augenblick tun soll. Denn sollte er etwas anderes tun, würde er es sicherlich tun.

Von Wellenbrechern und Surfern

Wenn ich den Eindruck habe, etwas zu tun, tu ich es. Denn das Projekt wird sich ohnehin nur verwirklichen, wenn es sich verwirklichen soll. Wenn in mir ein Stopschild auftaucht, frage ich nicht warum, sondern stoppe.

Ein besseres Bild als die Welle, auf oder mit der gesurft werden kann, fällt mir nicht ein. Das ist nicht anstrengend – vorausgesetzt man beherrscht das Surfen. Ich gehe mit den Wellen, die auf- und absteigen. Alles andere wäre sinnlos, aber die meisten Menschen surfen nicht, üben sich auch nicht darin, sondern versuchen sich als Wellenbrecher. Das Scheitern ist daher programmiert.

Scheitern wird nicht nur erfahren, wenn man Geld, den Arbeitgeber, den Partner oder die Gesundheit verliert. Scheitern ist vor allem ein emotionaler Zustand: Unfriede, nicht eins mit sich selbst sein, Disharmonie, Widerstand, Rebellion. Ein Mensch kann äußerlich alles verlieren und doch in Harmonie mit sich sein. Wenn er gelernt hat, mit den Wellen zu surfen, anstatt den törichten Versuch zu unternehmen, Wellen zu brechen. Die Welle ist immer stärker als du.

Oftmals in meinem Leben bin ich gegen die Welle angeschwommen, wollte nach oben, obwohl sie nach unten führte, und ich wurde oftmals von ihr erwischt, durcheinandergewirbelt, mit dem Gesicht zu Boden gedrückt und verletzt. Hast du schon einmal erlebt, wie das ist, wenn dich eine Meereswelle auf diese Weise erwischt? Nicht zu empfehlen!

Wann konnte ich mit diesem Unsinn aufhören? Als sich die Einsicht einstellte, daß die Welle alles ist und ich nichts. Heute nutze ich ihre Power. Ich sehe sie kommen und bin dabei, wenn sie sich auftürmt, reite auf ihrem Kamm, bis sie bricht.

Ob es runter oder rauf geht, habe ich nicht unter Kontrolle. Das habe ich eingesehen und danach richte ich meine Vorgehensweise aus. Immer *mit* der Welle, nie *gegen* sie.

Auf der Welle surfen bedeutet nicht, keine Fehler zu machen. Manchmal sind die Fehler weitaus effektiver als das, was wir als perfekt betrachten. Wer Angst vor Fehlern hat, kann nicht erfolgreich surfen. Wie oft habe ich gerade deshalb Erfolg erlebt, weil ich Fehler[6] gemacht habe.

Ich bin nicht immun gegen Schmerz, wenn es im Leben einmal abwärts geht und auch nicht abgestumpft hinsichtlich der Freude, wenn es Erhebendes zu erleben gibt. Aber die „eigentliche" Freude – wenn man es einmal so ausdrücken will – ist die Gewißheit, daß immer nur das passiert, was passieren muß.

Ich kann nicht nachvollziehen, weshalb manche Leute eine so ungeheure Angst davor haben, ihr Leben könnte fremdbestimmt sein. Mein Gott, sei doch froh, daß du dich nicht darum kümmern mußt, wie dein Leben verlaufen und welche Ereignisse es beinhalten soll! Für mich ist das DIE Befreiung schlechthin. Keine Pflichten, keine Verantwortung, nichts muß ich tun oder lassen, nichts erreichen, gewinnen, verlieren, verändern,

---

6 Mit Fehlern meine ich Verhalten, das die Gesellschaft als Fehler einschätzt. In Wahrheit gibt es weder Fehler noch perfektes Handeln.

transformieren, erledigen, umstellen, einstellen, erklimmen, fortsetzen, abtrennen, aneinanderfügen, weil alles, was erreicht werden soll, zweifelsfrei erreicht werden wird.

Wer bist du denn, daß du meinst, „dein" Handeln wäre wichtig? Herr und Frau Wichtig! Wir sind nichts, nur belebter Dreck. Das, was uns belebt, das ist die Wirklichkeit, und sie tut alles. Sie benutzt deine Augen, deine Hände, deine Füße, deine Vorlieben und Abneigungen, Fähigkeiten und Unfähigkeiten. Wer hat denn deinen Körper, deinen Geist, deine Fähigkeiten und Unfähigkeiten, deine Vorlieben und Abneigungen, die Situation, in der du lebtest und lebst, letztlich kreiert?

Wirf dich zu Boden vor dem, was du wahrhaft bist, gib dich (ihm) hin, laß dich nicht mehr verführen, deiner Kraft, deiner Intelligenz, deinem Urteilsvermögen zu vertrauen. Dann wird das Leben so einfach, so friedlich, so harmonisch, wie du es ersehnst.

Folge deinem Herzen

Was bedeutet es praktisch, seinem Herzen zu folgen? Es bedeutet: Folge deinem Gefühl! Und zwar deinem stärksten Gefühl. Dem Gefühl, das nach Prüfung all deiner Gefühle das stärkste ist.

Die meisten Menschen glauben, es sei gefährlich, seinem Herzen zu folgen. Und sie haben recht! Doch mindestens ebenso gefährlich ist es, wenn du rationalen Überlegungen folgst, denn du weißt nie, was deine Entscheidung letztlich bewirkt.

Wenn du deinem Herzen folgst, wirst du nicht in der Masse mitschwimmen können. Das ist der Preis. Doch was du dafür bekommst, ist unbezahlbar.

Was man Verstand nennt, existiert nicht. Natürlich gibt es auch nicht so etwas wie ein „psychologisches" Herz. Der Begriff Herz ist eine Metapher für Emotion, besser noch Intuition, der Begriff Verstand steht für Gedanken. Und sie alle speisen sich aus den Mustern, die unserem Gehirn durch die Gesellschaft suggeriert und eingepflanzt wurden. Es sind Denk- und Verhaltensmuster, die uns sozusagen vollautomatisch in unseren Entscheidungen steuern, von denen wir jedoch glauben, sie seien das, was man rationale Entscheidungen nennt.

Das Abwägen des Fürs und Widers durch solches Gedankenmaterial ist deshalb von Nachteil, weil die daraus folgende Entscheidung mit „dir" überhaupt nichts zu tun hat.

Ich kenne Leute, die ständig im Zwiespalt sind hinsichtlich dessen, was sie tun sollen. Warum? Weil ihnen jenes Gedankenmaterial im Weg steht, das sie „rationale Überlegungen" nennen. Du sitzt dem größten Irrtum auf, wenn du glaubst, dich nach rationalen Gesichtspunkten „richtig" entscheiden zu können. Letztlich gibt es überhaupt keine Entscheidung, von der du im voraus sagen könntest, sie sei richtig.

Vergiß dieses Abwägen am besten ein für allemal oder noch besser: gib nichts darauf! Folge vielmehr deinem Herzen, das heißt: deinem stärksten Gefühl! Was dein stärkstes Gefühl ist, ist nicht immer sofort klar. Besonders dann, wenn es um Entscheidungen geht, die weitreichende Konsequenzen nach sich ziehen, sollte man alle Gedanken und Gefühle zulassen, die sich einstellen wollen. Dabei wirst du schließlich merken: Da ist ein Empfinden, tief innen, das oftmals von Beginn an feststeht und stark ist wie ein Fels in der Brandung. Selbst wenn die Entscheidung, die es erfordert, irrational zu sein scheint, empfehle ich dir, jenem Empfinden ohne Wenn und Aber zu folgen.

Das Gefühl selbst ist nicht, wie die meisten Menschen meinen, irrational. Es ist im Gegenteil das, was man auch Intuition oder Bauchgehirn nennt. Man könnte es auch, wenn man will, den *inneren Meister* nennen. Oder einfach das, was du „wirklich" bist.

„Wenn ich das tue, was ich fühle, mein Gott, dann verliere ich vielleicht meinen Job, viel Geld, vielleicht sogar meinen Partner oder womöglich sogar mein Gesicht!" Das könnte schon sein, aber dieses Risiko mußt du eingehen, wenn du deinem Herzen folgst. Eins aber ist sicher: Du wirst in einen Raum der Erfahrung gelangen, der dich zutiefst zufriedenstellen wird. Womöglich nicht gleich. Womöglich mußt du zunächst einen schmerzhaften Ablöseprozeß von liebgewordenen Gewohnheiten durchlaufen. Danach aber wirst du frei sein. Ein authentischer Mensch, der nicht tut, was MAN tut, sondern was seinem UREIGENEN Wesen entspricht.

Dem Herzen zu folgen muß nicht, kann aber sehr wohl bedeuten, daß du Wege gehst, die niemand versteht – manches Mal nicht einmal du selbst. Die meisten Menschen sind schlicht zu feige, zu angepaßt oder zu ängstlich dazu. Um dem Herzen zu folgen, mußt du todesmutig sein, sonst hast du keine Chance. *Egal was passiert, auch wenn mich niemand versteht, auch wenn man mich verachtet, selbst wenn ich auf der Straße lande oder sterbe: Ich folge meinem Herzen.* Ohne diese Einstellung geht es nicht.

Meine Erfahrung zeigt jedoch bisher, daß der Weg des Herzens keineswegs in den Abgrund führt. Im Gegenteil: Es geht mir weitaus besser seitdem: gesundheitlich, finanziell, emotional. Das muß aber keineswegs immer so bleiben. Ich habe mein Schicksal nicht in der Hand. Egal was ich tue oder nicht tue, es kommt immer so, wie es im Drehbuch steht. Daher *müßte* ich meinem Herzen gar nicht folgen. Ich könnte ebenso auch nach rationalen Gesichtspunkten entscheiden, weil immer nur das passiert, was das Drehbuch vorsieht. Aber ich *kann* es nicht mehr. Es hat eine Zeit gegeben, in der ich es nicht nur konnte, sondern mir gar keine andere Wahl blieb. Heute aber ist es mir gänzlich unmöglich. Auf Teufel komm raus folge ich nun meinem Herzen. Dabei muß ich manchmal scheinbar krumme Wege gehen, gute Freunde verlassen, ja selbst die Gefühle höchst liebenswürdiger Menschen dabei verletzen. Das geht mir nahe, weil ich ein sensibler Mensch bin. Es erzeugt Schmerz, aber das ist der Preis. Ich zahle ihn keineswegs gern, aber mir bleibt keine andere Wahl, denn ich folge meinem inneren Meister. Und das ist mein Herz. Wäre mein innerer Meister ein Dämon aus der Hölle, würde ich ihm lieber folgen als Gott und dafür ewig in der Hölle schmoren! So eine radikale Einstellung brauchst du, sonst kannst du es vergessen.

Du mußt dir im Klaren darüber sein, daß dich manche Leute als Querulant, Spinner, Träumer, Wahnsinnigen, knallharten Egoist bezeichnen werden. Kürzlich hörte ich, daß eine Dame, die mir gut bekannt ist, sogar über mich sagte: *Unterste Schublade!* Ich bin ihr deswegen nicht böse. Aus ihrer begrenzten Sicht gehöre ich sicher dahin, wo man normalerweise seine Socken unterbringt. Die Beurteilungen solcher Damen (und Herren) dürfen dich nicht sonderlich stören, wenn du deinem Herzen folgen willst. Die breite Masse wird schließlich von den Denk- und Verhaltensmustern beherrscht, die von der Majorität der Gesellschaft anerkannt sind. Und die wirst du manchmal durchbrechen müssen, wenn du deinem Herzen folgst. Das bedeutet nicht, daß du zwingend ein amoralisches Leben führen mußt. Aber wenn dir die Moral im Wege steht, um deinem

Herzen folgen zu können, hast du keine andere Wahl, als sie zu mißachten.

Ich bin ein gänzlich amoralischer Mensch, weil mir mein Herz alles bedeutet. Geht mein Herz zufällig konform mit dem, was man Moral nennt, lebe ich diese auf natürliche Weise. Geht das nicht, lebe ich ebenso natürlich vollkommen an ihr vorbei. *Einfach weil mir Moral überhaupt nichts bedeutet.* Moral ist das Abfallprodukt einer durch und durch mit dem Gift der Religion verdorbenen Gesellschaft.

Dein Herz ist so kostbar! Kostbarer als Gold und jeder Besitz. Es ist vollkommen egal, was du an materiellen Werten besitzt, verlierst du dein Herz an den Mammon oder die Moral (beinahe dasselbe), bist du ärmer als ein Bettler in einer Fußgängerzone, der seinen Hut vor sich hinstellt und am Abend nur wenige Münzen darin findet. Ich möchte lieber ein Bettler sein, als mein Herz zu verleugnen.

Und du?

Lebenskrisen

Das Wort Krise setzt sich im Chinesischen aus zwei Schriftzeichen zusammen – das eine bedeutet Gefahr und das andere Gelegenheit.
– John F. Kennedy. 1917-1963, 35. Präsident der USA

Geht es bergab? Super!

Wenn Situationen in unserem Dasein auftauchen, die dem gesellschaftlichen Muster entsprechend unvorteilhaft sind, sind wir geneigt, uns von Gott und der Welt verlassen zu fühlen. Wenn es bergauf geht, fühlen wir uns bestätigt.

Dieses Muster gilt es zu durchbrechen, denn es basiert auf einer faustdicken Lüge. Gerade wenn es bergab mit dir geht, egal ob finanziell, gesundheitlich, sozial, emotional, oder wenn man dir die Anerkennung versagt, ist Gott dir ganz besonders nahe und will dich von allem befreien, was dich behindert.

Worin besteht die Befreiung? In der totalen Veränderung deines Blickwinkels.

Jetzt, in diesem Moment, prüfe bitte: Was genau fehlt dir? Vergleiche deine gegenwärtige Situation nicht mit Situationen, die du in der Vergangenheit erlebt hast. Untersuche auch nicht, wie sich die Zukunft gestalten könnte, wenn es weiter bergab mit dir gehen sollte. Schau dir nur an, wie es **jetzt, in diesem Augenblick**, ist. Zu welchem Ergebnis gelangst du? Selbst wenn du eine Rechnung vorliegen hast, die dir unbezahlbar erscheint, selbst wenn du gerade arbeitslos bist oder dich in deinem Körper nicht sonderlich wohl fühlst: Wie geht es dir, wenn du keine Vergleiche anstellt und deine Gedanken weder gramvoll in die Vergangenheit noch sorgenvoll in die Zukunft schweifen läßt?

Du wirst zweifellos feststellen, daß es dann **überhaupt nichts** gibt, was dir fehlt. **Dieser Augenblick** ist immer perfekt. Vollkommen egal, wie es um dich herum aussieht. Vollkommen egal, wie es dir gerade gesundheitlich, emotional oder finanziell geht. Selbst wenn dich der Schmerz überwältigen sollte: **Bist du ganz und gar da**, wo du gerade jetzt bist, ist alles immer perfekt.

Für deine gesundheitlichen, finanziellen oder partnerschaftlichen Probleme gibt es **immer** eine Lösung! Du mußt nur lernen, deiner Konditionierung „Es geht bergab mit mir, ach wie schrecklich, was soll nur aus mir werden" keine Beachtung zu schenken. Die Lösung kommt ganz von allein. Sie bedarf nicht deines Zutuns, im Gegenteil: Das zwanghafte Tun, um sich der vorhandenen Probleme möglichst schnell zu entledigen, vermehrt sie!

Das Lebensspiel ist so angelegt, daß Probleme **immer und automatisch** der für dich bestmöglichen Lösung zustreben. Du brauchst dir nicht ständig Gedanken darüber zu machen, wie die Lösung aussehen oder auf welche Weise sie sich ereignen könnte. Du kannst dir natürlich Gedanken machen und dir dabei den Schädel einrennen. Wenn du jedoch auf diesen Gedankenzug aufspringst, werden sich deine Probleme vermehren.

Laß die Gedanken so, wie sie gerade sind. Verdränge sie nicht. Wenn du sie verdrängst, hast du denselben Effekt, denn Gedanken finden insbesondere deine Aufmerksamkeit lustvoll und kriegen Junge. Wie das eben so ist, wenn man Lust hat ...

Alles, was du zu tun hast, ist, das zu tun, was dir gerade im Augenblick günstig zu sein scheint, oder nicht zu tun, was dir ungünstig erscheint. Überlege nicht lange, ob das, was du für am günstigsten hältst, wirklich das Günstigste ist. Tu einfach das, was dir gerade in den Sinn kommt. Vielleicht putzt du einfach mal wieder die Fenster. Wirst sehen, wie klar dein Blick dadurch wird. Oder du machst einen Spaziergang durch die Natur, egal ob es regnet oder die Sonne scheint –.das ist immer das beste, um den Kopf frei zu kriegen. Womöglich schreibst du einen Brief mit dem Inhalt: *Es tut mir leid, ich kann meine Rechnung jetzt nicht bezahlen. Ich bezahle 10 Euro, damit Sie sehen, daß ich zahlungswillig bin.* Immer das Beste, wenn du kaum Geld hast und Zahlungen anstehen.

Was immer du tust, es ist genau das, was jetzt geschehen soll, sonst würde es nicht geschehen KÖNNEN.

Das Leben ist immer nur in diesem Augenblick. Gedanken sollen nur dazu dienen, diesen Augenblick so vorteilhaft wie möglich zu gestalten. Natürlich dürfen sie auch in die Zukunft oder in die Vergangenheit schweifen, doch eben nur dann, wenn sie dir helfen, das Jetzt vorteilhaft zu gestalten. Beispielsweise, indem du dich daran erinnerst, auf welche Weise du früher etwas erfolgreich gemacht hast, das dir **jetzt** hilft, es ebenso erfolgreich zu machen. Und wenn im **Jetzt** der Gedanke erscheint, wie du wohl am morgigen Tage (oder in einem Jahr) am besten von A nach B kommst (von Hamburg nach Singapur, von 50.000 Euro Jahresgehalt zu 100.000 Euro, vom Zweier- zum Singlehaushalt oder umgekehrt etc.), dann ist das ein durchaus konstruktiver Gedanke, der keine Störung verursacht. Solange du ihn nicht unter dem Zwang denkst, daß deine Situation so, wie sie gerade ist, auf keinen Fall sein sollte, sind Gedanken u. U. hilfreich.

Beim Einzug in meine neue Wohnung habe ich Bücherregale an die Wand gebohrt, gedübelt, geschraubt. Für mich richtig Arbeit. Mein Rücken (Lendenwirbel) schmerzte anschließend. Und die nächsten Tage war ich ein wenig wehleidig, fühlte mich elend.

Ein Problem hast du mit solchen Stimmungen nur, wenn du glaubst, du wärst das, was sich so alles im Körper erfährt. Ich kann das schon längst nicht mehr glauben. Da läuft ein Film ab, und „ich" spiele darin nur eine Rolle. Werner Alfred Ablass ist nur ein Name für einen Körper, der zu dem Märchen gehört, das sich von selbst erzählt. (Allein mein Name ist schon so unglaublich lächerlich.) Und all jene, die ich kenne, sind ebenfalls Märchenfiguren. Die einen meinen es gut mit mir, manche lieben mich sogar, die anderen halten mich für einen knallharten Egoisten, einen Unhold, einen Dämon, einen Spinner, für überheblich, abgefahren, was auch immer. Jeder spielt nur seine Rolle, und niemand kann anders, jeder agiert genauso, wie es in seinem Drehbuch steht.

Nur ein winziger Blick hinter den Vorhang der Regie und du lachst dich schief! Gott ist nicht nur Liebe, sondern urkomisch. Hape Kerkeling kann ihm das Wasser nicht reichen. Wenn du ernsthaft gestrickt bist, versteckt sich Gott hinter dieser Fassade und lacht sich krank, nein, nicht etwa über dich, über **sich**, denn er ist, was du zu sein scheinst. Alles Theater, mehr nicht. Und daher kann „mich" nichts wirklich treffen. Einfach weil ich nicht bin, was du siehst, wenn du „mich" antriffst. Das ist nur ein Kleid, eine Maske, hinter der nichts ist, nur göttlich herrliche Leere, und dazu, zu dieser göttlich herrlichen Leere, könnte man sagen: DAS bin ich wirklich. Aber es hat keinen Sinn, weil ich schlicht gar nicht bin. Sobald der „Ich bin" erscheint, beginnt schon das Theater.

So, nun sind wir ein bißchen vom Thema abgekommen. Obwohl, wenn ich's recht bedenke, eigentlich doch nicht, denn genau das ist es, was der Bergabkurs mit dir machen will: geradewegs hinein in die Realität. Und damit in diesen Augenblick. Denn er ist alles, was ist.

Nichts kann jemals schiefgehen

Stell dir eine Knetmasse vor. Eine Knetmasse jedoch, die nicht geformt **wird**, sondern die sich **aus sich selbst heraus**formt. Welche Formen auch immer entstehen würden, die Masse bliebe hinsichtlich ihrer **Substanz** immer identisch. Daher spielte es im Grunde überhaupt keine Rolle, welche Formen entstehen würden. Denn sie selbst bliebe immer das, was sie ist. Es spielte noch nicht einmal eine Rolle, ob die Verformung absichtlich oder zufällig entstehen würde. Denn das Material, das zu einer wie auch immer gearteten Form würde, würde sich in keinem Fall verändern. Immer wenn eine Form sich „entformte", also wieder „nur" Masse sein würde, ginge nur die Form verloren, die Masse wäre davon nicht betroffen. Die Form mag zu einem Ungeheuer mit sieben Köpfen entarten, die Substanz wäre noch immer dieselbe.

Würde eine der Formen sich ob der „Unförmigkeit" der Formwelt beklagen – wer würde ihr zuhören? Wer würde sich schuldig fühlen? Niemand, denn die Form wäre lediglich die eine Substanz, aus der die Form wurde, die sie nun ist.

Angenommen, zwei verschiedene Formen würden einander nicht mögen und sich gegenseitig bekriegen, so daß beide ihre Form im Kampf verlören, so wären beide noch immer die eine Substanz, und im Grunde wäre überhaupt nichts passiert. Die

Formen könnten miteinander darüber diskutieren, weshalb sie wohl existieren, wobei womöglich die verschiedensten Theorien entstünden – die Masse, aus der sie ihre Form haben, würde und könnte es nicht bekümmern.

Würden die Formen die Masse als allmächtigen Gott bezeichnen, der eine ganz spezielle Form beabsichtigt, würde die Masse zu dieser Form. Würden sie glauben, eine Spezies in einem evolutionären Prozeß zu sein, würden sie Indizien finden, die ihre Theorie bestätigen. Die Masse würde einfach alles mitmachen, was sich machen will. Es würde natürlich so aussehen, als wäre die Masse die Ursache aller Verformungen, egal ob sie Schöpfer oder Evolution genannt würde, in Wahrheit jedoch würde sich die Masse einfach dem hingeben, was sich jeweils formen will. Sie bräuchte sich keiner Formgebung zu verweigern, weil sie ja hinsichtlich ihrer Substanz immer und in jedem Fall bliebe, was sie ist.

Dennoch wäre genau vorherzusagen, was aus der Masse jeweils werden würde, weil die Masse das Potential jeder Formgebung enthält. Wie bei einem Samen kann nur das werden, was der Same enthält. Und daher wäre die Freiheit zur Verformung lediglich eine „scheinbare" Freiheit.

Wenn ich sage: Die Essenz ist alles, was ist, ist genau das gemeint, was diese Metapher beschreibt. Jede Form ist die Essenz, weil alles, was geschieht, aus der Essenz heraus wird. Die Form ist nicht die Essenz, weil sich das, was jeweils wird, scheinbar unabhängig verformt, ohne dabei substantiell jemals etwas anderes werden zu können als das, was (aus der Masse) werden KANN.

Schaust du auf dich und deine Lebensumstände, so erscheint dir das, was jeweils auftaucht, entweder günstig oder ungünstig. Betrachtest du jedoch das, was jeweils entsteht, in seiner Essenz, kannst du weder das, was dir günstig, noch das, was dir ungünstig erscheint, nicht als das akzeptieren, was es in Wahrheit ist: Formen, die niemals etwas anderes sein können als das, was du, der andere und deine Lebensumstände substantiell sind.

Wie anders solltest du mit der **Kunstwelt der Formen** versöhnt werden können, als mit dieser Sicht der Dinge? Nichts, was geschieht, kann etwas anderes sein als die Essenz! Es mag dir von außen betrachtet absurd, qualvoll, häßlich, schmerzhaft, unverständlich erscheinen, doch wie könntest du mit dieser Sichtweise jemals die Masse oder die Form dafür verantwortlich machen? Unmöglich!

Daher kann nie etwas schiefgehen, selbst wenn es von außen so schief aussieht wie der Turm von Pisa. Es ist immer perfekt, denn nichts ist nicht die Essenz.

Ob du die Essenz als Liebe bezeichnen willst oder nicht, spielt bei dieser Sichtweise letztlich keine Rolle, denn wenn du in jeder Form die Essenz siehst, kannst du nicht anders als mit dem, was jeweils ist, versöhnt sein.

Nur eine Vorstellung

Aus einem Leserbrief:

„...wie habe ich ihn geliebt, ich hätte mein Leben für ihn gegeben, und jetzt hasse ich ihn mindestens ebenso stark, wie ich ihn früher liebte. Ich kann ihn nicht mehr lieben, er hat mir zu weh getan. Ich kann mich auch nicht dafür lieben, daß ich ihn hasse..."

Antwort:

Liebe Cornelia,
was ich dir schreibe, mag dir zunächst unverständlich oder abgehoben erscheinen, und so bitte ich dich, das Geschriebene erst einmal auf dich wirken zu lassen.
Du hast ihn nie geliebt, und du haßt ihn jetzt auch nicht. Du hast noch nicht einmal – und zwar überhaupt niemals, zu keinem Zeitpunkt – mit ihm kommuniziert. Und er auch nicht mit dir.
*Wir sind immer und zu jedem Zeitpunkt allein. Und wir kommunizieren immer nur mit uns selbst. Natürlich, es gibt schon „den anderen", er taucht wirklich auf, wir können ihn berühren, sehen, hören, riechen, aber was bei uns ankommt, ist nicht die Person, die wir sehen. Was bei uns ankommt, ist **unsere** Wahrnehmung von ihm.*

*Es gibt so etwas wie einen Wahrnehmungsfilter in unserem Gehirn. Er ist gefärbt mit unseren Bewertungen. Warum nur kannst du einen Menschen, den du einst geliebt hast, heute hassen? Wie ist das möglich? Nun, er ist jetzt mit einer anderen zusammen. Aber ist er deshalb wirklich ein anderer geworden? Ist er nicht immer noch der Mensch, den du einst liebtest? Aber **in deiner Vorstellung** ist er jetzt ein anderer. **In deiner Vorstellung** ist er jetzt nicht mehr der Mensch, für den du einst gestorben wärst. Nein, jetzt ist er für dich ein Betrüger, ein Scheusal, ein Verbrecher, ein Böser.*

Wir können nur mit unserer Vorstellung, die wir uns vom anderen machen, kommunizieren. Mehr ist einfach nicht drin! Wenn mir jemand sagt, daß er mich liebt oder haßt, ist mir immer bewußt, daß er nur mit seiner Vorstellung, die er sich von mir gemacht hat, kommuniziert.

*Solange du glaubst, es mit einem betrügerischen Scheusal zu tun zu haben, wirst du deinen Mann hassen. Wie anders? Wer könnte denn ein Scheusal lieben? „Ich kannte ihn nicht, ich wußte nicht, wer er **wirklich** ist", schreibst du. Stimmt nicht. Du lebst jetzt lediglich mit einem anderen Bild von deinem Freund als vorher. Er hat sich nicht gewandelt, sondern du hast ihn in dir verwandelt. Du hast ihn in dir zu einem Ungeheuer gemacht.*

Vielleicht denkst du jetzt, ich würde seine Tat rechtfertigen. Weit gefehlt! Wenn du mit einem anderen angebändelt hättest, und er würde mir schreiben, würde ich ihm dasselbe sagen.

Ich weiß nicht, was richtig und falsch ist. Ich weiß nur, daß wir uns die anderen zurechtdenken. Je nachdem, wie wir sie bewerten, so nehmen wir sie in uns selbst wahr.

Also, was empfehle ich dir? Erkenne, daß das, was du über deinen Mann denkst, in jedem Fall nur deine Vorstellung über ihn ist. Und in keinem Fall er. Vielleicht hilft dir das, um deinen Haß fallenzulassen. Wenn du das könntest, würdest du lieben, nicht nur ihn, sondern auch die, mit der er dich betrogen hat, denn Liebe ist deine wahre Natur.

Etwas in dir bleibt immer gleich

Aber eben nur DAS. Alles andere verändert sich ständig. Denke nicht, du würdest einem Menschen, den du gut kennst, noch einmal begegnen. Nein, er hat sich zwischenzeitlich in vieler Hinsicht verändert. Physiologisch, mental, emotional.

Menschen verändern sich. Manche erkennst du nach ein paar Jahren kaum wieder. Äußerlich sicher, da gibt es eine gewisse Identität, selbst wenn der Mensch korpulenter und sein Gesicht faltiger geworden ist. Aber das Leben fließt. Erfahrungen, Erkenntnisse, Schlußfolgerungen, äußere Umstände – das alles spielt dabei eine Rolle.

Etwas in dir bleibt immer gleich, immer identisch, verändert sich nie. Du mußt nur hingucken, hinspüren, wahrnehmen. DAS bist du wirklich. In DEM findet dein Leben statt. Alles, was du als Person erlebst, ist wie ein Film, der auf DEM abläuft, was du wirklich bist. DAS war(st du) schon vor deiner Geburt. DAS (b)ist (du) nach deinem Tod. Aus DEM entspringt alles, erscheint alles und verschwindet wieder.

Das, was auf- und abtaucht, kann dermaßen aufsaugend wirken, dermaßen intensiv in Beschlag nehmen, daß DAS, was immer gleich bleibt, immer konstant, immer DAS, was du wirklich bist, vollkommen unwichtig wird.

Heute war eine Frau bei mir, die wirklich in einer Krise steckt. Ich kann nachvollziehen, wie weh ihr das tun muß, was gerade in ihrem Leben geschieht. Und doch ist ihr DAS, was sie wirklich ist, näher als ihr eigener Atem. Und DAS ist die einzig wahre, die einzig beständige Lösung, denn DAS muß nicht mehr werden, DU BIST DAS.

Du kannst keinen Moment etwas anderes als DAS sein. Du kannst nur **glauben,** ein Langzeitarbeitsloser, ein Kranker, eine betrogene Ehefrau oder ein wie auch immer vom Schicksal Gebeutelter zu sein. Und das geschieht immer dann, wenn du abgelenkt bist von DEM, was **immer gleich bleibt** in dir.

Du kannst das anschauen, was du eigentlich bist, und indem du es anschaust, findet ein Transfer statt. Plötzlich weißt du: DAS bin ich wirklich, und derjenige, der ich zu sein meinte, der bin ich nicht. Dabei ist der, der du zu sein meintest, noch immer vorhanden. Und die Probleme, die er hat, mitunter auch. Und doch fand eine Verlagerung ungeheuren Ausmaßes statt.

Wobei Verlagerung natürlich das falsche Wort ist. Nur aus der Sicht dessen, der glaubte zu sein, was er nicht ist, sieht es wie Verlagerung aus. Denn in DEM existierte noch nie etwas anderes als DAS, in dem sich der, welcher glaubt, etwas anderes als DAS zu sein, abstrampelt oder eben endlich ... zur Ruhe kommt.

Das hört sich zwar ganz leicht an, doch die Identifizierung mit dem, was wir nicht sind, ist meistens so stark, daß es das schwerste zu sein scheint, in DEM zu bleiben. Und genau deshalb bedarf es der Krise. Sie klopft dich weich, sie läßt dir, wenn es gut läuft, überhaupt keine andere Chance, als das anzuschauen, was sich niemals verändert.

Durchblick

Was man als Blindheit des Schicksals bezeichnet, ist in Wirklichkeit bloß die eigene Kurzsichtigkeit.

– William Faulkner, US-Schriftsteller und Nobel-Preisträger (Literatur 1947)

Die Brille absetzen

Vielleicht glaubst du, DU wärst DU. Also ein Mensch auf zwei Beinen. Und na ja, wenn man dich so anschaut, könnte man ja auch meinen, daß es so ist. Ganz offensichtlich, ein Mensch auf zwei Beinen. Was denn sonst, bitteschön!

Du mußt diese Sichtweise keinesfalls ändern, sonst stolperst du womöglich noch über deine eigenen Füße, du kannst aber, wenn du willst, mal kurz stehenbleiben und deine Brille absetzen.

Was für eine Brille?

Na die, die du schon immer auf der Nase hast und die alles in zwei teilt. Zwei Beine, zwei Arme, zwei Menschen, zwei Orte, oben und unten, rechts und links, gut und schlecht, Gott und Diabolo, Himmel und Hölle.

Schon mal etwas von Advaita gehört?

Was bedeutet Advaita?

Es ist ein Wort aus dem Sanskrit und bedeutet eigentlich nur: nicht-Zwei.

Also eins?

Nein, nur nicht-zwei, das heißt: Was uns wie Vielfalt erscheint, ist eigentlich eins.

Ich wußte gar nicht, daß ich mit einer Brille geboren wurde.

Tja, so ist das manchmal, daß man etwas hat, von dem man nichts weiß, und es ist ja auch weiß Gott nichts Schlechtes, was du da auf der Nase hast. Im Gegenteil, diese Brille ist das Größte, das Genialste, was jemals hätte erfunden werden können. Wenn es denn erfunden worden wäre, müßte der Erfinder den Nobelpreis kriegen. Wenn du sie nicht hättest, diese geniale Brille, wärest du nämlich kein Mensch auf zwei Beinen, es gäbe weder unten noch oben, weder rechts noch links, weder Zeit noch Raum, weder Erde noch Sonne, weder Ariane noch Mars, weder gut noch böse, weder Liebe noch Haß und natürlich auch weder Gott noch Diabolo.

Diese Brille ERSCHAFFT diese Welt, stell dir vor, **sie** BILDET den Kosmos, **sie** KREIERT restlos alles, was du dir vorstellen kannst, und zwar sobald du sie auf der Nase hast – ALSO SEIT DEINER GEBURT! Selbst deine Geburt geschieht nur, wenn diese phänomenale Brille nicht abgesetzt wird. Was geschieht wohl, wenn du sie absetzt?

Hm, na was wohl?

Wenn sie die Welt erschafft, diese Brille, was wird wohl geschehen, wenn du sie absetzt? Richtig, in dem Augenblick, in dem du sie abnimmst, ist überhaupt nichts mehr da, kein Kosmos, keine Erde, kein Himmel, keine Zeit und kein Raum, keine Geburt und kein Tod und daher natürlich auch kein Mensch auf zwei Beinen. Alles weg, alles nicht mehr vorhanden, alles nicht-existent, alles futsch und perdü. So als würdest du in traumlosen Tiefschlaf versinken, ohne Bewußtsein SEIN, keine Objekte wahrnehmen und auch kein Subjekt, denn ein Subjekt hat nur

Sinn, wenn es Objekte gibt. Wir sind nicht, sobald wir die Brille absetzen, nicht zwei und nicht eins, einfach überhaupt nicht.

Das gefällt mir überhaupt nicht!

Oh, das kann ich sehr gut verstehen, und deshalb sage ich dir jetzt, setz sie nur wieder auf, deine phänomenale Brille. Was siehst du nun?

*Ach Gott, ach Gott, was ist das denn? In der Leere ist ja so etwas wie Sein, so etwas wie geboren werden und sterben, so etwas wie Sonne und Mond, so etwas wie Gott und Diabolo, (von denen gibt es sogar mehrere) ach je, sogar so etwas wie ein Mensch auf zwei Beinen kriecht da herum, und doch – verdammt – erscheint mir das **alles** nun vollständig leer, eine Welt voller Formen, die alle ... aber das darf doch ganz einfach nicht wahr sein ... die alle ... vollständig leer sind????*

Aber klar doch, die nicht nur leer, sondern **nicht** sind! Eben: phänomenal!

Hm, so habe ich das noch nie zuvor gesehen.

Siehst du, es hat sich gelohnt, die Brille mal kurz abzusetzen. Welch ein Wunder! Oh welch ein Wunder! Da ist nichts und gleichzeitig alles, das Nichts ist tatsächlich alles!

So wirst du sehen, wenn du die Brille abnimmst, um sie hernach wieder aufzusetzen, **nie mehr** wirst du glauben können, daß das, was du siehst, nicht Nichts ist. Doch genau das bedeutet unaussprechlicher Friede. Nur das allerdings! Vorher wird er immer wieder gestört und verstört wie ein scheues Reh.

Die Matrix

Es gibt Advaita-Lehrer oder Lehrer des nondualen Bewußtseins, die zu vermeiden versuchen, dir irgendeine Methode zu vermitteln, damit du deine wahre Natur entdecken kannst. Ich schätze sie und mag deren Konzept, denn es ist natürlich auch nur ein Konzept, nur darauf zu verweisen, daß du schon bist, was du suchst, und daß die Erkenntnis, daß du DAS bist, sich ohne dein Zutun „ereignet".

Ich sage: Du tust nie etwas, selbst wenn du etwas tust bzw. eine Methode benutzt, denn der individuelle Handelnde bzw. der freie Wille ist Illusion. Also spielt es im Grunde genommen überhaupt keine Rolle, ob du etwas tust (eine Methode benutzt) oder nicht. Das einzige Risiko bei der Anwendung einer Methode ist, daß wir sie – gemäß unserer Gewohnheit – benutzen, **um** etwas zu erreichen, das wir **noch nicht** besitzen. Diese Ausrichtung führt in jedem Fall in die Irre, ganz egal, welche Methode du benutzt.

Mitunter und eigentlich immer mehr mißfällt es mir, von der Anwendung einer Methode zu sprechen. Viel besser gefällt mir die Formulierung der Sufi-Mystiker: Sie sprechen vom Rendezvous mit dem Geliebten. Das klingt viel einladender als der Begriff Methode, nicht wahr?

Doch wie auch immer man es formuliert, am Ende kann es nur darum gehen **zu lieben, was ist**[7]. Das ist eindeutig das praktische Ergebnis dessen, was man Erwachen und Erleuchtung nennt, das aber in Wahrheit viel mehr dem **Fall ins Koma** ähnelt. Im Koma kann der Mensch nicht mehr denken, fühlen und handeln. Das ist eine schöne Metapher. Denn genau das passiert. Du verlierst den Eindruck, **in eigener Regie** zu denken, zu fühlen, zu handeln.

---

7 **Lieben was ist** bedeutet nicht in jedem Fall, Liebe zu spüren. Selbst die Akzeptanz einer bestimmten Situation mag in manchen Fällen unmöglich erscheinen, nicht aber die Akzeptanz oder das ungefühlte Lieben der Nicht-Akzeptanz.

Natürlich wollen wir die Koma-Metapher nicht überstrapazieren, denn wir denken, fühlen und handeln natürlich nach wie vor so, **als hätten** wir einen freien Willen. Aber keine Macht der Welt vermag uns nunmehr davon zu überzeugen, daß wir **etwas anderes** denken, fühlen oder tun könnten als das, was die eine und einzige Macht im Kosmos vorherbestimmt hat! Wichtig erscheint mir der Hinweis, daß diese Macht niemand anderes ist als der Geliebte oder die Liebe, die Essenz, die Quelle.

Und heute möchte ich dir einmal vorschlagen, dich in dieser Sichtweise zu üben. Und wenn es nur heute ist. Wiederum bitte nicht, **um** irgendwo anzukommen, wo du jetzt noch nicht bist, oder eine Fähigkeit zu gewinnen, die du jetzt noch nicht hast. Vergiß diese konditionierte Ausrichtung!

Sag dir: Ich möchte heute möglichst in allem Liebe (oder den Geliebten) entdecken! Es geht nur um ein wenig Aufmerksamkeit. Streng dich bloß nicht an, das geht garantiert schief! Sei nicht enttäuscht, wenn es dir anfangs nur in wenigen Fällen gelingt. Aber wenn du beispielsweise herumtollende junge Hunde siehst, ein lachendes Baby, einen wohlgeformten Baum voller grüner im Winde flirrender Blätter, von der Sonne beschienenen sattgelben, wogenden Raps auf dem Felde, eben alles, was schön und angenehm für dich ist, dann sieh: Was könnte das anderes sein als die Liebe!

Es genügt völlig, wenn du zunächst einmal deine Aufmerksamkeit den schönen Dingen des Lebens widmest, um darin, tiefer blickend, Liebe zu sehen. Ich sage ganz bewußt SEHEN, nicht fühlen – wer fühlen möchte, wird meistens enttäuscht, wer zu sehen vermag, bekommt das Gefühl als günstigen Nebeneffekt.

Meine Empfehlung soll lediglich das, was ohnehin Wirklichkeit ist, in deiner Wahrnehmung Wirklichkeit werden lassen. Laß bitte alle Anstrengung außen vor. Betreibe es wie ein Hobby. Leidenschaftlich kannst du dabei schon sein, jedoch bitte nicht wie ein Jäger, der mit allen Mitteln einen Zwölfender schießen und das Geweih dann als Trophäe vorführen möchte! So wird das nichts.

Natürlich kannst du auch zeitgleich schon damit beginnen, in ALLEM Liebe zu sehen, also auch in dem, was Nicht-Liebe zu sein scheint. Schau mal genau(er) hin! Sieh mal hinter die Maske des Brutalos, des Heuchlers, des Neidhammels, des Hungers in Afrika, des Erdbebens in China, des Bettlers auf den Straßen Bombays. Ich jedenfalls habe dort weitaus mehr Liebe in den verschmutzten, unrasierten Gesichtern gesehen als in den blankgeputzten, rasierten auf der New Yorker Wallstreet oder am Stachus in München.

Masken, hinter denen sich immer und in jedem Fall Liebe (oder der Geliebte) verbirgt – wenn du das sehen könntest, würdest du verstehen, weshalb diese Welt existiert und gleichzeitig nicht existiert. Du würdest ähnlich wie Neo durch die Straßen gehen und in dem gesamten Treiben die Matrix[8] erkennen. Allerdings ohne zu erschrecken oder zu bedauern, daß dein schmackhaftes Wiener Schnitzel nur virtueller Natur ist, denn die Matrix ist nicht etwa die simulierte Welt außer Kontrolle geratener Maschinen, die Menschen als Energiequelle nutzen, sondern das geniale Spiel des Geliebten. Das Spiel mit sich selbst.

---

8 Ein hochkomplexes Computerprogramm, das in dem Film „Matrix" als Matrix bezeichnet wird und den Geist der Menschen kontrolliert.

Es ist so, wie es gerade sein will

Dramen entstehen nur dann, wenn noch nicht erkannt wird, daß das, was ist, einzig das ist, was gerade sein will.

Ein Mensch sucht nach Liebe. Aber er findet keinen Partner, der sein Verlangen stillt. Das wird zeitweise Schmerz auslösen, Trauer bereiten. Ein Drama kann nur daraus werden, wenn das, was gerade ist, wie es ist, nicht als das gesehen werden kann, was gerade sein will.

Dramen sind erfundene Geschichten, sind Märchen, die aus der Blindheit entstehen, daß das, was jeweils ist, nicht genau das ist, was nicht anders sein kann als so, wie es gerade ist.

Was gerade ist, ist immer genau das, was einzig sein kann und sein will. Selbst dein Wunsch nach einem anderen Zustand ist das, was gerade ist, und daher kann dein Zustand nicht anders sein, als er gerade ist. Wenn dieser Drang nach Veränderung nun einmal da ist und sich nicht auflösen will, ist er einfach das, was gerade ist, wie es sein will.

Man könnte deshalb auch sagen: Das, was gerade da ist, egal was es ist, ist das, was **du** wirklich bist. Kannst du dies erkennen, bist du befreit von dem unwahren Drama, daß sich ohne das Sehen dessen, was ist, wie es gerade ist, selbst erzeugt.

Selbst das unwahre Drama, das sich aufgrund der Nichtakzeptanz dessen, was gerade ist, von ganz alleine erzählt, ist das, was gerade ist, wie es sein will. Wenn dir das, was ich hier schreibe, als Nonsens erscheint, ist es auch genau das, was sein will. Wenn es zu klarem Sehen führt, ist es ebenso das, was sein will.

Es gibt keine Notwendigkeit zu klarem Sehen. Klares Sehen ist einfach das, was sein will. Unklares Sehen ebenso. Das, was ist, wie es ist, ist nie anders als so, wie es gerade sein will. Wenn Streit da ist, ist Streit das, was sein will. Ist Versöhnung da, ist es das, was sein will. Bleibst du unversöhnlich, ist Unversöhnlichkeit einfach das, was gerade sein will.

Wenn du zu sehen vermagst, daß schlicht überhaupt nichts existiert, was anders sein kann als so, wie es gerade sein will, kann es nie mehr etwas anderes als inneren Frieden geben. Selbst wenn Unversöhnlichkeit da ist, wird sie einfach als das betrachtet, was gerade sein will. Selbst wenn Unversöhnlichkeit als ungünstiger Zustand empfunden wird, der sich auflösen sollte, ist genau dieses Gefühl das, was gerade sein will. Wie sollte Unfrieden entstehen, wenn das, was jeweils gefühlt, gedacht und getan wird, als genau das betrachtet wird, was gerade nicht anders sein kann als so, wie es gerade ist?

Wenn das, was jeweils ist, als das gesehen werden kann, was gerade zu sein hat, wie es ist, dann kann da sein, was immer da ist, ohne den Frieden zu stören. Selbst eine Störung wird dann als das gesehen, was gerade sein will. Und so kann das Herz selbst während einer Störung nicht in Unfrieden sein.

Unverursachte Liebe heißt das, was gerade ist, als das zu umarmen, was sein will und gerade nicht anders sein kann als so, wie es ist. Lieben, was ist, bedeutet nicht, große Gefühle der Liebe zu empfinden. Große Gefühle zu empfinden ist nur das, was sein will, wenn es denn sein will. Keine großen Gefühle zu haben ist aber eben dasselbe, nämlich genau das, was gerade sein will.

Die Sehnsucht nach großen Gefühlen der Liebe ist jedoch ebenso nur das, was gerade sein will, sollte sie gerade da sein. Wenn du das akzeptieren kannst, entsteht kein Konflikt zwischen dem, was gerade ist und was du dir an großen Gefühlen wünschst. Der Wunsch nach großen Gefühlen wird dann nämlich einfach als das angenommen, was gerade sein will.

Die Kluft zwischen dem, was gerade ist, und dem, was an Wünschen da ist, besteht nur so lange, solange nicht gesehen werden kann, daß das, was gerade an Wünschen da ist, genau das ist, was ist, wie es sein will. Doch selbst die Kluft ist, wenn sie nun einmal da ist, genau das, was sein will.

Jedes Gefühl des Getrenntseins – hier ich und dort meine Wünsche oder Vorstellungen – entsteht aus der Blindheit, daß das, was ist, anders ist als so, wie es gerade sein will. Klares Sehen sieht, daß jeder Zustand, auch der, in dem man sich nach einem besseren Zustand sehnt, einfach nur das ist, was gerade sein will. Wird das erkannt, wird dieser Zwiespalt aufgehoben. Wird es nicht erkannt, ist der Zwiespalt genau das, was gerade sein will.

Wer auf seine Gefühle fixiert ist, ist schlicht auf seine Gefühle fixiert. Bist du imstande zu sehen, daß es einfach das ist, was gerade sein will, gibt es keine Trennung zwischen dir auf der einen und der Fixierung auf der anderen Seite. Die Fixierung ist einfach das, was sein will, wenn du siehst, daß du alles bist, was gerade ist.

Kürzlich bat mich jemand um einen Trick, um ein gutes Gefühl zu erzeugen. Ich gab ihm einen aus der NLP-Trickkiste. Denn solange nach einem Trick verlangt wird, ist es genau das, was sein will. Allerdings schwindet dieses Verlangen, wenn das, was ist, als das akzeptiert wird, was gerade sein will. Das Verlangen nach guten Gefühlen entsteht nämlich nur dann, wenn nicht gesehen werden kann, daß das, was gerade ist, genau das ist, was gerade sein will.

Die Akzeptanz dessen, was gerade ist, führt nicht immer zu

guten Gefühlen, manch ein Schmerz kann tagelang, ja wochenlang immer wieder einmal hochkochen. Wenn er jedoch stets als das gesehen wird, was gerade sein will, wird er in Ruhe seinen Job machen können, nämlich die Trauer aus(sch)merzen und anschließend von selbst verschwinden. Es gibt schlicht gar nichts, was nicht sein soll, wie es gerade ist.

Das gilt auch für Krankheit. Aus der Sicht, daß alles so ist, wie es sein will, ist es allerdings Unsinn, von Krankheit zu sprechen. Eine Störung in unserem körperlichen Befinden entsteht nicht, um uns zu quälen oder gar zu töten. Im Gegenteil: Sie entsteht, weil sie entstehen will, ja entstehen muß, um uns zu zeigen, daß alles so ist, wie es sein will.

Ich weiß von einem Mann, der mit knapp 50 Jahren an Herzinfarkt starb. Was war dem vorangegangen? Ein Konflikt natürlich. Seine Frau hatte sich in einen anderen Mann verliebt, und er kämpfte gegen das, was ist, wie es sein will, mit aller Macht an. Nicht äußerlich, sondern innerlich. Er spürte die Schmerzen seines gebrochenen Herzens, konnte aber nicht akzeptieren, daß das, was ist, genauso ist, wie es sein will. Etwa neun Monate später streckte ihn ein Herzinfarkt nieder, nur weil er unfähig war, sich in das zu fügen, was immer ist, wie es sein will. Seine Herzschmerzen waren Ausdruck seines Seelenschmerzes. Doch er ließ nicht davon ab, gegen das, was so war, wie es nun einmal war, Widerstand zu leisten.

Du und die jeweilige Situation sind nicht voneinander unterscheidbar. Du bist die Situation, du bist immer das, was gerade ist, auch wenn es sich nicht um die Erscheinung „deines" Körpers handelt. Und wenn du dagegen ankämpfst, zerbrichst du selbst dein Herz. Nicht die Frau, die jenen Mann verließ, verursachte dies, sondern er selbst. Daß er starb war natürlich auch das, was ist, wie es sein will, doch das ändert nichts an dem Prinzip, daß der Widerstand gegen das, was ist, wie es ist, ein Kampf gegen dich selbst ist, der dann, wenn der Konflikt zwischen dir und dem, was du an Verlust erlebst, nicht aufgelöst wird und sogar zum Tod führen kann.

Ich brauche kaum einmal ärztliche Hilfe. Schon viele Jahre war ich nicht mehr bei einem Weißkittel, insbesondere nicht bei einem Schulmediziner, dessen medizinische Kompetenz der Fähigkeit eines Pygmäen bei der Reparatur eines KFZ ähnelt. Ich wurde noch nie durchgecheckt, hatte noch nie eine Operation oder eine schwere Krankheit, obwohl ich dieses Jahr 60 Jahre alt werde. Ich weiß jedoch immer genau, woher beispielsweise Schnupfen, Heiserkeit oder Hexenschuß kommen. Äußere Umstände wie schlechtes Wetter oder ungünstige Bewegungen sind dabei nicht gänzlich unwichtig, jedoch sekundär. Die Ursache ist immer ein Konflikt in mir selbst, der sich im Körper äußert. Schaue ich da hin, sehe ich mir den Konflikt also an und akzeptiere, was ist, wie es ist, ist die Ursache der Störung kurze Zeit später behoben.

Schuldgefühle wegen solcher Konflikte kenne ich jedoch nicht. Der Konflikt ist entstanden, weil er genau das ist, was gerade sein will, und schaue ich ihn an, passiert ebenfalls das, was sein will: Er löst sich im Hinschauen auf und mit ihm die körperliche Beeinträchtigung. Manchmal dauert das eine Zeitlang, aber ich tue fast nie mehr, als hinzuschauen. Ich verweigere mich nicht dem, was ist. Und wenn Verweigerung da ist, schaue ich mir eben die Verweigerung an. Denn sie ist dann genau das, was sein will.

Selbst schwere Krankheiten werden nicht durch Medikamente und Therapien geheilt, weil sie nur der äußere Ausdruck eines inneren Konflikts sind. Schaust du ihn dir an, löst sich der innere Konflikt und somit auch sein äußerer Ausdruck im Körper auf.

Hinschauen bedeutet annehmen, bedeutet lieben, was gerade da ist. Körperliche Störungen führen dich einfach zum Herd des Konflikts. Erkennst du, daß er sich nur durch den Zwiespalt zwischen dem, was ist und der sich in dir ereignenden Nichtakzeptanz dessen, was ist, im Körper ausdrückt, ist sein Job getan, und er verschwindet, ohne eine Rechnung zu stellen.

So wie dein Innen und Außen im Augenblick ist, ist alles genau so, wie es jetzt sein will. Erwarte nicht, daß die Akzeptanz dessen, was gerade ist, zu einem besseren inneren oder äußeren Zustand führt. Doch selbst wenn du es erwartest, wenn du also nicht anders kannst, als es zu erwarten, ist es genau das, was jetzt sein will. Egal also, ob du keine Erwartungen hegst oder etwas erwartest: Indem du in die Lage versetzt wirst, das, was jeweils ist, als das zu sehen, was genau so sein will, wie es gerade ist, wird Harmonie und Frieden da sein, selbst wenn sich vielleicht die Gefühlswellen haushoch türmen.

Es interessiert dich nicht mehr, in welchem Zustand du gerade bist, wenn klares Sehen da ist, daß alles, was ist, genau so ist, wie es gerade sein will.

Ich funktioniere perfekt

> Das Wort positiv würde ich nicht in den Mund nehmen, da positiv und negativ als Gegensatzpaar für mich nicht existieren.
>
> – Martin Walser in einem Interview im Magazin *Galore*, Ausgabe 24 (2006)

Manche sagen: Ich habe eine bestimmte „Aufgabe" im Leben, eine Berufung! Ich spreche lieber von einer Funktion. Der Grund: Den Begriff Aufgabe assoziieren wir automatisch mit Verantwortlichkeit. Berufung ebenso. Funktion dagegen ist einfach etwas, was so zu sein hat, wie es ist.

Hast du schon jemals dein Herz dazu auffordern müssen, schneller zu schlagen, wenn du einen Berg besteigst? Hast du schon jemals deinem Atem befohlen, mehr Luft in deine Lunge zu pumpen, wenn du joggst? Natürlich nicht! Diese Organe funktionieren einfach so, wie sie funktionieren müssen, um den Körper am Leben zu erhalten bzw. sein Überleben zu sichern.

Man könnte natürlich die Funktion der Organe auch „Aufgabe" oder „Berufung" nennen, aber da wäre niemand, der sich seiner Aufgabe oder seine Berufung bewußt wäre oder sie sich bewußt machen müßte. Und so haben diese Begriffe auch keinen Sinn.

Ach, und du glaubst wohl, was für die Organe unseres Körpers gilt, trifft auch auf den menschlichen Geist zu?

Ja! Wir haben eine natürliche Funktion, und wir leben sie bereits perfekt, leben sie in jedem Augenblick unseres Daseins, egal ob wir uns ihrer bewußt oder unbewußt sind.

Denkst du darüber nach, wozu du berufen bist oder welche Aufgabe du hast? Weißt du, wie das aussieht? So als würde sich das Herz, während es rhythmisch klopft, fragen: Was mache ich nur auf dieser Welt? Dieses andauernde Klopfen, das kann doch nicht ALLES sein, wozu ich geschaffen wurde? Mein Gott, bitte, sag mir doch, wozu ich WIRKLICH berufen bin!

Das, was gerade passiert, ist genau das, wozu du JETZT da bist! Es mag dir im Moment ebenso langweilig erscheinen wie dem Herzen sein andauerndes Pumpen, aber es ist ebenso notwendig für den kosmischen Körper wie das Schlagen des Herzens im menschlichen Körper!

Vielleicht ändert sich ja deine Funktion irgendwann. Das Herz wird immer nur schlagen, der Mensch kann während eines Erdenlebens verschiedenste Funktionen ausführen. Das ändert jedoch nichts an dem Prinzip, daß das, was gerade geschieht, genau deine Funktion im Augenblick ist. Jetzt liest du diese Worte, und genau das ist jetzt deine Funktion im kosmischen Körper. In fünf Minuten schaust du dir vielleicht einen Film im Fernsehen an, und das ist genau deine Funktion. Anschließend putzt du dir die Zähne und gehst schlafen, und nichts könnte in diesem Augenblick wichtiger sein. Denn wenn es das wäre, würde es sicher geschehen.

Du funktionierst genau so, wie es sein soll – ob du höchst erfolgreich bist oder gerade am Boden liegst und deine Wunden leckst. Stell dir die Welt als Uhrwerk vor, in dem jedes, auch das kleinste Zahnrad notwendig ist, damit die Uhr funktioniert. Nun nimm einen dieser Zähne am Zahnrad unter die Lupe. Vergiß für einen Moment, daß es sich dabei um einen Teil des Zahnrads handelt. Der Zahn und die Kerbe am anderen Zahnrad, in die es gleich einrasten wird, ist alles, was du jetzt siehst. Was für ein Gedanke könnte entstehen? Oh Gott, wird der Zahn wohl, wie er da so urgewaltig und riesig herabfährt, die Kerbe vernichten? Womöglich ist die Kerbe nicht tief genug, um den Zahn aufzunehmen? Vielleicht wird er sie zerstören?

Solcherlei Befürchtungen haben wir nur, wenn wir uns die Welt aus der Perspektive ansehen, die sich unserer begrenzten Wahrnehmung erschließt. Wir verstehen beispielsweise nicht, wozu ein Tsunami gut sein soll, der 200.000 Menschen auf einmal vernichtet. Wir begreifen nicht den über 50 Jahre währenden Krieg zwischen Palästinensern und Israelis. Aufgeklärten Menschen ist es ein Rätsel, wie Millionen von Menschen noch immer dem Papst huldigen können. Wir begreifen nicht, wozu Aids gut sein soll, Krebs, Multiple Sklerose. Aber selbst dieses Nichtbegreifenkönnen hat eine Funktion, denn sie treibt uns letztlich hinein in die ultimative Wahrheit, daß nichts so ist, wie es zu sein scheint.

Könnten wir sehen, daß jeder Mensch seiner Bestimmung gemäß funktioniert, daß nichts falsch ist an ihr (selbst wenn es falsch aussieht), wäre das nicht eine ungeheure Erleichterung? Würden nicht automatisch Ängste, Sorgen, Befürchtungen, Schuldgefühle, Anklagen, aber auch Überheblichkeit und Eitelkeit von uns abfallen wie herbstlich verfärbte Blätter vom Baum?

Dein Nachbar mag ein Idiot sein; könntest du jedoch sehen, daß es schlicht seine Funktion ist, sich so idiotisch zu verhalten, würden dann nicht Toleranz, Verständnis, vielleicht sogar Liebe und Mitgefühl für ihn entstehen?

Natürlich gibt es jede Menge Veränderungsbedarf. Zu sehen, daß die Welt optimal funktioniert, bedeutet nicht, das, was uns veränderungswürdig erscheint, schleifen zu lassen. Nein, was immer der Augenblick erfordert, sollte und darf angepackt werden.

Gut oder schlecht, positiv oder negativ wird dein Leben, wird die Welt nur, wenn deine inneren Augen noch blind sind, nur dann existieren diese Gegensatzpaare für dich. Nur dann verurteilst du dich oder andere Menschen, weil du dich oder sie sich deiner Meinung nach „falsch" verhalten.

Anfang der 90er Jahre sorgte Woody Allen für einen filmreifen Skandal, als er sich in Soon-Yi, die Stieftochter seiner langjährigen Lebensgefährtin verliebte und die begabte und schöne Mia Farrow verließ. Mia beschuldigte ihn des sexuellen Übergriffs auf eine Minderjährige, eine öffentliche Schlammschlacht folgte – fast zeitgleich mit dem Start ihres grandiosen gemeinsamen Films „Ehemänner und Ehefrauen". Mit der zwanzig Jahre jüngeren Koreanerin Soon-Yi ist Allen seit 1997 glücklich verheiratet, das Paar lebt mit zwei Adoptivkindern am Central Park.

Niemand vermag zu beurteilen, ob eine Handlung gut oder schlecht, positiv oder negativ ist. Warum werden dennoch ständig Urteile gefällt? Weil die meisten Menschen von ihrem auf die Gegensatzpaare positiv und negativ konditionierten Verstand wie Drogensüchtige abhängig sind. Viele stürzen sich wie Aasgeier auf einen Skandal und finden ihre helle Freude daran, Menschen, deren Verhalten sie als unmöglich empfinden, mit ihrem unwissenden, törichten Geschwätz zu zerreißen.

„Weißt du übrigens schon, was die oder der getan hat? Stell dir nur vor ... (und dann folgt die detaillierte Beschreibung der jeweiligen Untat)" „Ach nein", erwidert der Angesprochene mit großem Erstaunen, „das hätte ich aber nicht von dem oder der gedacht! Wie kann man sich nur so verhalten, unmöglich! Pfui Teufel!"

Für Martin Walser existieren die Gegensatzpaare nicht. Für mich ebenfalls nicht. Ich sehe eine vollkommene Welt. Und deshalb kann ich keinem Menschen für das, was er tut oder nicht tut, jemals einen Vorwurf machen. Nicht einmal mir selbst!

Als ich in Bombay war, sah ich viele Bettler, die auf der Straße leben. Ich hatte immer eine meiner Hosentaschen voller Münzen und gab jedem, den ich traf, mindestens eine. Doch niemals hatte ich das Empfinden: Ach, sind die schlimm dran! Die emotionalen Schicksale der Menschen sind einander sehr ähnlich. Es gibt keine Ungerechtigkeit auf diesem Feld. Ein milliardenschwerer Ölscheich aus Dubai erlebt dieselben emotionalen Berge und Täler wie ein zerlumpter Bettler in Bombay.

Wir erleben Freude und Schmerz, aber in meiner Erfahrung kann ich zwischen Freude und Schmerz keinen Unterschied machen. Ich kann also nicht sagen: Lachen ist positiv, Weinen negativ. Beide Emotionen empfinde ich als vollständig gleichwertig.

Ich schreibe gern, keine Frage. Wenn ich jedoch meine Wohnung aufräume oder andere Arbeiten verrichte, die mir aufgrund meiner Disposition nicht sonderlich liegen, empfinde ich dies nicht als negative Erfahrung. Ich funktioniere einfach. Würde ich aber glauben, eine Aufgabe erfüllen zu müssen, wäre das sicherlich anders.

Aber ist es denn nicht notwendig, Unterschiede zu machen? Führt deine Einstellung nicht automatisch zum Fatalismus?

Aber warum denn nur, frage ich dich? Mein System funktioniert auch ohne die Bewertung von positiv und negativ einwandfrei. Wenn ich friere, ziehe ich automatisch einen Pullover über oder drehe die Heizung auf. Wenn ich Hunger habe, esse ich etwas. Wenn ich das Gefühl habe, übergewichtig zu sein, reduziere ich meinen Kalorienbedarf. Wenn ich zu wenig Geld habe, suche ich nach Möglichkeiten, um meine finanzielle Situation zu verbessern. Aber ich sehe im Mangel keine negative Situation. Wie es gerade ist, ist es jeweils perfekt. Und selbst das ist nur eine Formulierung. Was ich meine ist: Ich muß mir nicht einreden, daß die Situation perfekt ist, nicht einmal denken muß ich es. Es ist mein Empfinden, weil die Gegensatzpaare positiv und negativ für mich einfach nicht mehr existieren.

Um sie wegfallen zu lassen, muß man kein mystisches Erleuchtungserlebnis haben. Martin Walser hat sicherlich keins gehabt. Er hat nur nachgedacht, intelligent nachgedacht. Und wer immer das tut, wird zu dem gleichen Ergebnis gelangen. Das Gegensatzpaar positiv/negativ existiert nur, solange wir uns nicht von dieser unsinnigen Bewertungsskala trennen. Es beruht auf Einbildung, es ist nicht real. Denn das, was ist, egal wie es ist, ist genau das, was sein soll.

Selbst ein Tumor erfüllt nur seine Funktion. Entweder er macht dir klar, was du in deiner Einstellung ändern mußt, oder er dient dazu, deine menschliche Existenz zu beenden. Was sollte falsch daran sein? Es ist nur dann falsch, wenn wir dem Gegensatzpaar positiv/negativ anhaften.

Meine Empfehlung: Denk nicht mehr über deine Aufgabe nach. Durchschaue das Gegensatzpaar positiv/negativ als Illusion, und akzeptiere, daß die Welt perfekt funktioniert. Daß jede Situation, jede Erfahrung das Uhrwerk Welt perfekt am Laufen erhält. Erst dann wird in dein Herz Frieden einziehen, und dieser Frieden wird dich nie mehr verlassen.

Geistheilung ist kein Wunder

Myst IV ist ein hochkompliziertes Computerspiel, in dem man nur weiterkommt, wenn man die ins Spiel programmierten Rätsel lösen kann. Dazu nutzt man eine virtuelle Hand, die man per Mausklick bewegt. Man kann ihr folgen, man kann sie zum Bewegen oder Umlegen von allerlei Hebeln und Rädern, zum Öffnen von Türen und dergleichen mehr benutzen. Löst man ein Rätsel, kommt man weiter. Schafft man es nicht, bleibt man an den Spielabschnitt gefesselt, in dem man sich gerade befindet.

Myst IV stellt dem Spieler Hinweise zur Lösung der Rätsel zur Verfügung. Hinweise in drei Stufen. Auf der ersten Stufe gibt es nur einen vagen Hinweis, die zweite beinhaltet etwas mehr, auf der dritten Stufe wird der Hinweis noch eindeutiger. Doch selbst der Hinweis auf der dritten Stufe führt nicht unbedingt zu des Rätsels Lösung.

Könnte man in das Programm der Software gelangen und es dann auch noch lesen, wäre alles ganz einfach. Alle Lösungen würden sich dem Auge darbieten. Und so könnte man ohne Suche im animierten Spiel in den jeweiligen Spielabschnitt und natürlich auch zur ultimativen Lösung gelangen.

Ärzte und Psychotherapeuten bewegen sich mit ihrem Wissen auf verschiedenen Stufen im Bereich der Hinweise, die zur sogenannten Heilung führen können. Echte Geistheiler dagegen haben Zugriff auf das Softwareprogramm. Denn sie kennen die dem Laien geheimnisvoll erscheinende Zeichensprache und verstehen sich darauf, seine Rätsel auf direktem Wege zu lösen.

Daher sind ihre Methoden ungewöhnlich einfach. Sie schließen die Augen, versetzen sich in einen Trancezustand, manchmal stoßen sie ungewöhnliche Laute aus oder sprechen ekstatisch in einer Fremdsprache, sie legen ihre Hände auf den kranken Körperteil oder greifen gar auf geheimnisvolle Weise in ihn hinein und „reparieren" den defekten Körperteil. Menschen, denen nicht bewußt ist, daß sie schlicht und einfach direkten Zugriff auf die Software erhalten, bezeichnen sie als Wunderheiler. Aber Geistheilung ist ebenso wenig ein Wunder wie das Lösen eines Rätsels in einem mit Rätseln versehenen Softwareprogramm.

Natürlich spricht nichts gegen Ärzte und Psychotherapeuten. Sie können sehr wohl manche der Rätsel lösen, die uns der begrenzte Geist-Körper aufgibt. Und wenn man kein Vertrauen zu einem Geistheiler hat, ihn als Scharlatan bezeichnet oder gar Angst vor ihm hat, wird man sich wohl oder übel den Weißkitteln anvertrauen müssen.

Aus meiner Sicht gibt es keine Krankheit. Es gibt nur Körper, die perfekt funktionieren, und solche, die uns ein Rätsel aufgeben. Alle sogenannten Krankheiten sind lediglich Rätsel, die es zu lösen gilt. Sie sind in unser Lebensspiel programmiert und deshalb nicht zu umgehen.

Wenn ein Mensch meint, krank zu sein, und einen Arzt aufsucht, weil er bei ihm Heilung zu erhalten glaubt, ist dies ebenso in sein Lebensspiel programmiert wie das Rätsel selbst. Funktioniert sein Körper anschließend, ist dieses Rätsel zunächst einmal gelöst. Funktioniert er aber nicht, wird er andere Möglichkeiten suchen, um es zu lösen. Denn unser Gehirn ist darauf programmiert, Schmerzen unter allen Umständen loswerden zu wollen.

Womöglich wird er sogar herausfinden, daß des Rätsels Lösung nur in einer veränderten Einstellung liegt. Das bekommt man meistens heraus, wenn man anstatt eines Arztes einen Psychotherapeuten aufsucht. Es könnte aber auch sein, daß auch der einem nicht zu helfen vermag. Körper, die uns Rätsel aufgeben, verursachen in der Regel Schmerzen. Und so treibt uns der Schmerz immer weiter, um des Rätsels Lösung zu finden.

Solltest du gerade vor so ein scheinbar unlösbares Rätsel gestellt sein, diesen Text lesen und spüren, daß er dich anspricht, wäre es denkbar, daß er dein Rätsel löst. Da ich es aber nicht weiß, wäre es unverantwortlich, dir zu empfehlen, auf die Hilfe von Ärzten, Psychotherapeuten oder Geistheilern zu verzichten. Im Gegenteil: Tu, was immer sich dir an Chancen bietet, um wieder einen funktionierenden Körper zu besitzen.

Gleichzeitig mit dieser Empfehlung gebe ich dir **Einblick** in das Softwareprogramm. Und weißt du, was dort drin steht? Du bist nicht dein Körper! Dein Körper ist ebenso virtuell wie die Hand in Myst IV. Auch die Welt, in der dein Körper erscheint, ist virtuell, also Simulation. Nichts von dem, was du wahrnimmst, ist wahr! Weder deine Geburt, noch dein Leben, noch deine „Krankheit", auch nicht der Tod. Die Welt, wie sie sich dir darstellt, ist nur zusammen mit deiner menschlichen Wahrnehmung real. Würde man sie nicht wahrnehmen können, wäre sie nicht vorhanden.

Das ist des Rätsels ultimative Lösung. Und wenn dir das klar wird, so klar wird, wie dir klar ist, daß zwei mal zwei vier ist, dann bist du mit dem gesamten Spiel durch – selbst wenn du nicht all seine Rätsel lösen kannst. Ob du dann lebst oder stirbst, ist nicht mehr relevant. Denn du weißt: Ich bin weder am Leben noch kann ich sterben. Denn was lebt oder stirbt, bin nicht ich.

Sobald du diesen **Durchblick** hast, wirst du natürlich nie mehr die Frage stellen: Wer bin ich? Sie ist irrelevant, weil du nun weißt, wer du nicht bist, und das genügt.

Solange dein virtuelles Gefährt, das wir Körper nennen, noch nicht aus dem Spiel entfernt ist, wirst du natürlich weiter mitspielen. Allerdings nicht mehr so, wie dies der Fall war, als du noch nicht wußtest, daß es virtuell ist. Es wird dich daher nicht mehr besonders beeindrucken, ein ins Spiel programmiertes Rätsel nicht lösen zu können. Und selbst wenn du es zu lösen versuchst, weil es dir eben nützlich erscheint, um im Spiel weiterzukommen, wirst du dir nicht die Haare raufen, wenn es ungelöst bleibt. Denn was auch immer im Spiel geschieht, du weißt: Ich bin nicht der Spieler. Das Spiel spielt sich aufgrund seiner Programmierung. Selbst wenn ich immer noch Entscheidungen treffe, vollzieht sich nur das, was die Software vorsieht.

Und das führt zur Ent-spannung. Das heißt: du bist nicht mehr AN-GESPANNT wie ein Pferd vor dem Karren. Und das wird das gesamte Spiel beeinflussen. Denn deine Spielfigur und das Spiel bilden eine unzertrennliche Einheit. Wohin sich die virtuelle Hand in Myst IV bewegt, dahin bewegt sich das gesamte Spiel.

Die ultimative Lösung des Lebensrätsels ersetzt nicht immer und in jedem Fall den Weg zum Arzt, Psychotherapeuten oder Geistheiler, sie ist aber die beste Voraussetzung zu körperlicher Funktionsfähigkeit.

Das Spiegel-Spiel

Nur in der Zwei erkennt sich die Quelle als Eins. Ohne Zwei ist es sinnlos, von dem Einen zu sprechen. Also muß die Zwei sein. Sie muß sein, damit sich die Eins sehen kann. Die Zwei ist daher wie ein Spiegel.

Um dein Gesicht sehen zu können, mußt du in den Spiegel schauen. Ohne Spiegel – unmöglich! So ist die Welt schlicht der Spiegel des Einen. Eine Art Spiegel-Spiel.

Bist du aber wirklich, was du im Spiegel siehst? Wenn du ja sagst, sage ich nein! Sagst du nein, sage ich ja!

Denn beides stimmt: Du bist dein Spiegelbild und bist es gleichzeitig nicht. Wenn du beim Blick in den Spiegel deine Hand bewegst, wer tut das? Du oder dein Spiegelbild? Natürlich du selbst! Aber was **siehst** du? Was du im Spiegel siehst, ist nicht „du", sondern nur das Bild deiner im Spiegel gespiegelten Hand.

Ebenso die Essenz. Sie tut alles, und doch sind das, was wir sehen, Körper, die handeln, sich entscheiden und bewegen.

Es scheint so, als würden sie selbst entscheiden und handeln – solange nicht erkannt wird, daß sie nur tun, was die Essenz mit ihnen tut.

Als Körper sind wir nur Spiegelungen der einen Essenz. Wir sollten aber nicht glauben, die Essenz wisse immer, daß sie ein Spiel spielt. Nein, das weiß sie nicht, denn sie ist eben nicht der allmächtige und allwissende Gott, der über allem thront! Fakt ist, daß sie die Essenz ist, ob es ihr bewußt wird oder nicht. Was ich meine, ist: **Es ist nicht nötig, daß sie weiß, weil sie es ja IST!** Doch in den Spiegelbildern wird sie alles, was sie in Unkenntnis ihrer selbst werden **kann**! Eine Art Zerrspiegel entsteht. Deshalb all die Absurditäten in dieser Welt. Die Essenz ist alles, was ist, auch das, was sie nicht ist und niemals sein kann, aber eben nur deshalb, weil sie sich selbst nicht zu erkennen vermag. Dies ist ein sich selbst generierendes Spiel, das die Essenz spielt, ohne zu wissen, daß sie es überhaupt spielt. Aber das ist kein Problem, weil sie ja wie gesagt stets die Essenz bleibt. Ob H_2O als Wasser, Eis oder Dampf erscheint – immer bleibt H_2O das, was die chemische Formel besagt. Keine Form ist in der Lage, die Substanz (Essenz) zu verändern. Die Unkenntnis über sich selbst mag Kriege entfachen, doch sie sind niemals das, was die Essenz in Wahrheit ist.

Gerade die Absurditäten sind jedoch bestens dazu geeignet, daß sich die Essenz schließlich selbst erkennt, weil die Frage entsteht: Was soll dieser ganze Unsinn eigentlich? Wenn diese Frage auftaucht und auf Antwort drängt, mag jener perspektivische Wechsel geschehen, in welchem sich die Eins in der Zwei zu sehen vermag, oder anders gesagt: Das Spiegelbild verweist dann unvermeidlich auf den, der vor ihm steht und alles tut. Und das nennt man dann Selbstrealisation. Da geschieht eigentlich nichts. Nur daß der, welcher vor dem Spiegel steht, klar und deutlich sieht, daß nur ER es ist, der im Spiegel erscheint, obwohl er natürlich nicht IST und niemals sein kann, was auf der Spiegeloberfläche erscheint.

Sein und Nichtsein

Die Welt ist wie ein Kokon, der notwendig ist, um den Schmetterling hervorzubringen. Warte mit deinem Urteil, schüttle nicht gleich deinen klugen Kopf, laß mich einfach erst einmal erklären, wie ich das meine.

Schau, ein Kokon, der abgestreift wird, was ist er wert? Gar nichts, nicht wahr? Die Natur entsorgt ihn und sonst nichts. Und was würde ein Schmetterling denken – könnte er denken –, wenn er sich an seinen Kokonstadium erinnert?

Der Kokon hatte für mich nur einen und einzigen Zweck: mich hervorzubringen. Ich war zwar (potentiell) schon, was ich jetzt bin, als ich in ihm heranwuchs, aber ohne ihn wäre ich nicht, was ich heute bin.

Nichtsein kann sich nur erkennen, wenn es so etwas wie Sein gibt. Wie sonst? Wie sollte etwas, das nicht ist, erkennen, daß es nicht ist, wenn das nicht wäre, was ist? Also muß etwas da sein! Da es aber nur ist, um dem Nichtsein beweisen zu können, daß es nicht ist, ist Sein in Wahrheit nicht, was es zu sein scheint. Es hat nur den Anschein, als wäre da Sein.

So erscheint eine Welt, und das, was nicht ist, sieht darin zunächst das, was es zu sein scheint – Sein, klar. Es will nicht wahrhaben, daß da in Wahrheit nichts ist, deshalb probiert es alles mögliche aus. Doch es bleibt dabei immer nur ein Geschmack ganz am Ende: Das ist es auch nicht! Weil kein Geschmack bleibt. Und kein Geschmack bleiben kann. Am Ende ist immer alles leer. Bis du schließlich begreifst, daß du leer BIST. Oder daß Leere die Wirklichkeit ist.

Passiert das und kann dies vollständig akzeptiert werden, hat sich das Nichtsein im Sein, das in Wahrheit nicht ist, erkannt. Kein Erkennen im Kopf, sondern im Wesen. Aber eben nur dadurch, daß Sein tatsächlich vorhanden zu sein scheint. Sonst wäre es unmöglich gewesen. Ebenso wie der Schmetterling nur dann Schmetterling sein kann, wenn der Kokon sinnlos und nutzlos geworden ist. Erst dann ist er RAUS aus der angeborenen Blindheit.

Die Welt ist einfach nur dazu da, um Nichtsein zu klären. Die Welt ist sozusagen ein Aufklärer. Und worüber klärt sie dich auf: darüber, daß du nicht bist!

Kannst du das klar erkennen, ist die Welt für dich nutzlos geworden. Und du für sie natürlich auch! Denn nur im Kokon wird gearbeitet. Der Schmetterling jedoch fliegt ihm einfach auf und davon.

Denke nicht, die Welt wäre geschaffen worden! Durch Urknall und Evolution – das ist erste Klasse Grundschule. Nein, die Welt ist ein Spiegel fürs Nichtsein. Die Welt, also das, was sie zu sein scheint, ist daher ebenso ewig wie das, was sie nicht ist. Und gerade deshalb, weil sie nicht ist, kann sie alles sein, was vorhanden zu sein scheint.

Liebe die Illusion weg

Es gibt eine Reihe bemerkenswerter Dialoge in dem Film eXistenZ. Den nachfolgenden liebe ich ganz besonders:
 (Auszug aus dem Buch zum Film)

"Was haben Sie früher gemacht", fragte Pikul.
"Früher?"
"Bevor Ihr Leben durch Allegra Geller verändert wurde."
"Ach so. Tja, ich hatte eine Tankstelle und eine Werkstatt."
"Aber Sie haben doch noch immer eine Tankstelle und eine Werkstatt."
Sprits Schultern versteiften sich, und er drehte sich mit einem finsteren Blick zu Pikul um. Dann grinste er. "Klar", sagte er, "zumindest sieht es nach außen hin so aus. Sie können keinen Blick dahinter werfen, weil Sie auf der armseligen Ebene buchstäblicher Realität gefangen sind. Auf den tieferen Ebenen, die Sie nicht würdigen können, hat Allegra Gellers Werk mich befreit."

Zum besseren Verständnis für alle, die den Film noch nicht kennen: eXistenZ ist ein Spiel, das über Bio-Schnittstellen einen direkten Zugang zum Nervensystem der Spieler ermöglicht. Allegra Geller ist die Erfinderin des genialen Spiels, das dann, wenn es gespielt wird, den Eindruck einer realen Welt vermittelt, ganz so, als wärst du in unserer bekannten Welt.

Der Tankwart erzählt, daß sein Leben durch A. G. verändert wurde. Natürlich wird er danach gefragt, was er vorher gemacht hat, denn Veränderung muß ja wohl äußerlich sichtbar sein, denken wir. Und was antwortet der Tankwart: „Tja, ich **hatte** eine Tankstelle und eine Werkstatt." Das erstaunt den Fragenden selbstredend: „Aber Sie **haben** doch noch immer eine Tankstelle und eine Werkstatt."

Äußerlich betrachtet leben Desillusionierte wie andere Menschen. Sie müssen Geld verdienen, Rechnungen bezahlen, sie essen, sie trinken und stinken, wenn sie sich nicht regelmäßig duschen. Das alles verändert sich nicht. Und doch ist ihr ERleben ein komplett anderes. Denn sie wissen, daß sie nur so tun, als ob sie Geld verdienen, Rechnungen bezahlen, essen, trinken und stinken, wenn sie nicht regelmäßig duschen. Verstehst du, sie **wissen** es, sie vermuten, glauben oder ahnen es nicht nur. Es ist für sie keine mögliche Theorie, über die man bei Cappuccino, Schwarzwälderkirschtorte und gemütlich übereinander geschlagenen Beinen auf der Couch am Sonntagnachmittag philosophiert. Es ist ihre subjektiv empfundene Realität. Sie haben den Desillusionierungsprozeß hinter sich und sind daher von der Illusion befreit, dieses Leben könne mehr als ein virtuelles Spiel sein.

Daher bedeutet es ihnen nicht viel, wenn du ihnen sagst: Jetzt hat dein letztes Stündlein geschlagen! Im Gegenteil: Ein Desillusionierter wird lachen. „Eine Stunde noch, sagst du? Das ist lang. Laß uns noch etwas unternehmen."

Meinst du, ich übertreibe? Würdest du gern überprüfen, ob ich zu meinem Wort stehe? Ich kann deine Skepsis verstehen. Aber stell dir einfach nur vor, wie es wäre, wenn du wüßtest, nicht nur darauf hofftest, daß der Tod nur eine Tür hinaus aus dem Spiel ist. Was meinst du – wärst du dann sonderlich traurig, wenn dein letztes „Spielstündchen" anbrechen würde?

Wer dem Tod nicht furchtlos entgegenblicken kann, weiß gar nichts, egal wie weise er über Advaita zu philosophieren vermag. Der einzige Test ist der Tod, nicht die Worte, die jemand spricht. Wahres Wissen befreit dich tatsächlich von der armseligen Ebene buchstäblicher Realität.

Diese Befreiung kommt nicht, indem man ein Buch liest oder Satsangs besucht. Es erfordert vielmehr einen schmerzhaften Prozeß der Desillusionierung und Häutung. Richte dich darauf ein, wenn du die Sehnsucht nach wahrer, nach letzter Befreiung verspürst.

Mein Konzept ist: Liebe die Illusion weg! Dieser Weg wird dich zwar auch nicht vor Schmerzen bewahren, aber du wirst selbst in tiefster Dunkelheit von Agape umarmt sein. Dieses Konzept hat ein Herz, deshalb ist es ein gutes Konzept!

Das, was du siehst, ist nie das, was es ist!

Ach, du siehst Schmerz und Verzweiflung?
Und ich sehe nur Liebe,
so großartig und urgewaltig,
daß sie gar nicht anders kann,
als sich nicht nur der Freude und der Ekstase,
sondern ebenso auch dem Schmerz und der Verzweiflung hinzugeben,
einer Verzweiflung,
die niemals etwas anderes als äußerste Hingabe sein kann,
weil Liebe nie an sich selbst verzweifelt.

Nein, da ist nur Liebe,
die erst in der totalen Hingabe an das,
was sie nicht ist und niemals sein kann,
zu erfahren vermag,
was es bedeutet,
sich selbst auf abgründigen und verschlungenen Wegen
von Nichts zu Nichts, im Nirgendwo zu begegnen,
um in ewiger Selbstumarmung mit sich selbst sein zu können.

Daher ist nichts von dem,
was du an Verzweiflung siehst,
das, was du siehst,

es ist immer und in jedem Fall größtmögliche Liebe.

Ach, du siehst einen Wolf, der ein Lamm reißt?
Und ich, ich sehe nur Liebe,
Liebe, die sich so überaus aufopfernd liebt,
daß sie „außer sich" gerät
und sich daher scheinbar in zwei teilt,
in Löwe und Lamm,
also in Täter und Opfer,
jedoch, weil sie sich so unsäglich liebt,
unmöglich zwei bleiben kann,
nein, es ist völlig unmöglich,
daß sie, die Liebe, von sich selbst lassen könnte,
und daher überfällt sie sich selbst,
um sich das, was zwei zu sein scheint,
vor lauter Liebe zu sich selbst wieder „ein"-zuverleiben.

Und ich sehe im Lamm so unfaßbar große Liebe,
daß es sich vor lauter Liebe sich selbst gegenüber,
und damit dem Wolf,
aber auch dem Schmerz und der Qual,
die ihm die Wolfszähne zufügen,
nicht zu entziehen vermag.

Das, was du siehst, ist nie das, was es ist!

Ach, ihr seht Hunger und Korruption?
Und ich sehe Liebe, die sich dem Hunger selbst bis zum Tode hingibt,
um jene zu nähren und zu erheben,

deren Eigenliebe so groß ist,
daß sie nur für sich selbst zu Lasten des imaginären Zweiten zu sorgen
und nur sich selbst bis zur äußersten Selbstaufopferung
(des Zweiten) zu genießen vermögen.

Das, was du siehst, ist nie das, was es ist!

Ach, du siehst Elisabeth Taylors Männerverschleiß
und hältst sie für ausschweifend und sexuell unersättlich,
und ich sehe Liebe, die in dem brennenden Empfinden
verlorener Einheit vollständig auf das Image der Anständigkeit verzichtet,
um den einzig Geliebten wiederzufinden,
der aber unmöglich zu finden ist in dem anderen,
da der andere immer nur ein Spiegelbild unserer selbst ist.

Das, was du siehst, ist nie das, was es ist!

Ach, du siehst also den skrupellosen Diktator,
der kaltherzig in eine absurde Ideologie verliebt,
Millionen von Juden in die Gaskammer schickt
und sein eigenes Volk auf dem Schlachtfelde opfert?

Und ich sehe atemberaubend große Liebe,
die nicht davor zurückscheut,
sich vollständig dem Ziel der Einheit auf dem Erdenrund zu verschreiben,
(ein Reich, ein Volk, ein Führer),
einer Einheit freilich ganz ohne Zukunft

und einer Ideologie, die scheitern mußte,
weil Einheit unmöglich ist in der Zweiheit (Dualität).

Und ich sehe nur äußerste Liebe in all den Opfern des Holocaust,
den Soldaten, Männern und Söhnen, an der Front,
den weinenden Müttern zu Hause,
Liebe, die sich bis zur vollständigen Aufgabe ihrer selbst liebt,
um schließlich das Eine in sich selbst zu erfahren,
das Eine, das sich nur zum Schein verläßt,
um sich in der schmerzhaften Heimkehr zu sich selbst
seine unaussprechliche Liebe unzählig oft
und immer wieder beweisen und nur so „erfahren" zu können.

Ach, ihr seht den Tod,
der den Körper in Erde und Staub verwandelt?
Und ich sehe Liebe, die sich so unendlich liebt,
daß sie sich selbst ihrem eigenen Ende nicht zu verweigern vermag.

Das, was du siehst, ist nie das, was es ist!

Ach, du siehst Mangel und Niedergang in unserem Lande,
womöglich auch in deinem eigenen Leben
und denkst, wie ungerecht dich das Schicksal behandelt?

Und ich sehe nur Liebe,
die den Mangel erwählt,
um sich selbst als die einzig wahre Freude zu offenbaren,
die dich an die Grenzen äußeren Wachstums führt,
um selbst in dir wachsen und erblühen zu können.

Das, was du siehst, ist nie das, was es ist!

Oh, die Liebe,
sie wird und sie kann niemals aufhören
mit der Selbstentäußerung und Selbstaufopferung ihrer selbst,
denn würde sie damit aufhören können,
wäre sie nicht, was sie ist – ewige Liebe,
die sich gerade in und wegen
ihrer ewigen Selbstaufgabe stets erneuert
und überhaupt nur deshalb ewig zu erneuern vermag,
weil sie sich der Zeit und damit ihrem endlosen Ende
willig und leidenschaftlich hingibt,
allerdings in dem Wissen,
daß sie nicht in der Zeit ist.

Bewußtsein

Alles, was ist, ist Bewußtsein.

– Ramesh Balsekar

Bewußtsein hat keine Absicht

Leserfrage:
Was ist es, das da getrübt, verändert oder gar erweitert wird (oder wie jetzt gerade: verwirrt)? Im Moment ist es mir nicht klar. „Ich-Bewußtsein" paßt insofern nicht so ganz, als es ja nicht um das Bewußtsein vom Ich geht, sondern um die Wahrnehmung.

Antwort:
Was ich als Ich-Bewußtsein bezeichne, ist nichts anderes als Bewußtsein, das sich als Ich oder als eine Person wahrnimmt. Getrübtes Bewußtsein ist nichts anderes als Bewußtsein, das sich eingetrübt wahrnimmt. Verändertes oder erweitertes Bewußtsein ist nichts anderes als Bewußtsein, das sich als verändert oder erweitert wahrnimmt. Da ist nur Bewußtsein; „ich" und „du" sind nur Begriffe, die der Kommunikation dienen, dem ewigen Selbstgespräch von Bewußtsein.

Der Eindruck von Verwirrung entsteht, solange Bewußtsein sich vor sich selbst verbirgt. Der Eindruck von Bewußtseinserweiterung entsteht, wenn Bewußtsein sich hinter dem Glauben verbirgt, es sei ein spiritueller Mensch, dessen Horizont sich erweitert. Bewußtsein spielt all diese temporären Zustände, ohne jemals etwas anderes zu sein als Bewußtsein.

Wobei man Bewußtsein nur als Bewußtsein bezeichnet; es ist nicht das, als was man es bezeichnet. Es ist weder dieses noch jenes. So wie Wasser immer Wasser ist, egal ob kalt, lauwarm, heiß. Man könnte Wasser auch anders bezeichnen, ohne daß es dadurch etwas anderes würde als das, was man als Wasser bezeichnet.

Bewußtsein hat überhaupt kein Problem damit, unentdeckt zu bleiben, weil es immer bleibt, was es ist. Solange Bewußtsein sich selbst nicht entdeckt, bleibt es lediglich in einer seiner Rollen oder hinter einer Maske (persona) verborgen. So what?

Es gibt keinen Menschen, der in sich selbst Bewußtsein entdeckt. Denn Bewußtsein spielt den Körper, spielt Menschsein, der Körper oder der Mensch hat kein Bewußtsein.

Wenn entdeckt wird, daß Bewußtsein alles ist, was ist, ist es immer Bewußtsein, das sich im Menschen entdeckt. Und erst dann endet alle Verwirrung.

Bewußtsein plant nichts, tut nichts, hat auch keine Absicht. Es sieht auch nicht allem zu, was geschieht, ohne daran beteiligt zu sein. Es ist vielmehr das, was du bist, ohne es jemals zu sein. Diese Definition klingt paradox, doch so ist Bewußtsein. Nicht paradox, sondern so, als ob es das wäre, was es nicht ist und niemals sein kann.

Nur der Verstand streikt bei dieser Definition von Bewußtsein, denn der Verstand ist Bewußtsein, das sich selbst nicht versteht und niemals verstehen wird. Was er versteht, ist dazu da, um Bewußtsein in seiner Rolle als Mensch möglichst optimal funktionieren zu lassen. Zu mehr taugt er nicht, und zu mehr sollte man ihn auch nicht benutzen. Daher ist jeder Versuch zu verstehen, daß Bewußtsein alles ist, ohne es jemals zu sein und sein zu können, von vornherein zum Scheitern verurteilt. Nur Bewußtsein vermag zu entdecken, daß nichts sonst existiert als Bewußtsein.

Nonduales Bewußtsein

Die Verwirrung gründet vor allem auf dem Irrglauben, daß dauerhaftes, nonduales Bewußtsein (sprich Erleuchtung) und die zeitweilige Erfahrung kosmischen Bewußtseins (sprich: mystische Vereinigung) ein und dasselbe seien, während sie in Wahrheit nichts miteinander zu tun haben. Man kann eins davon haben und das andere nicht, und auf einen einzigen Fall von Erleuchtung kommen in der Regel Millionen und Abermillionen von Fällen, in denen ein mystischer Zustand oder kosmisches Bewußtsein gleich welchen Ausmaßes erlangt wurde. Erleuchtung und Mystik haben nur wenig oder gar nichts gemeinsam.

– Jed McKenna in „Verflixte Erleuchtung"

Stabiles nonduales Bewußtsein

Ich verzichte auf eine akademische Definition. Das können andere besser, und für mich zählt ohnehin nur die Praxis, die subjektive Erfahrung.

Zunächst einmal bedeutet nonduales Bewußtsein nicht, nicht mehr zu unterscheiden oder zu bewerten. Eine Blume ist eine Blume und kein Mineral, Blumen fühlen sich beim Anfassen weich an und duften, ein Mineral fühlt sich hart an und ist geruchlos, Blumen mag ich persönlich lieber als Mineralien. Dasselbe Prinzip gilt für Menschen. Auch hier unterscheide ich zwischen sympathischen und unsympathischen Zeitgenossen. Erstere sind mir allerdings lieber als letztere, weshalb ich mit diesen auch nur dann Umgang pflege, wenn es unbedingt sein muß bzw. kein Weg daran vorbeiführt.

In einer dualen Welt ist es zum einen unmöglich, zum anderen unrealistisch, ohne Unterscheidung und Bewertung zu leben. Wer dies behauptet, ist ein Träumer, ein abgehobener, akademischer Spinner und hat von dem, was nonduales Bewußtsein bedeutet, keinen Schimmer.

Wenn nonduales Bewußtsein einsetzt, ist das Ich-Bewußtsein perdü. Die beiden sind wie Feuer und Wasser. Und was ist bzw. worin äußert sich Ich-Bewußtsein? In der abenteuerlichen Vorstellung, (das) „Ich" könne tatsächlich und nicht nur virtuell in eigener Regie denken, entscheiden und handeln.

Was ist bzw. worin äußert sich dann nonduales Bewußtsein? Natürlich darin, daß diese alberne Vorstellung (der freilich die Majorität der Menschheit anhängt) nicht mehr besteht.

Wenn diese Vorstellung von der inneren Festplatte gelöscht ist, ist das Ergebnis, daß jeder Gedanke, jede Entscheidung, jede Handlung, ja jedes Ereignis, selbst das Fallen eines deiner Haare vom Haupt, ganz egal ob es in bzw. mit „mir" oder „dir" stattfindet, als vollkommen determiniert bzw. als kosmisches (oder göttliches) Handeln betrachtet wird. Selbst wenn mir jemand ins Gesicht schlägt, weil ihm meine Nase nicht paßt, tut er das in meiner Wahrnehmung nicht. Er handelt sozusagen „im Auftrag" einer anderen Instanz. Und daher kann und werde ich das zwar unangenehm finden, mein System mag sich u. U. ärgern, diesen Ärger spontan zum Ausdruck bringen und sich gegen einen weiteren Übergriff zur Wehr setzen, zu einer Schuldzuweisung oder gar Racheabsichten kann es jedoch mit nondualem Bewußtsein unmöglich kommen, weil ausgeschlossen wird, daß jemand etwas tut und tun kann, was nicht geschehen soll.

Obgleich also sehr wohl zwischen angenehmen und unangenehmen Erfahrungen, zwischen sympathischen und unsympathischen Zeitgenossen, zwischen segensreichen und tragischen Geschehnissen unterschieden wird, scheidet die Möglichkeit aus, das, was jeweils geschieht oder auftaucht, als nicht **vollständig determiniert** zu betrachten. So wie es jeweils ist, so soll es sein, ob es „mir" gefällt oder nicht, „mich" angenehm oder unangenehm berührt, als Vorteil oder Nachteil betrachtet wird.

DAS ist nonduales Bewußtsein. Alles, was von dieser Definition abweicht, ist bestenfalls akademisches Geschwafel und hat mit der erlebten Lebenspraxis nondualen Bewußtseins nicht das Geringste zu tun.

Unters Kleid gucken

Klar wirkt das alles hier **sehr real**. Wenn du gegen eine Mauer rennst, tut es weh, und deine Nase blutet. Wenn du einen Fliegenpilz oder besser noch Knollenblätterpilz ißt, stirbst du. Es gibt Grenzen. Übertrittst du sie, springst du beispielsweise vom Eiffelturm, kommst du zwar unten an, aber mit zerschmetterten Knochen.

Körper sind wie Gewänder. Du legst eines ab, ziehst ein anderes an. Nur siehst du diesen Vorgang nicht als einen solchen, und deswegen vermeidest du das Ablegen eines Gewandes.

Dein Körper bedeutet dir alles. Muß dir alles bedeuten, sonst würdest du dich beim geringsten Problem entleiben nach dem Motto: „Ich geh mich mal eben umziehen, mein Kleid stinkt ein wenig, und zum Waschen hab ich jetzt einfach keine Lust." Aber mehr wäre es in Wahrheit nicht.

Unter dem Kleid ist **nichts** – von hier aus gesehen. Von dort aus gesehen ist es das, was alles hervorbringt. Es ist DIE Energie, DAS Leben, DAS Licht. Aber all diese Worte sind nur Beschreibungen, nicht die Wirklichkeit selbst.

Wirklichkeit ist unbeschreiblich, weil sie nondual ist, beschrieben werden kann jedoch nur, was dual ist, also einen Gegensatz hat. Selbst der Begriff nondual kann die Wirklichkeit nicht wirklich beschreiben, weil du mit ihm, ohne es zu wollen, seinen Gegensatz, die Dualität, assoziierst.

Das, was nondual ist, das bist du – das, was hinter oder unter dem Gewand ist, was wir Geist-Körper-Organismus nennen.

Alles ist das und ist es gleichzeitig nicht. So wie du sagen kannst, alles ist (aus) Ton, aber das, was aus dem Ton wird, ist nicht der Ton (selbst), sondern eine Form von unzählig vielen möglichen Formen, die aus Ton gemacht werden können, aber nie der Ton (als Substanz) sind. Die Substanz hat mit der Form nur insofern zu tun, als sie ihm eine Gestalt gleich welcher Art verleiht.

Eine andere Metapher: Wenn Sonnenstrahlen dein Zimmer durchfluten und die Innentemperatur nach oben treiben, hat dich dann etwa die Sonne besucht? Keinesfalls! Die Sonne selbst kann unmöglich in dein Zimmer kommen, auch nicht (als Ganzes) in ihm (er)scheinen. Ebenso ist die Energie, die alles hervorbringt, immer die eine Energie, die alles hervorbringt, ohne sie jemals in dem, worin sie erscheint, SEIN zu können.

Es gibt nichts, was nicht die eine Energie ist, aber das, was wir sehen, hören, ertasten, riechen, schmecken, ist – wie die Strahlen der Sonne nicht die Sonne selbst sind – nicht die eine Energie selbst.

Gibt es eine Welt hinter der Welt? Wozu sollte es eine geben, frage ich dich? Weil sie vielleicht schöner und harmonischer ist als diese hier? Diese Welt hier kann sehr schön und ebenso sehr häßlich sein. Begrenzt jedoch ist sie immer. Egal wie schön sie auch sein mag, unbegrenzt ist nur, was keine Grenzen besitzt. Eine Welt ohne Grenzen jedoch ist nicht vorstellbar. Wie sollten denn ohne Grenzen zu setzen Berge, Seen, Weiden, Rosen, Tiere, Menschen GEFORMT werden können? Und hast du den Raum und die Formen, brauchst du auch die Zeit. Oder soll die Welt immer gleich sein? Kein Erblühen der Blumen, der Gräser, kein Entstehen und kein Vergehen der Lebewesen? Die Vorstellung einer Welt hinter dieser, in der Löwe und Lamm gemeinsam Gras fressen, ist nett, aber leider völlig unrealistisch, um nicht zu sagen: naiv!

Nur eine Spielvariante ist die Vorstellung, die Welt durch Methoden, durch Mittel, spirituelle Wege, Meditation, durch Selbstverleugnung oder Selbsterfahrung transzendieren zu können. Was dabei passiert, ist nur eines: ein anderer Erfahrungsmodus innerhalb des materiellen Körpers. Oder, um in obiger Metapher zu bleiben, ein anderes Gewand.

Ich empfehle Ungehöriges: Laß an, was du anhast und – guck einfach mal drunter!

Der allumfassende Christus

Heute weiß ich, weshalb ich zehn Jahre lang als Schüler zu Füßen eines genialen spirituellen Lehrers saß, der tagaus und tagein nur eine einzige Botschaft hatte, die er in immer neuen Varianten präsentierte: der allumfassende Christus oder Christus alles und in allen. Über 200 Bücher wurden aus seinen Ansprachen zusammengestellt und publiziert. Seine Lehre war eine wirklich wertvolle Vorbereitung, um mein emotionales Gehirn schließlich von der Täuschung der Zweiheit zu befreien, die nonduales Bewußtsein einzig verhindert.

Nun, heute weiß ich natürlich auch, daß der Mann seine eigene Botschaft nicht allumfassend verstand. Aber das spielt nicht die geringste Rolle. Selbst der Apostel Paulus verstand nicht wirklich, was er sagte, wenn er sagte: „Da ist weder Jude noch Grieche, weder Sklave noch Freier, weder Mann noch Frau, sondern Christus alles und in allen." (Kol. 3,11)

Wenn er es verstanden hätte, hätte er sofort aufgehört, Leute für einen bestimmten, in diesem Fall den Glauben an Christus zu gewinnen. Und Witness Lee hätte aufgehört, Gemeinden zu gründen, von denen er glaubte, einzig sie wären bereit, den „Bräutigam" (Jesus bei seiner Wiederkehr) zu empfangen. Totaler Unsinn, aber Gott kann sich jede Art von Unsinn und Zersplitterung leisten, weil er unteilbar ist.

Wenn Christus allumfassend bzw. alles umfassend ist, dann wirkt er selbst in korrupten Päpsten, in Stalin und Hitler! Alles und in allen, was soll, ja was **kann** das anderes bedeuten, als daß die Quelle (die man natürlich auch Christus, Tao, Brahman, das Eine, DAS, Gott, Existenz, Leere nennen kann) all das ist und in all dem ist, was manifest ist!

Sag mir, wenn du das WIRKLICH siehst, nicht nur vermutest oder als eine von vielen Theorien neben andere stellst: Was solltest, ja was könntest du dann noch tun, um die Welt zu verändern?

Ich käme niemals auf die Idee, jemandem, ohne daß er mich danach fragt, zu sagen, was ich sehe, oder gar den Versuch zu unternehmen, ihn davon zu überzeugen! Nur jenen, die mit offenem Herzen zu mir kommen, sage ich es frei heraus. Und selbst bei ihnen verlangt es mich nicht danach, daß sie begreifen. Ich freue mich, wenn es jemand versteht, wenn es jedoch nicht der Fall ist, sehe ich das, was einzig alles ist und alles bewirkt.

Dennoch: Witness Lee war eine herausragende Größe unter allen Lehrern, die sich auf die Bibel beziehen, denn er drang zu ihrem Kern vor, dem „Einen in allem". Ich halte ihn für den besten, ja einen wirklich weisen christlichen Lehrer des 20. Jahrhunderts. Ich habe keinen kennengelernt, der so liebend hingegeben war an die Essenz wie er. Wie unwichtig ist es da, ob er umfassend verstand.

Benutze Advaita nicht im täglichen Leben

Ein Leserbrief:
Lieber Werner,
seit ich „Gar nichts tun und alles erreichen" und seitdem auch deine Texte auf deiner Website las, bin ich eigentlich schon davon überzeugt, daß es keinen individuellen Handelnden gibt. Aber nun laß mich dir auch sagen, daß ich seitdem in einem Loch sitze, weil ich denke, mein Drehbuch ist eh schon geschrieben, was soll ich mich denn da überhaupt anstrengen, es kommt sowieso so, wie es kommen muß. Dann denke ich oft, daß es besser um mich stand, als ich noch daran glaubte, einen freien Willen zu haben und meine Realität selbst zu gestalten. Klar, da war ich auch oft unzufrieden, weil ich merkte, daß das, was man sich so alles vornimmt, nicht immer klappt, aber es war nicht zu vergleichen mit meinem jetzigen Zustand. Also, vor ein paar Wochen hat mir meine Firma gekündigt, und jetzt bin ich Hartz-IV-Empfänger, aber ich muß dir sagen, es war mir ziemlich egal, weil ich

dachte: das stand ja schon im Drehbuch. Jetzt hab ich dann aber deinen Text „Niemand muß in Deutschland arbeitslos sein" gelesen, und da kamen mir dann doch wieder Zweifel, ob ich das mit der Vorherbestimmung richtig verstanden habe. Und ehrlich gesagt kamen mir auch Zweifel an dir, weil das für mich ein Widerspruch ist, wenn du einerseits sagst, daß das Drehbuch geschrieben ist, und andererseits sagst: Hilf dir selbst, dann hilft dir Gott! Dann kann ich ja doch etwas tun. Oder wie soll ich das verstehen? Für eine Antwort wäre ich dir sehr dankbar.

Antwort:
Lieber Anton,
daß wir keinen freien Willen haben wird heute von keinem aufgeklärten Menschen mehr bestritten. Nur Unwissende und Ignoranten sind noch immer anderer Meinung. Wir haben nur den Eindruck, frei entscheiden zu können.

Was nützt uns dieses Wissen, wenn es verinnerlicht ist? Erstens: Schuldgefühle können nicht mehr entstehen. Denn wenn „ich" noch nie was getan habe, wenn „ich" immer nur aufgrund meiner jeweils vorhandenen Denk- und Verhaltensmuster gehandelt habe, dann gibt es „mich" letztlich nicht. Und ist niemand da, der etwas getan hat, dann gibt es auch keine Schuld für das, was „ohne mich" geschah. Zweitens: Es ist unmöglich, anderen Menschen (oder dem Schicksal gegenüber) in einer vorwurfsvollen Haltung zu verharren. Denn die tun ja ebenfalls nur, was durch sie geschieht. Vollkommen egal, WAS durch sie geschieht – fällt die Überzeugung weg, daß irgend jemand etwas tut, kannst du niemandem mehr böse sein, kannst du niemanden mehr anklagen, kannst du selbst nicht mehr sagen: Ich verstehe nicht, warum er/sie so handelt!

Ich bin niemandem gram, selbst denen nicht, die mich hassen und als Irrlehrer verdammen. Ich könnte nicht anders, als jeden von ihnen zu umarmen, wenn sie es denn überhaupt zulassen würden. Nicht, weil ich ein Heiliger wäre, nein, ich liebe sie einzig deshalb, weil die Überzeugung wegfällt, daß irgendein Mensch handelt. Da ist ein Körper-Geist-Organismus, fürwahr, aber kein Individuum, das Kontrolle über sein Handeln hätte.

*Im NLP gibt es zehn Grundannahmen, darunter folgende: Ein Mensch funktioniert immer perfekt und trifft stets die beste Wahl auf der Grundlage der für ihn verfügbaren Informationen. Das ist der Punkt! Niemand tut etwas, was dir nicht paßt, weil er etwas tun **möchte**, das dir nicht paßt. Er tut es aufgrund der ihm zur Verfügung stehenden Informationen. Und wenn die eben so sind, daß etwas geschieht, was dir nicht paßt, kannst du nicht ihn dafür verantwortlich machen. Tust du es dennoch, geschieht es natürlich auch nur aufgrund der dir zur Verfügung stehenden Informationen. Aber die lassen sich jederzeit ändern.*

Eine andere NLP-Grundannahme besagt nämlich: Menschen verfügen über alle Ressourcen, die sie brauchen, um eine von ihnen angestrebte Veränderung zu erreichen. Wie? Durch neue günstige Informationen lassen sich alte ungünstige löschen. Wenn du die Information integrierst, daß es keinen individuellen Handelnden gibt und geben KANN, werden natürlich auch deine Reaktionen andere sein. Unter anderem kannst du niemandem mehr Vorwürfe machen für das, was er tut oder nicht tut. Drittens: Du kannst nicht mehr stolz sein auf „deine" Leistungen, denn „du" hast sie ja nicht vollbracht.

Viertens: Du kannst niemanden mehr aufgrund seiner Fähigkeiten oder seiner Ausstrahlung höher einschätzen als dich oder jemand anderen. Wenn die Überzeugung wegfällt, daß niemand etwas tut, sind es schlicht die Gene und die Gunst des Schicksals, die dafür verantwortlich sind, wenn ein Mensch besondere Leistungen vollbringt.

Fünftens: Die Angst, eine Fehlentscheidung treffen zu können, fällt vollständig weg, denn wenn klar ist, daß es keinen individuellen Handelnden gibt, können nur die Entscheidungen fallen, die aufgrund der jeweils vorhandenen Informationen getroffen werden KÖNNEN und demzufolge getroffen werden MÜSSEN. Wenn „du" niemals etwas entscheidest, kannst du tun, was immer du tun willst: Es kann immer nur das geschehen, was geschehen soll und geschehen muß.

So und erst jetzt kann ich deine Frage beantworten: Gerade weil du niemals etwas tust und niemals etwas entscheidest, kannst du ALLES tun und ALLES entscheiden, wozu du dich gedrängt fühlst! Denn „du" tust es ja in keinem Fall, weil du niemals etwas tust, selbst wenn du meinst, etwas zu tun. Natürlich kannst du auch weiterhin nichts tun und apathisch herumsitzen, aber dann mußt du dich nicht wundern, wenn nichts Neues in deinem Leben geschieht. Dieser Widerspruch zwischen Vorherbestimmung und der Möglichkeit, alles zu tun, was sich tun läßt, ist ebenso unauflösbar wie der Fakt, daß Elektronen sich gleichzeitig wie Teilchen und wie Wellen verhalten.

Meine Empfehlung ist daher: Die Überzeugung, daß es keinen individuellen Handelnden gibt, sollte lediglich zu oben angeführten und erläuterten höchst vorteilhaften fünf Ergebnissen führen. Wenn sie dich jedoch inaktiv machen und zum Fatalismus führen, wäre es besser, du würdest deinen alten Glauben an den freien Willen reaktivieren! Ramesh Balsekar rät daher nicht ohne Grund: Benutze Advaita nicht im alltäglichen Leben. Tu vielmehr so, als wäre das Leben real! Das heißt: Setz dich nicht in eine Ecke und denke: Es kommt eh, wie es kommen muß! Alles Bestimmung! Nein, tu immer das Beste, was du gerade tun kannst! Laß dir aber keine Schuldgefühle einreden, wenn etwas schiefgeht. Mache niemandem Vorwürfe, wenn er dir auf den Fuß tritt. Sei nicht stolz auf „deine" Leistungen. Verehre niemanden! Und sei nicht ängstlich, wenn du Entscheidungen triffst, denn jede einzelne ist schon getroffen!

Sinnfragen

Der Sinn des Lebens ist das Leben selbst.
> – Johann Wolfgang von Goethe

Kunst ohne Künstler

Es gibt keinen Sinn, kein Ziel im Leben. Du kannst dir eins schnitzen, natürlich, und wenn du eins oder mehrere hast, lebst du sicher stringenter als ziellose Menschen, aber ein kosmisches Ziel, beispielsweise ein tausendjähriges Friedensreich, das neue Jerusalem, Unsterblichkeit, den neuen Menschen, den Übermenschen oder ähnlich hehre Ziele, die gibt es nur in unseren Köpfen, und sie haben bisher in der Menschheitsgeschichte nur eines bewirkt: Spaltung, Entzweiung, Streit und ja, sogar Krieg.

Das Leben selbst und zwar so, wie es ist, ist ein riesiges, ein unfaßbares Wunder.

Kürzlich sah ich eine Reportage, in der zum ersten Mal der erste Herzschlag eines Embryos gefilmt wurde. Der Arzt sagte im Interview: Das ist – ich kann es wirklich nicht anders sagen – ein Wunder. Wir sind es natürlich gewohnt, daß Herzen schlagen, doch wie nur ist es möglich, daß es immer und immer wieder nach 15 Tagen aus dem Nichts heraus in einem menschlichen Embryo zu schlagen beginnt?

Wie kommt es zu all den unzähligen Formen und Farben in der Natur, die sich scheinbar mühelos und unbegrenzt reproduzieren? Da schwebt eine Kugel durchs All, die niemand auf ihrer Umlaufbahn hält, und auf ihr geschehen andauernd all diese Wunder, oder wie würdest du Leben bezeichnen?

Leben in all seinen Formen reproduziert und erhält sich autark, es ist ein Perpetuum mobile, das ist der Grund aller Aktivitäten, die das Leben selbst generiert. Denk darüber nach!

All unsere Aktivitäten drehen sich um die Existenzsicherung! Es geht letztendlich um Essen, Trinken, Wetterschutz, Bewegung, Hygiene, Ruhe, Genuß. Du magst anmerken, daß der Mensch geistigen Ausgleich benötigt, daß er forscht, um das Leben leichter zu machen, den Lebensraum zu erhalten und zu erweitern, daß er gewaltige Leistungen kultureller Art hervorgebracht hat, und doch reduziert sich letztlich alles, was der Mensch tut, auf die nackte Existenz und Arterhaltung. Und was die Natur an Schönheit und Anmut hervorbringt, ist aus meiner Sicht kunstvoller als jedes Werk, das ein Maler, ein Bildhauer, ein Architekt hervorbringen kann. Und die Geschichten, die das Leben schreibt, sind ebenfalls verästelter und faszinierender als die zu Papier gebrachten Gedanken eines Schriftstellers oder Drehbuchautors. Im besten Fall ist der Mensch in der Lage, die Natur zu kopieren, und im schlechtesten Fall, ein Zerrbild von ihr zu liefern.

Wenn du keinesfalls darauf verzichten willst, dem Leben ein Ziel zuzuordnen, so würde ich sagen: Ziel des Lebens ist es, Unsichtbarkeit sichtbar zu machen, Ewigkeit in Raum und Zeit auszudrücken, Formlosigkeit in zeitlich begrenzte Formen zu gießen. Es ist eine Art Kunst ohne Künstler. Oder ein Schauspiel ohne Regisseur. Zwar sieht alles danach aus, als würde Regie geführt, wenn du jedoch den, der Regie führt, zu finden versuchst, wirst du ihn nicht finden – es sei denn, du begnügst dich mit dem Mist, den man Philosophie und/oder Religion nennt. „Alle Philosophie", sagte Whitehead, „ist eine Fußnote zu Plato", und für den wahrhaft genialen und weisen U.G. Krishnamurti war Religion ein „schmutziges Wort".

Am Ende des Weges bleibt nur Erstaunen und eine Dankbarkeit von unspezifischer, allumfassender Art sowie Ehrfurcht, die kein mehr oder minder entartetes Gottesbild und auch keine Kniebeugen zur Erleuchtung benötigt, um jede Faser deines Seins zu beherrschen.

Rätselraten

Stell dir vor, das Leben wäre in Wahrheit eine Art Kreuzworträtsel. Das würde zunächst einmal bedeuten, daß es keinen Sinn hat. Außer den natürlich, dir auf interessante Art und Weise die Zeit zu vertreiben.

Um ein Kreuzworträtsel vollständig zu lösen, mußt du dich schon konzentrieren. Und du mußt über Informationen verfügen. Eine ganze Reihe von Informationen. Das Beste wäre, wenn du ein wandelndes Lexikon wärst. Insbesondere dann, wenn die Lösung schwer ist. Einfach zu lösende Rätsel machen ja auch keinen Spaß. Ein echter Rätselfan steht auf schwere, kaum lösbare Rätsel.

Laß uns doch mal für einen Moment annehmen, das Leben wäre tatsächlich ein Rätsel. Wenn ich es aus dieser Perspektive betrachte, stelle ich fest, daß es offenbar verschiedene Rätselebenen gibt. Es gibt sicher noch mehr als die, die ich gleich aufführen werde, aber sie sollten genügen, um zu beweisen, daß es sich bei dem, was wir Leben nennen, tatsächlich um nichts anderes als um die Lösung eines Rätsels handeln könnte. Natürlich rätseln wir nicht andauernd herum. Wir brauchen auch Pausen, so wie bei jedem Rätsel, dessen Lösung nicht ganz so einfach ist. Die Pausen sind das, was wir Alltag oder gewöhnliches Leben nennen.

Die erste Ebene ist die der puren Existenz oder anders ausgedrückt: die des Überlebens. Auf dieser Ebene geht es ähnlich wie bei unseren Freunden, den Tieren, in erster Linie um die Frage: Wie überlebe ich am besten, gescheitesten, geschicktesten, sichersten? Es geht um die Befriedigung der Grundbedürfnisse: Essen, Trinken, Wetterschutz, Sex. Und natürlich möchte man diese Dinge mit möglichst geringem Aufwand genießen.

Für viele Menschen auf diesem Globus beginnt die Suche nach des Rätsels Lösung nicht nur auf dieser Ebene, sie endet hier auch. Sie tun ihr Leben lang nichts anderes, als dies: daran herumrätseln, wie man besser, angenehmer (und mehr) essen, trinken, Sex haben und wohnen kann. Das Ergebnis ist, daß sie entweder tatsächlich herausfinden, wie man diese Grundbedürfnisse am leichtesten und besten befriedigt, oder sie stellen im Alter fest, daß sie den Code nicht zu knacken vermochten, und geben resigniert auf. Aber das Rätsel selbst löst man auf dieser Ebene nicht.

Die zweite Ebene ist die der Beziehung. Selbst wer in erster Linie auf der ersten Ebene, der Existenzebene, lebt, wird zumindest zeitweise mit ihr in Berührung kommen. Denn es gibt keinen Menschen, der sich nicht danach sehnt, geliebt zu werden und zu lieben.

Kürzlich habe ich auf Phönix einen hochinteressanten Bericht über Hooligans gesehen, die ja in England ihren Ursprung haben und auch dort ihr Unwesen treiben. Es erstaunte mich nicht, aus ihrem Munde zu hören, daß ihnen die jeweilige „Firma" (so nennen sie ihre Banden) alles bedeutet, ja, daß sie die Mitglieder über alles lieben. (Übrigens: Sie lieben es auch, sich zu verdreschen, es geht offenbar nicht um Haß bei der Sache. Es kommt sogar vor, daß Mitglieder gegnerischer „Firmen", die man kurz zuvor noch verprügelt hat, bei ihnen übernachten. Das nur nebenbei als ein weiterer Beweis für meine Behauptung, daß der Mensch alles nur deswegen tut, weil er liebt, egal was er tut.)

Wir wissen, wie gewaltbereit und primitiv Hooligans sind, und doch: Es gibt keinen Menschen, der auf Liebesbeziehungen (egal welcher Art) verzichten könnte. Wer aber meint, auf dieser Ebene sei des Rätsels Lösung zu finden, der irrt. Gleichgültig, wie sehr du einen (oder mehrere) Menschen liebst, du wirst in keiner Beziehung *die* Erfüllung finden, nach der du suchst. Jede Beziehung, und sei sie noch so romantisch, hat die Tendenz, an Glanz zu verlieren. Vielleicht verwundert dich das noch immer. Vielleicht bist du traurig darüber. Vielleicht deprimiert es dich sogar. Das kann ich verstehen. Mir ging es genauso. Aber, und das ist der Punkt, die Beziehungsebene ist letztlich lediglich eine **Rätselebene**, deren Nichtauflösbarkeit dir beweist, daß hier die Lösung des Rätsels nicht ist.

Es gibt schlicht keine wirklich beständige Liebe. Ich meine damit nicht, daß zwei Menschen nicht ihr Leben lang zusammenbleiben und sich lieben könnten. Sicher ist nur, daß die Erwartung, die wir mit der Beziehung verbinden, letztlich immer enttäuscht werden wird. Und glaube mir, wenn das geschieht, ist es gut, weil du sonst des Rätsels Lösung nie finden wirst. Nur wenn du enttäuscht wirst, kannst du diese Rätselebene überschreiten.

Warum meinst du, gibt es gerade in Bezug auf Beziehungsprobleme so viele Ratgeber und therapeutische Ansätze? Weil auf diesem Feld wohl am meisten herumgerätselt wird. Wie kann ich den Traumpartner finden? Wie kann ich ihn halten? Wie kann ich ein Leben lang guten Sex mit ihm haben? Wie löse ich Partnerkonflikte? Was tue ich, wenn er/sie fremdgeht? Wie kann ich ungeeignete Denk- und Verhaltensmuster (Eifersucht beispielweise) auflösen, die meinen Partner auf die Idee bringen, Zigaretten zu holen und anschließend nicht mehr zurückzukehren? Ich sage nicht, daß es falsch ist, all diese Bücher zu lesen und zu praktizieren, was in ihnen steht. Ich möchte lediglich auf die Möglichkeit hinweisen, daß es sich bei all diesen Fragen lediglich um Rätsel handelt. Um Rätsel, die letztlich nicht gelöst werden können, sondern im Grunde einen ganz anderen Sinn haben.

Eine andere Ebene, um das Rätsel zu lösen, ist die Naturwissenschaft. Meinst du denn, daß die Bemühungen der Naturwissenschaftler tatsächlich dem Fortschritt der Menschheit dienen? Quatsch! Dieses Argument dient nur dem Ziel, an Fördergelder des Staates zu kommen. In Wahrheit ist es die Neugier, des Welträtsels Lösung zu finden, die jeden Naturwissenschaftler antreibt und motiviert. Aber auch hier wird das Rätsel nicht gelöst werden können. Wir haben wirklich kluge Köpfe wie Albert Einstein, Niels Bohr, Erwin Schrödinger oder Stephen Hawking, aber was sie auch an wirklich Klugem über die Entstehung der Welt zu sagen hatten – des Rätsels Lösung fanden sie nicht. Und glaube mir, so wird es auch bleiben. Immer bleibt am Ende die Frage: Was war zuerst da: Baum oder Samen, und da beides gleichzeitig vorhanden sein muß, ist die Suche nach einem definitiven Anfang zum Scheitern verurteilt. Das Rätsel führt sie alle an der Nase herum, wie klug sie auch sind. Auf dieser Ebene wird das Rätsel nicht gelöst. Egal wie nah wir der Lösung zu sein scheinen: Auflösung ist auf dieser Ebene völlig unmöglich.

Welche Ebenen bleiben noch übrig? Jede Menge. Eine, auf die ich unbedingt noch hinweisen möchte, ist die Nächstenliebe. Der Wunsch, die Menschen vom Leid zu befreien, wenn diese Liebe sozial motiviert ist, oder Menschen vom Bösen oder von der ewigen Verdammnis zu retten, wenn sie religiös motiviert ist.Auf dieser Ebene ist das Rätsel zwar tatsächlich zu lösen, aber nicht aufgrund der genannten Motive, sondern wegen des angewandten Mittels, der Liebe. Es bedarf jedoch einer objektlosen, unbedingten Liebe, denn sie ist unsere wahre Natur. In keinem Fall aber lösen wir das Rätsel durch Minderung des Leids oder durch die Rettung von Menschen. Wer sich damit befaßt, unterliegt einer gewaltigen Täuschung, so wird der Code niemals geknackt. Denn es gibt in Wahrheit keine leidenden Menschen. Sie sind vielmehr Teil des Rätsels; leidende Menschen (und überhaupt Menschen) sind nur virtuell vorhanden, um das Rätsel so schwer wie nur irgend möglich zu machen. Und unendlich viele suchende Menschen bleiben gerade auf dieser Rätselebene stecken. Sie schaffen es aus lauter Mitleid einfach nicht, die Täuschung zu durchschauen und die nächste, die Lösungsebene zu beschreiten.

Eine weitere hochgeschätzte Ebene aller nach definitiver Lösung strebenden Menschen ist die Religion, und dabei spielt die Kategorie (Christentum, Islam, Hinduismus etc.) eine untergeordnete Rolle. Wir glauben in jedem Fall an ein uns übergeordnetes geistiges Wesen, das die Welt der Materie mit einer bestimmten Absicht erschaffen hat. Wir sind bemüht, ihm zu dienen und seine Gebote zu halten, um uns als seine Auserwählten zu erweisen.

Diese Rätselebene ist zusammen mit der Ebene der Philosophie (wozu auch der Buddhismus, die gesamte Esoterik und auch die Suche nach Erleuchtung gehört) die subtilste, verführerischste, und deshalb bleiben auf ihr gerade die Suchenden oder die, die es ernst meinen mit dem Wunsch, das Rätsel zu lösen, stecken. Warum? Weil uns diese Ebene tatsächlich vorgaukeln kann, die Lösung gefunden zu haben. Oder zumindest: Hier MUSS sie sein! Durchschaust du insbesondere diese Ebene nicht, hast du keine Chance, jemals des Rätsels Lösung zu finden. Ich war über 20 Jahre in verschiedenen religiösen und philosophischen Lagern zu Hause. Glaub mir, wenn du da drin bist, hast du kaum eine Chance, dich wieder zu lösen. Ich hätte sie auch nicht gehabt. Es waren letztlich immer geeignete äußere Umstände, meistens meine eigenen Schwächen, die zur Loslösung führten. Und natürlich eine unbändige Sehnsucht, das Rätsel zu lösen, aber auch die habe ich ja nicht aus eigener Initiative heraus erzeugt.

Nun, wir könnten natürlich noch andere Ebenen anführen. Die des Globetrotters beispielsweise, die der Literatur und aller bildenden Künste, die der Asketen, der Friedensengel, des Familienclans, des Business, der Karriere, der Therapie, der Psychologie, der Politik etc. Aber die Beschreibung der genannten Ebenen soll reichen, um das Prinzip klarzumachen: All diese Ebenen existieren letztlich nur, **um zu rätseln**! Und wenn du mit einer fertig bist, kommt die nächste, bis du schließlich herausfindest ...

Tja, was ist denn des Rätsels Lösung? Darauf kommst du nie! ☺ Und in gewisser Hinsicht stimmt diese nicht ganz so ernstgemeinte Behauptung tatsächlich. Denn die Lösung scheint so absurd, so völlig absurd, daß der menschliche Verstand sich ihr schlicht verweigert und verweigern muß. Daher sagen alle, die das Rätsel lösen konnten: Die Auflösung ist jenseits des Verstandes!

Der Verstand kann es einfach nicht lösen. Der Verstand ist vielmehr das Mittel, um stets nach der Lösung zu suchen und im Rätsel steckenzubleiben. Egal auf welcher Ebene du dich gerade befindest, der Verstand ist das geeignete Mittel, um dich stets auf der Suche nach der Lösung zu halten. Ganz egal, was und wieviel du weißt, es nützt nichts. Selbst wenn du die Lösung kennen solltest: Solange du sie nur verstandesmäßig kennst, bist du mit dem Rätsel nicht fertig.

Was ist denn die dem Verstand so absurd erscheinende Lösung? **Daß es „dich" und die „Welt" gar nicht gibt! Nie gab! Und nie geben wird!** Wie in einem Traum: Du bist felsenfest davon überzeugt: Was ich hier erlebe, das ist real, aber in Wahrheit handelt es sich um reine Einbildung. Die Welt ist in Wahrheit einfach nur ein höchst intelligentes und komplexes Rätsel, und es besteht gerade darin, daß es alles andere als **nur** ein Rätsel zu sein scheint. Wenn dir das klar wird, ist es sofort und ein für allemal gelöst. Alles Illusion. Alles ein bombastisches Labyrinth aus Fragen, die letztlich überhaupt keiner Antwort bedürfen. Alles ein monumentales virtuelles Spiel, das so real aussieht, daß jeder, aber auch wirklich jeder darauf hereinfällt, ja hereinfallen muß. **Aber nichts ist so, wie es aussieht. Der Schein trügt.** Da ist nichts, in jedem Fall ist da nicht das, von dem ich meinte, daß es da wäre. Es ist nur ein Rätsel, dessen Auflösung darin besteht, daß du siehst, daß es dich auf Trab hält, bis du es als solches erkennst. Und nicht mehr. Wirklich – nicht mehr!

Wenn das wirklich so wäre, so magst du nun fragen, wer ist dann der Rätselerfinder? **Wer** gab **wem** das Rätsel auf? Die

Antwort ist: niemand. Das ist ebenso absurd, klar. Aber es ist die einzig mögliche Antwort. Wenn du das Rätsel gelöst hast, wird es dir vollkommen klar sein. Niemand hat dieses Rätsel erfunden. Niemand rätselt. Und niemand löst es. Es ist sozusagen ein sich selbst generierendes Rätsel, das sich selbst löst, indem es sich zunächst stellt und dann selbst auflöst.

Wozu denn, magst du nun fragen, wozu nur so ein schwer lösbares Rätsel? Dafür ließen sich mehrere Gründe anführen. Die beste Antwort ist jedoch wie mir scheint einfach die, eine Gegenfrage zu stellen: Warum sollte es kein Rätsel geben? Stell dir vor, es gäbe die Welt mit all ihren Rätseln nicht. Klar, wir hätten dann keine Probleme, aber eben auch nicht die Freude des Rätsellösens, und daher gibt es eins, zum Zeitvertreib sozusagen. Diese Erklärung ist natürlich nicht wahr, es ist nur Futter für deinen stets nach Erklärungen suchenden Verstand. Wenn du „durch" bist, stellt sich dir keine Frage mehr. Und deshalb bedarf es auch keiner Erklärung.

Wenn du das Rätsel gelöst hast, bedeutet das nicht, daß es für dich keine Ebenen mehr gibt. Nein, nein, sie sind alle noch da. Die Existenzebene, die Beziehungsebene, die Wissenschaftsebene, die Kunstebene etc. Aber – und das ist der entscheidende Unterschied zu vorher: Obwohl du noch am Leben teilnimmst, wird es dir zum Spiel. Denn du hast das Welträtsel gelöst. Du weißt genau, egal was passiert: Niemals ist es das, was es zu sein scheint. Für dich ist es jetzt kein Rätsel mehr, sondern ein Spiel. Und deshalb suchst du nicht mehr nach einer Lösung. Nie mehr. Du beobachtest nur noch, was passiert. Egal was passiert. Du weißt: in Wahrheit passiert nichts. Und manchmal hilfst du anderen ein wenig dabei, das Rätsel zu lösen.

Ballast

Die Welt funktioniert. Da ist niemand, der Regie führt. Da ist nicht einmal jemand, der sie erfand. Da ist niemand, der etwas tut, um ein Ziel zu erreichen, das über die möglichst angenehme Erhaltung der Existenz hinausgeht. Niemand steht hinter all dem, was geschieht. Natürlich kann man daran glauben, und dieser Glaube mag Kraft verleihen, doch außer dem Glauben an einen Jemand existiert niemand und nichts. Im besten Fall mag man sagen: Leben kommt zum Ausdruck! Aber selbst das zu sagen ist sinnlos. Denn es gibt keine Trennung zwischen Leben und seinem Ausdruck.

Was wäre denn Leben, das nicht zum Ausdruck kommt? Nichts. Nicht vorhanden. Totale Leere. Aus der Leere heraus erscheint Fülle. Das ist der Vorgang, den wir beobachten können. Ein immerwährender Vorgang, der absichtslos geschieht. Du bist da, die anderen sind da, und das, was geschieht, während du und die anderen da sind, ist alles, was ist. Fragst du aber: *Wozu bin ich und wozu sind die anderen da?*, existiert nur diese Frage, und alle Antworten, die man sich geben kann, sind einfach nur das, was sie sind: Gedanken!

Diese Gedanken sind jedoch so unnötig wie ein Kropf. Wärst du ein Vogel, hätte der Kropf eine Funktion, denn er dient ihm als Nahrungsspeicher. Wächst einem Menschen ein Kropf, erfüllt er jedoch keinerlei Funktion.

Manche Menschen sind lebenslang damit beschäftigt, nach dem Sinn des Lebens zu fragen. Woher komme ich? Was ist meine Aufgabe? Wozu bin ich da? Wohin werde ich nach dem Tod gehen? Zweifellos werden sie Antworten finden. Unmengen von Antworten. Sie wurden bereits gefunden und in unzähligen Büchern niedergelegt. Am Ende der Suche bist du jedoch wieder am Anfang. Warum? Einfach deshalb, weil die Antworten nur Gedanken sind, die das Leben ebenso produziert wie alles andere, was uns real erscheint.

Das Leben ist einfach vorhanden. Du erwachst aus dem Schlaf und drehst erneut eine Runde. Ob du gerade glücklich oder unglücklich bist, kümmert das Leben überhaupt nicht. Es geht sogar ohne dich weiter.

Hast du dich der Illusion entledigt, das Leben könnte (noch) etwas anderes sein als das, was es in jedem Augenblick ist, gibt es nichts mehr zu verstehen – ich meine über das Leben, nicht über seine Funktion. Ich muß schon wissen, wie ich möglichst angenehm über die Runden komme, das sollte übrigens jeder verstehen, mehr aber nicht. Mehr als das ist Ballast, der Beglückung verspricht, die nur temporär zu beglücken vermag. In Wahrheit sind es nur Illusionen, die dich beglücken. Und Illusionen vergehen ebenso, wie sie kommen.

Das Leben selbst lehrt dich, daß es nur gelebt werden will. Die Existenz selbst ist alles, was existiert. Der Körper interessiert sich nur dafür, was seine Existenz garantiert und angenehm(er) macht. Alles was darüber hinausgeht, endet in Verzweiflung und Leiden. Und diese Verzweiflung ist nötig, um das, was ihm nichts nützt, aus seinem System zu entfernen.

Wenn du womöglich gerade Verzweiflung, Resignation, Depression, Mißmut, Ärger, Unbehagen etc. erfährst, findet nichts anderes als Ausscheidung statt. So wie sich dein Körper der unverdaulichen biologischen Reste der täglich zu dir genommenen Speise entledigt, so entledigt er sich gleichermaßen all der psychologischen und philosophischen Scheiße, die deinem System in Form von entsprechenden Gedanken zugeführt wurde. Das ist der Vorgang von emotionalem Unbehagen, nichts anderes.

Jeder gesunde Mensch muß täglich aufs Klo. Das ist nicht zu verhindern. Ebenso gibt es täglich ein, zwei Situationen, in denen sich dein System all der Emotionen entledigt, die sich ansammeln. Dann fauchst du deinen Partner an oder ärgerst dich über dein eigenes Mißgeschick. Daher solltest du nicht nach andauernder Glückseligkeit trachten. Diese Hoffnung ist nicht nur unsinnig, sondern ebenso ungesund, als würdest du vermeiden, täglich zur Toilette zu gehen. Wenn du jedoch unter emotionaler Verstopfung leidest, das heißt, dich nahezu ständig unbehaglich fühlst, ärgerst, traurig oder ängstlich bist, dann zeigt dieser Zustand, daß dein System nicht adäquat funktioniert.

Sei dankbar, daß es so ist. Denn ohne dieses Unbehagen könnte dein System nicht für die Ausscheidung des psychologischen und philosophischen Mülls sorgen, die durch die Suche nach mehr, als jeweils im Augenblick da ist, erzeugt wird und dein System belastet.

Denke nicht, daß diese Emotionen etwas mit dir zu tun haben. Sie haben ebenso wenig mit dir zu tun wie die unverdaulichen Reste der Nahrung. Ihr Erscheinen ist nichts anderes als Scheiße, die dein System ausscheiden will. Das gilt es zu verstehen. Denn verstehst du es nicht, wirst du tatsächlich glauben, daß du „dich" scheiße fühlst! Oder schlimmer noch: die Scheiße bist, die lediglich abgeführt werden soll und dich nur deshalb quält und in dir rumort, um ausgeschieden zu werden.

Die Existenz ist kraftvoll, intakt, gesund und stets nur an dem möglichst angenehmen Überleben seiner Organismen interessiert. Gehst du darüber hinaus, indem du ihr einen höheren

Sinn geben willst, mußt du dich nicht wundern, wenn du stets oder zumindest öfter, als es sein müßte, „Scheiße baust" und dich auch entsprechend fühlst.

Bullshit

Kürzlich war ich mit Vorbereitungsaufgaben zur Renovierung meines Arbeitszimmers beschäftigt. Etwa 20 Müllsäcke mit alten Unterlagen und Fachzeitschriften, sechs große Kästen mit Ordnern, alles für den Müll, füllten sich. Weitere sechs Umzugskartons brauchte ich, um die Bücher zu lagern. Und dann all der Kleinkram, der aufzuräumen und wegzupacken war. Insgesamt war ich ungefähr fünf Stunden am Stück beschäftigt.

Ich mache solche Sachen nicht gern. Aber es mußte sein, und wenn ich einmal damit beginne, tue ich es mit derselben Euphorie, wie ich Texte schreibe.

Am Nachmittag erhielt ich einen Anruf. Ein Seminarteilnehmer bemerkte: *Du hältst das Leben ja für bedeutungslos. Wenn ich das tun würde, hätte ich keine Motivation mehr, überhaupt was zu tun!*

Bei mir ist das genau umgekehrt. Gerade weil ich weiß, daß das Leben bedeutungslos ist, bin ich stets motiviert! Ganz egal, ob ich Texte schreibe oder mein Zimmer aufräume. Die Motivationsblockade entsteht nur aus einem Grund: Weil ein Ich da zu sein scheint, das sich fragt: „WOZU mache ich das jetzt überhaupt? WAS ist der Sinn? Es gibt doch weitaus Sinnvolleres als das, womit ich gerade beschäftigt bin." Das Ich braucht für alles Bedeutung und Sinn! Ein ichloser Organismus funktioniert einfach gemäß der jeweiligen Anforderung oder Herausforderung.

In meinem Organismus gibt es keine Ich-Wahrnehmung mehr. Sie ist vollständig gelöscht. Und deshalb gibt es auch keine Sinnfragen mehr. Alles ist Ausdruck des Einen – jeder Handgriff, jede Geste, jedes gedachte und gesprochene Wort. Selbst wenn ich mal fluche, weil irgend etwas nicht gleich funktioniert, gibt es nicht den Gedanken: Du bist jetzt nicht in Harmonie mit dir selbst!

Ob Harmonie oder Disharmonie herrscht, ist nur für das Ich von Bedeutung. Ichlos stellt sich noch nicht einmal diese Frage. Was passiert, passiert. Und egal was passiert, es passiert niemals MIR. Weil es „mich" nicht gibt!

Ein Tier braucht keine Bedeutung. Und ich bin nicht mehr als ein Tier. Ich gehöre lediglich der Tiergattung an, die man Mensch nennt.

Der Mensch ist gewöhnlich ein Tier mit Ich-Bewußtsein. Jedes Tier ist ihm in dieser Hinsicht voraus. Würde das Ich-Bewußtsein gelöscht, würde der Mensch einfach gemäß seiner Bestimmung funktionieren. Und daher auch mal bellen. Vielleicht würde er dann noch immer so leben wie beispielsweise die Indianer, bevor man sie in Reservate verbannte, oder wie irgendein anderes Naturvolk. Ich sage nicht: das wäre besser! Eins steht aber in jedem Fall fest: Das Ich-Bewußtsein hat uns nicht nur Annehmlichkeiten gebracht, sondern gleichzeitig auch großes Leid.

Gestern erhielt ich eine Mail, in der u.a. stand: *Als mein Ego starb...* Ein Mensch, dem das Ich-Bewußtsein verlorenging, würde das niemals so schreiben. Ich habe ein Ego, sogar ein ziemlich starkes, durchsetzungsfähiges Ego. Es ist Unsinn zu glauben, das Ego müßte sterben. Nur das Bewußtsein, ein Ego **zu sein,** muß als Denkgewohnheit aufgedeckt werden. Dann wird es gelöscht, und du lebst einfach so, wie es sich jeweils lebt.

Bezüglich des Ichs herrscht offenbar große Verwirrung in spirituellen Kreisen. Man glaubt tatsächlich, das Ego vernichten oder zumindest schwächen oder in den Hintergrund drängen zu müssen. Wißt ihr, was dabei herauskommt? Schwächlinge. Softies. Ewig lächelnde Eso-Zombies! Sich mit allem einverstanden erklärende Superstrahlemänner (und -frauen) mit einem Freundlichkeitskrampf im Gesicht!

Wenn der Verstand das Konzept der Ichlosigkeit umzusetzen versucht, kommt nur Mist dabei heraus. Du brauchst ein Ego, ebenso wie du den Körper brauchst. Wenn du es zu schwächen oder gar zu vernichten versuchst, amputierst du dich ebenso, als würdest du dir einen Finger abhacken.

Die landläufigen Vorstellungen über einen Menschen, der „unbedingte Liebe" lebt, sind grundfalsch. Jesus machte sich eine Geißel aus Stricken, um die Händler aus dem Tempel zu vertreiben. Meinst du ernsthaft, er hätte dabei so milde gelächelt wie auf den Gemälden, die ihn mit einem Heiligenschein abbilden?

Unbedingte Liebe, das ist schlicht Liebe ohne jede Bedingung. Der gewöhnliche Verstand schafft Bedingungen für die Liebe: *Liebe muß sich so und so äußern, sonst ist es keine!* Ein vom Ich-Bewußtsein befreiter Organismus macht sich keine Gedanken darüber, ob andere Menschen ihn als „unbedingt" Liebenden sehen. Solange du dir Gedanken darüber machst, ist es ein Beweis dafür, daß das Ich-Bewußtsein noch in voller Funktion ist.

Das Ego stirbt nicht. Man kann es schwächen, verbiegen oder verleugnen, dann manifestiert es sich lediglich in anderer Form. Heuchler kommen dabei heraus. Windige Typen, unter deren lächelnder Fassade es brodelt, wenn man sie oder ihre weisen Worte in Frage stellt.

Wenn Zorn da ist, ist eben Zorn da! Woher kommt nur die irrationale Idee, Zorn sei in jedem Fall der Ausdruck fehlender Liebe? Oder Traurigkeit, Melancholie, Tränen. An unseren Emotionen ist überhaupt nichts falsch. Nur unsere Vorstellungen, geboren aus dem Ich-Bewußtsein, das alles in Kategorien einordnen muß, die sind morbid.

Die Religion hat uns gründlich verdorben. Deswegen lasse ich kein gutes Haar an ihr. Tut mir leid, wenn ich dich damit beleidige, das ist nicht meine Absicht. Die Religion hat das Ich-Bewußtsein gestärkt, indem es den Menschen zur Krone der Schöpfung erhob. Indem es ihm einredete, er müsse edel sein, hilfreich und gut, um vor seinen Schöpfer treten zu können. Er müsse Vergebung für seine Sünden empfangen, weil er für seine Taten verantwortlich sei. Stärkung des Ich-Bewußtseins, sonst nichts. Und damit unaufhörliches Leiden.

Sobald ich Religion auch nur rieche, muß ich mich schneuzen. Kürzlich besuchte ich die Homepage eines bekannten und verehrungswürdigen Satsang-Lehrers. Wie er heißt, ist mir schon wieder entfallen. Den Namen braucht man sich auch nicht zu merken. Dabei mußte ich mich nicht nur schneuzen, sondern hätte mich beinahe übergeben. Gequirlte Scheiße! Hochspirituelles, aber nicht weniger verqueres Gelaber! Und das allerschlimmste: Stärkung des Ich-Bewußtseins! Daran erkennst du die Pseudo-Gurus.

Ich weiß schon, ich tanze aus der Reihe! Kaum einer wagt es, die heiligen Kühe zu schlachten. Und weißt du, warum? Weil der Verstand am Werk ist: *Mein Freund*, so wird mir gesagt, *du sagst doch selbst „Alles ist das Eine", wie kannst du dann andererseits über „den Einen" herziehen?*

Das ist Verstandesgefasel! Der Verstand macht selbst ein Konzept aus dem Einen. Wenn nur Einer ist, war auch Hitler das Eine. Würdest du seine Taten nicht als Verbrechen an der Menschheit bezeichnen? Die Religion tut dasselbe! Noch schlimmer: Sie tut es unter dem Deckmantel des Edlen, Guten und Hilfreichen.

Wenn du nicht aus dem Jauchefaß der religiösen Vorstellungen steigst, wirst du niemals begreifen, was es mit der Ichlosigkeit auf sich hat. Ich weiß, wovon ich rede, denn ich steckte viele Jahrzehnte in diesem Faß und erkenne den Gestank schon hundert Kilometer gegen den Wind.

Das Ich-Bewußtsein muß gelöscht werden, sonst überhaupt nichts. Da es auf Einbildung beruht, ist das ein relativ harmloser Vorgang. Aber klar mußt du sein, sonst arbeitest du auf der falschen Baustelle, und wenn dein Haus fertig ist, ist dein Ich-Bewußtsein nicht weg, sondern stärker als je zuvor. Nur daß du dann eben die Worte der Weisen im Munde führst oder sogar als erwacht oder erleuchtet giltst. Bullshit!

Provozieren dich meine Worte? Na, dann ist es ja gut! Denn es beweist dir, daß dein Ich-Bewußtsein noch da ist. Ohne dieses Wissen kann es nämlich nicht gelöscht werden.

Das kosmische Rollenspiel

Überall auf der Welt ist Haß, Streit und Krieg. Hört das denn niemals auf? Und wo, bitteschön, ist da denn ein liebender Gott?

Ich weiß nicht, ob du dir gerne Kriegsfilme ansiehst. Viele Frauen verabscheuen sie und bevorzugen statt dessen Herz-und-Schmerz-Filme. Die sehe ich mir manchmal auch an, „Sissy" zum Beispiel oder „Vom Winde verweht", aber so einen richtig gut gemachten Kriegsfilm, in dem es nicht ausschließlich kracht und lauter banale Explosionen stattfinden, finde ich spannender.

Das Schöne bei einem Kriegsfilm ist natürlich auch, daß man weiß, daß sich die Verletzten anschließend die angemalten Wunden abwaschen, daß all die Toten auferstehen, zusammen mit ihren haßerfüllten Gegnern eine Tasse Kaffee trinken und sich die neuesten Witze erzählen.

Natürlich weißt du schon, worauf ich mit diesem Beispiel hinaus will, und deine Entrüstung vermag ich förmlich zu spüren. Denn was wäre das für ein Gott, der all die grausamen Dinge, die seine armen Geschöpfe ertragen müssen, sozusagen zu seiner Belustigung wie einen Kriegsfilm inszenierte? Obwohl ihm das auch niemand verübeln könnte, weil er als Schöpfer die Macht hat, alles zu tun, was er tun will, bin ich bei dir und habe eine frohe Botschaft parat: Die armen, leidenden Menschlein unterscheiden sich nicht von ihrem Schöpfer. Denn er ist alles, was existiert.

Es ist ein Irrtum zu glauben, die Geschöpfe wären etwas anderes als ihr eigener Schöpfer. Das ist die Genialität dieses monumentalen, kosmischen Films: Gott ist der Drehbuchautor, der Regisseur, der Kameramann, die Schauspieler und sogar die Zuschauer. Alles in einem, weil nur er existiert.

Wenn du also eine Kirche besuchst und vor dem Altar niederkniest, um für all die Leidenden dieser Welt Fürbitte zu leisten, kniet Gott vor sich selbst nieder und betet zu sich selbst für sein ureigenes Leiden.

Stellst du nun die Frage, weshalb Gott so etwas Absurdes tut, stellt Gott diese Frage an sich. Und wenn er darauf keine Antwort erhält, verweigert er sie sich selbst.

Und so sucht Gott nach sich selbst, bis er schließlich erkennt, daß er nur nach sich selbst sucht und sich daher nur selbst finden kann UND: daß er in Ewigkeit IST, wonach er sucht. Wenn das geschieht, fällt die Frage nach dem Sinn all des Unsinns, der täglich auf diesem Globus passiert, einfach weg. Denn nun weiß Gott, daß all das, was geschieht, nur virtueller Natur ist.

Wenn einer der Schauspieler stirbt, ist das nicht weiter tragisch. Denn der Tod befreit Gott lediglich von einer seiner Rollen. Und wenn sie anstrengend war, wird er es wie eine willkommene Ruhepause empfinden. Im Haus nebenan gebärt die Nachbarin des Verstorbenen, der gerade feierlich zu Grabe getragen wird, ein Kind, und mit ihm kehrt Gott in neuer Gestalt in die virtuelle Realität zurück.

Wenn du gerade leiden solltest, leidet niemand anders als Gott. Denn du bist er, du kannst nie etwas anderes sein. Wenn du ihn ob deines furchtbaren Schicksals anklagst, klagt Gott sich selbst an, und das ist wiederum nur eine Szene im Film.

Freude und Schmerz halten sich stets die Waage. Nicht umsonst sagt man: Des einen Leid ist des anderen Freud. Warum? Nun, weil Gott nie ungerecht zu sich selbst ist. Denn er ist gleichzeitig leidend und fröhlich, er ist alles in allen.

Gott wird sich als Mensch nie verstehen. Diese Begrenzung hat er sich selbst auferlegt. Nur eines ist möglich: daß er sein Menschsein als eine seiner unzähligen Rollen durchschaut. Immer wenn das geschieht, bleibt ihm gar nichts anderes übrig, als die Rolle des Weisen zu spielen, der anderen klar macht, daß sie nur Theater spielen. Was sollte er sonst tun? Er ist ja mit allen Rollen fertig, keine erscheint ihm noch attraktiv!

Manchmal erzürnt die Belehrung des Weisen seine Mitspieler so sehr, daß sie ihn kreuzigen, zersägen, auf dem Scheiterhaufen verbrennen, in ein Zwangslager nach Sibirien bringen oder zumindest als Wahnsinnigen betrachten und ächten. Meistens sind es nur wenige Menschen, die Weise verehren oder sie gar als Inkarnationen der Gottheit anbeten. Jede dieser Erfahrungen gehört zu dem Film, und da der Weise dies weiß, erträgt er tapfer den Schmerz und genießt die Huldigung maßvoll.

Für den Weisen ist Gott allumfassende Liebe. Für den Unwissenden bleibt er unverständlich oder gar ein Ungeheuer. Doch der Unwissende spielt ebenso eine Rolle wie der Weise. Denn Gott ist alles in allen.

Das Leben I S T. Punkt!

> Natürlich gibt es Momente der Freude, aber insgesamt ist die menschliche Existenz ein Jammertal.
>
> – Woody Allen in einem Interview der Zeitschrift *Galore*

Mit dieser Bewertung ist Woody weit näher an der Realität als all jene Gurus, die dir eine rosarote Dauerglücksbrille aufsetzen wollen.

Wenn ich sage: Das Leben ist perfekt, meine ich damit nicht, daß es auf der dualen Ebene perfekt ist. Nein, das wäre Augenwischerei. Ich habe keine rosarote Brille auf und sehe daher die materiellen und psychologischen Nöte, unter denen Millionen von Menschen auf dem Erdenrund leiden.

Weitaus besser wäre es zu sagen: Das Leben IST. Punkt! Nur daß dann die meisten Menschen überhaupt nicht verstehen würden, was ich meine.

Wenn ich sage: Das Leben ist! wirst du mich spontan fragen „Ist **was**?" Merkst du es? Da ist immer ein Verlangen nach mehr als der Tatsache, daß das Leben einfach nur IST. Doch genau das ist das Dilemma. Und wer nicht sieht, daß das Leben einfach nur IST (egal was und wie es gerade ist), sondern ihm eine Bewertung verleihen, ein Prädikat aufdrücken, einen Sinn, eine Bedeutung geben möchte, der wird, wenn er nicht unehrlich ist und sich selbst belügt, am Ende zu der Bewertung Woodys gelangen müssen.

Ich schließe mich seiner Sichtweise an, was die duale Ebene angeht, auf der es Bewertungen gibt und geben muß. Aber ich gehe über diese Ebene hinaus, und auf ihr gibt es überhaupt keine Bewertung. Auf dieser Ebene, die man als Meta-Ebene bezeichnen könnte, IST das Leben einfach nur (das was es ist).

Vielleicht ergibt das für dich keinen Sinn, weil du so daran gewöhnt bist, an das IST ein Prädikat anzuhängen, etwas, das deine Stimmung oder die Situation beschreibt. Für mich ist das Weglassen äußerst befreiend, ja, es ist die Befreiung schlechthin.

Jetzt, in diesem Moment, nehme ich wahr, daß mein Rücken schmerzt und daß ich im Halbdunkel am Schreibtisch sitze und schreibe. Es gibt jedoch kein Problem damit, und ich leide auch nicht. Leiden entsteht erst durch die Bewertung meines Rückenschmerzes. Leiden entsteht nur, wenn ich mich dem Leben, das einfach nur IST, *gedanklich* nähere.

Kürzlich war eine Dame bei mir im Einzelcoaching, die fünf Probleme nannte, die sie im Moment bedrücken. Ich fragte sie: Stell dir für einen Augenblick vor, die **Gedanken** an deine Probleme wären nicht vorhanden – wie würde es dir dann jetzt gehen? Sie stellte fest, daß es ihr ohne sie gut gehen würde. Doch dann fügte sie hinzu: „Aber die Probleme kriege ich nicht weg, indem ich nicht an sie denke! Sie müssen schließlich gelöst werden."

„Das stimmt", sagte ich, „laß uns deshalb sehen, was du tun

kannst, um sie JETZT zu lösen." „Im Moment nichts", erwiderte sie," außer darüber nachzudenken, wie ich sie löse." „Gut", sagte ich, „dann laß uns das tun. Was kannst du jetzt tun, um eine geeignete Lösung zu finden?" Wir fanden gemeinsam einige Lösungsansätze für alle fünf Probleme heraus, und sie entschied sich dann für die jeweils bestmögliche Alternative. „Nun", sagte ich, „was kannst du jetzt noch tun, um sie zu lösen?" „Nichts", sagte sie, „jetzt kann ich gar nichts mehr tun, morgen kann ich damit beginnen, sie umzusetzen." Kurze Zeit später bemerkte sie jedoch: „Was tue ich aber, wenn sich herausstellt, daß diese Lösungen nicht zum gewünschten Ergebnis führen?" „Nun, was könntest du denn dann tun?", fragte ich zurück. „Wiederum darüber nachdenken, ob es womöglich bessere gibt." „Ganz genau", sagte ich, „aber das wäre erst dann relevant, wenn du merkst, daß sie nicht funktionieren. Die Frage war: Kannst du *jetzt* noch etwas tun, das dich der Lösung näherbringt?" „Nein", sagte sie, „aber ich kann nichts dagegen tun, daß mich diese Fragen beschäftigen." „Aus welchem Grund beschäftigen sie dich, wenn du doch genau weißt, daß du jetzt nichts tun kannst, um eine bessere Lösung zu finden?" „Keine Ahnung, sie sind einfach da", stellte sie fest. „Aber warum sind sie da? Weißt du darauf eine Antwort?" Sie verneinte.

Die Antwort ist: Weil sie bzw. ihr emotionales Gehirn (noch) nicht darauf reduziert ist, daß Leben einfach nur IST. Sie will nicht weniger, sondern unbedingt mehr. Da liegt der Hase im Pfeffer.

Drücken wir dem Leben kein Prädikat auf, entstehen auch keine Gedanken, die uns in Angst oder Sorge versetzen. Gedanken sind immer nur dann da, wenn wir sie brauchen, um ein Problem zu lösen. Dazu sind sie freilich notwendig und überaus nützlich. Was darüber hinausgeht ist Energieverschwendung.

Das Leben IST. Punkt. Wenn du dabei bleiben kannst, bist du von allen Sorgen und Ängsten befreit. Ich kümmere mich einzig um die Lösung von aktuellen Herausforderungen. Daher kenne ich keinerlei Sorgen und Ängste. Wenn ein Problem auftaucht, gebe ich natürlich mein Bestes, um es zu lösen. Aber ich bin nie über Gebühr beunruhigt, wenn eines auftaucht, weil ich weiß, daß das Leben so strukturiert ist, daß es immer der bestmöglichen Lösung zustrebt. Ich beschäftige mich nicht mit der ungewissen Zukunft, sondern mit dem, was gerade anliegt. Liegt nichts an, tue ich einfach nur das, was zu tun ist, um möglichst angenehm zu leben. Das schließt nicht aus, daß ich mich auch um die Lösung der Probleme anderer kümmere, meistens derer, die mir lieb und wert sind. Doch auch das geschieht immer nur dann, wenn ich aktuell mit einem solchen Problem konfrontiert bin. Mit hypothetischen Fragen bin ich nie beschäftigt.

Das Leben ist. Punkt! Hängst du eine Eigenschaft dran, ist der Konflikt vorprogrammiert. Diese Konflikte speisen sich durch hypothetische Fragen.

„Was wäre wenn?" ist keine hypothetische Frage, solange sie der Lösung eines aktuellen Problems gilt. Beispielsweise: *Was wäre,* wenn ich diesen Kunden anrufen würde, weil er auf mein Angebot noch nicht reagiert hat? Mag sein, daß das Nachhaken vorteilhaft wäre. Mag ebenso sein, daß er es als „Druck machen" empfinden und dir deshalb eine Absage erteilen würde. Ich tue immer, was mir gerade als das Beste erscheint, und vertraue dem Kosmos, daß nichts geschehen kann, was nicht geschehen soll. Weil ich darin geübt bin, stelle ich meistens noch nicht einmal eine Frage. Ich tue spontan, was sich mir innerlich aufdrängt.

Und wenn ich nicht das gewünschte Ergebnis erreiche, bin ich noch immer gewiß, daß das Leben einfach nur IST. Ich hänge also kein Prädikat an das, was jeweils ist. Denn das Leben IST. Punkt! Daher gibt es niemals Zweifel in meiner Erfahrung: *Hätte ich doch anders gehandelt! Hätte ich doch die Alternative gewählt!* Ich mag durch diese Erfahrung lernen, mich in Zukunft anders zu verhalten, doch bin ich gewiß, daß auch ein anderes Verhalten nicht zwingend zum Erfolg führen muß.

Wir wollen **mehr** als das, was IST. Das ist unser Dilemma. Wir wollen unbedingt sagen können: Das Leben IST **schön**! Das Leben IST **reich**! Das Leben IST frei von **Problemen**. Das Leben ist **lebenswert**! Doch alles, was über die Feststellung, daß das Leben einfach nur IST, hinausgeht, macht es ärmer, nicht reicher, weil es dich von deiner Erwartung **abhängig** macht. Und wenn sie sich nicht erfüllt, bist du am Boden zerstört und wirst höchstwahrscheinlich zu derselben Bewertung der menschlichen Existenz kommen müssen wie Woody Allen.

In vielen Leserbriefen werde ich gefragt, weshalb ich den Sinn des Lebens verneine. Es gibt dafür nur einen Grund: Es ist die Gewißheit, daß das Leben einfach nur IST. Es gibt keinen höheren Sinn. Für diese Behauptung verwette ich meinen Kopf.

Das Leben IST – ein größeres Wunder kann es nicht geben. Ein persönlicher Gott dagegen, der es erdacht und geschaffen hat, ist eine kleinkarierte, jeder Logik entbehrende Schuljungenphilosophie mit pubertärem Charakter. Seit ich gewiß bin, daß Leben einfach nur IST, vermag ich natürlich noch zu unterscheiden, ob sich eine Situation angenehm oder unangenehm anfühlt. Und doch sind Bewertungen für mich sekundär. Primär ist, daß Leben einfach nur IST. Und an genau dieser Stelle setze ich jetzt einen Punkt!

Das göttliche Puzzle

Stell dir ein Puzzle vor. Lauter einzelne Teile, die genau aufeinander abgestimmt sind und richtig zusammengelegt ein perfektes Bild ergeben. Während des Zusammenlegens passen die Teile natürlich nicht immer zusammen. Manchmal mußt du ziemlich lange suchen, um das passende Teil zu finden. Und manches Mal kommt es auch vor, daß ein Teil, von dem du glaubtest, es gehöre hierhin, eigentlich an eine andere Stelle gehört. Man muß jede Menge Geduld mitbringen, sonst macht das Zusammensetzen eines Puzzles überhaupt keinen Spaß.

Natürlich könnte man sich fragen: Warum überhaupt ein Bild kaufen, das aus lauter winzig kleinen Puzzleteilen besteht? Wäre es nicht viel zeitsparender, das fertige Bild zu kaufen? Zeitsparender sicher, aber wo bliebe der Spaß beim Suchen, Finden und Zusammensetzen der richtigen Teile?

Meine Lieben, diese Welt ist in all ihren Teilen ebenso perfekt wie die ausgestanzten Teile eines Puzzles. Denn ob ihr es glaubt oder nicht – auch das Weltbild ist bereits fertig, selbst wenn wir nur Teile erblicken, die überwiegend nicht zusammengehören. Was wir Vergangenheit, Gegenwart und Zukunft nennen, egal ob es die Geschichte des Kosmos, die Geschichte der Menschheit oder unsere kleine individuelle Geschichte betrifft: Sie ist schon geschrieben, und jedes Teil ist wie im Puzzlespiel perfekt ausgestanzt, so daß es genau ins Gesamtbild paßt.

Wenn du den Eindruck haben solltest, im Moment passe gar nichts, kann es nur daran liegen, daß du gerade dabei bist, die zueinander passenden Teile zu finden. Und dies gehört natürlich zu deinem Spiel. Wenn immer alles gleich passen würde, wäre das doch ein ziemlich langweiliges Spiel, oder etwa nicht? Wäre das Bild bereits fertig, brauchte es daher eine Welt, wie wir sie erleben, gar nicht zu geben!

Daher ist die Zeit des Suchens und Findens ein perfektes Puzzleteil im Weltspiel. Stell dir vor, jedes kleinste Detail deines Lebens ist perfekt ausgestanzt und muß genau so sein, wie es ist, denn es gibt schlicht kein einziges Teil, das nicht zum Gesamtbild gehört. Und das Gesamtbild – was meinst du wohl, was es zeigt?

Richtig geraten, es ist ein Herz, es ist Liebe, und wenn dir das Teil, das du gerade betrachtest, auch noch so herzlos erscheinen mag: zusammengesetzt ist es Liebe, und es muß genau so sein, wie es ist, um Liebe zu sein.

Wenn ich in die Welt sehe, geht es mir wie dir – nur wenige Teile scheinen zu passen. Vieles scheint immer weiter aus dem Ruder zu laufen. So viele Absurditäten. So viel Herzlosigkeit! Wo ist das klare Bild? Wo ist das Herz in der Welt?

Es ist da, aber eben verborgen. Es gibt nichts, was nicht paßt, alles ist genau aufeinander abgestimmt, aber noch wird gespielt. Und solange gespielt wird, so lange darf es nicht überall und an jeder Stelle passen, sonst wäre das Spiel... – na klar, es wäre zu Ende.

Dieses Puzzlespiel wird aber niemals zu Ende sein, denn es hat nie begonnen. Das verstehe, wer will. Aber genau das ist wichtig, um weiterzuspielen. Denn wäre jede Frage gelöst, wärst du nicht mehr im Spiel. Noch besser: Es gäbe kein Spiel. Und wer kann das wollen?

Das Böse

Was ist eigentlich böse? Das Katz- und Mausspiel? Du weißt ja, daß der Jäger das Opfer nicht gleich verspeist, sondern sich an dessen Todesangst weidet. Fangen, loslassen, wegrennen lassen, fangen, loslassen et cetera. Ist das böse?

Nun wirst du vielleicht sagen, schön oder gut finde ich dieses Spiel wahrlich nicht, aber böse, wirklich böse ist vielleicht die Massenvernichtung der Juden unter den Nazis.

Als ich im Sommer 2005 in Kuba war und am Morgen am Strand entlangjoggte, lagen dort tote Insekten, die ich nicht kannte, es müssen Hunderttausende gewesen sein.

Dieser Vergleich erscheint dir unpassend? Ich frage: Warum? Woher nimmst du die Gewißheit, daß menschliche Körper wichtiger, hochstehender, edler, wertvoller sind als die der Insekten? Klar ist meine Betroffenheit angesichts menschlicher Leichen, gehöre ich doch selbst zur Spezies Mensch, intensiver als beim Anblick der kubanischen Insekten. Aber ich kann nicht behaupten, daß menschlicher Tod schlimmer ist als der eines Insekts.

Was oder wer ist böse? Die Nazis? Oder ein Tumor? Und angenommen, sie wären beide böse, wer von beiden ist böser?

Man spricht von insgesamt sechs Millionen Juden, die während der Kriegsjahre im KZ starben. Im Jahr 2007, also in nur einem einzigen Jahr, sind weltweit sieben Millionen Menschen an sogenannten bösartigen Tumoren gestorben.

Ich habe den „Mord" an meiner Mutter miterlebt, ihr Mörder hieß „Krebs", und er folterte sie insgesamt drei lange Jahre. Ich war, Gott sei Dank, nie in einem KZ, aber ich kann mir nicht vorstellen, daß die Nazis ihre Opfer grausamer quälten als der Tumor (und vor allem die idiotischen Weißkittel) meine Mutter.

Das Böse – gibt es das wirklich, oder ist es womöglich nur eine Idee? Und wenn es so wäre, wenn das Böse tatsächlich nur eine Idee wäre, dann wäre natürlich das Gute auch nur eine Idee.

Natürlich empfinden wir Ereignisse als angenehm oder als unangenehm. Angenehm ist es, von einer Hand gestreichelt, unangenehm von ihr geschlagen zu werden.

Wenn sich ein Mönch geißelt, denken wir vielleicht: „Der hat sie doch nicht alle!", aber da er sich selbst quält, sich das selbst antut, kommt die Idee des Bösen gar nicht ins Spiel. Nur dann, wenn jemand einem anderen etwas antut, nennen wir es böse.

Was aber, wenn jede Interaktion systemimmanent wäre? Wenn es also den anderen nur scheinbar gäbe?

Stell dir vor, du würdest den Mönch, der sich kasteit, nur im Ausschnitt beobachten können, also nur eine Hand sehen, die mit einer Geißel auf den blutenden Rücken niederfährt. Vielleicht kämst du dann gar nicht auf die Idee, er könnte sich selbst schlagen, und wärst voller Mitleid für den armen Menschen, den „ein anderer" so grausam mißhandelt.

Wir sprechen vom Bösen, weil wir nicht sehen, daß niemand da ist, der einem anderen etwas antut. Wir sehen nur einen winzigen Ausschnitt der Realität, das ist unser Problem, nicht das, WAS geschieht.

Wir sehen Katze und Maus, Juden und Nazis, Tumore und Opfer, sind uns jedoch nicht dessen bewußt, daß das, was als zwei erscheint, eins ist.

Ein grausames Spiel? Wenn du zwei siehst, gebe ich dir recht. Siehst du *ein* Sein, nun, dann sind gut und böse nur noch hilfreiche Begriffe, nicht die Realität.

Der kleine Unterschied

Ein Weiser ist jemand, der erkannt hat, daß alle Phänomene eine Überlagerung des Selbst sind. Daß also die Welt, in der du lebst, die Tiere, alles, die Planeten, das Universum nur eine Überlagerung des Selbst, wie die Schrift auf einer Tafel, sind. Du kannst sie auswischen und etwas Neues schreiben. Aber die Tafel bleibt immer die gleiche, nur die Schriftbilder wechseln.
— Aus „Stille des Herzens – Dialoge mit Robert Adams"

Diese Anschauung ist alles, was einen Weisen von einem gewöhnlichen Menschen unterscheidet. Sonst nichts! Natürlich hat diese Sichtweise Auswirkungen auf das Verhalten, aber das Verhalten ist nicht das, woran du einen Weisen erkennst.

Der gewöhnliche Mensch hält das Geschriebene für Realität. Er sieht nicht die Tafel darunter. Der Weise sieht natürlich auch das Geschriebene, aber er weiß, daß schön Geschriebenes ebenso illusionär ist wie häßlich und unleserlich Geschriebenes. Selbst wenn er etwas schreibt, das seine Zeitgenossen als unschön oder häßlich bezeichnen, hängt er nicht an dem Schriftbild fest, denn er weiß, daß es sich nur um eine Art Geisterschrift handelt: Sie verschwindet, kurz nachdem sie auf der Tafel erscheint.

Weil der gewöhnliche Mensch nur die Schrift sieht, ist er traurig, wenn sie schön ist und wieder vergeht. Und wird sie häßlich und unleserlich, versucht er, sie schnell zu korrigieren. Aber wie sollte Geisterschrift korrigiert werden können? Du kannst nur etwas Neues schreiben.

Im Leben eines gewöhnlichen Menschen bindet das Bemühen,

häßliche Schriftbilder zu korrigieren, sehr viel Zeit und Kraft. Doch dabei wird das Schriftbild natürlich nicht besser. Im Gegenteil: Solange du mit der Korrektur bereits bestehender Schriftbilder beschäftigt bist, lebst du in der Vergangenheit, die schlicht nicht mehr korrigierbar ist. Weil sich die Geisterschrift jedoch stets schreibt, egal was du denkst, fühlst oder tust, schreibst du die „häßliche" Vergangenheit sozusagen fest. Du entkommst ihr nur, wenn du sie so sein läßt, wie sie eben war.

Der einzige Ausweg aus dem Dilemma unschöner Schriftbilder besteht nicht etwa darin, dich in Schönschrift zu bemühen. Es ist unmöglich, immer schön zu schreiben. Im Gegenteil: je mehr du dich um Schönschrift bemühst, desto größer das Risiko, dich zu „verschreiben."

Der einzige Ausweg besteht darin, die Tafel zu sehen, auf der es sich schreibt. Denn du bist in Wahrheit noch nicht einmal der Schreiber. Du hast nur den Eindruck, in eigener Regie zu schreiben.

Du bist die Tafel, auf der alles erscheint. Schöne und häßliche Schriftbilder. Und wenn du das erkennst, wirst du weder versucht sein, vergangene Schriftbilder zu korrigieren, noch auf Schriftbilder, die in der Zukunft erscheinen, schon heute Einfluß zu nehmen. Du wirst noch nicht einmal das zu üben versuchen, was man „Leben im Jetzt" nennt. Einfach weil du weißt, daß du die Tafel bist, auf der genau das erscheint, was auf ihr erscheinen muß.

Es sieht so aus, als würdest „du" schreiben. Aber du weißt, daß es nur so aussieht. Du weißt, daß der Griffel, der schreibt, nur scheinbar von „dir" benutzt wird.

Jeder von uns ist die Tafel, nicht der, welcher schreibt. Doch der gewöhnliche Mensch vermag dies nicht zu sehen. Er bemerkt nicht die Tafel darunter, so sehr identifiziert er sich mit der Schrift.

Ein Weiser kann ebenso ärgerlich werden wie ein gewöhnlicher Mensch, er kann auch ebenso trauern und weinen, er kann ebenso wechselnde Emotionen erleben. Aber er weiß, daß er dies alles nicht ist. Er weiß, daß es nur ein Schriftbild auf der Tafel ist.

Ein Weiser muß sich nicht bewußt machen, daß er die Tafel ist. Er weiß es nicht im Kopf, es ist ihm nicht bewußt, es sei denn, er spricht darüber. Es ist so gewöhnlich für ihn wie der Herzschlag, an den er sich nicht erinnern muß, damit sein Herz schlägt.

Wie sollte er kein menschliches Leben mehr leben, solange er im oder als Körper erscheint? Der kleine Unterschied ist, daß der Weise den Körper als Überlagerung betrachtet, sozusagen als Griffel, mit dem auf die Tafel geschrieben wird. Das ist natürlich nur eine Metapher.

Wenn du mich fragst, wie es zu dieser Sichtweise kommt, kann ich nur sagen: Liebe sie! Liebe die Worte, welche diese Anschauung zu beschreiben versuchen! Liebe das Wesen, aus dem sie strömen. Nicht mich (als Person), sondern das, woraus die Worte entstehen.

Ich weiß von keinem anderen Mittel. Ich begann zu lieben, egal was ich im alltäglichen Leben erfuhr, ich liebte das Wesen, das ich in Ramesh Balsekar sah, als ich ihn besuchte. Liebe vernichtet die Ich-Illusion. Vernichtet die Vorstellung, das Geschriebene habe irgendeine andere Bedeutung, als schließlich „drunter" zu gucken und die Tafel zu sehen.

Was auch immer geschrieben wird, egal ob es schön oder häßlich ist, ist bedeutungslos, wertlos, sinnlos.

Die meisten Menschen reagieren bestürzt, wenn sie das hören. Warum? Weil sie so sehr mit der Schrift identifiziert sind. Sie scheint alles zu sein, was sie haben. Wenn du jedoch die Tafel zu sehen vermagst, kannst du gar nicht mehr anders, als das Geschriebene als Geisterschrift, als Illusion zu betrachten. Und ist es nicht so: Was erscheint, vergeht ebenso schnell, wie es erscheint. Welche Bedeutung, welchen Sinn, welchen Wert sollte denn etwas haben, das ebenso vergeht, wie es entsteht?

In mir lösen die Begriffe Bedeutungslosigkeit, Sinnlosigkeit, Wertlosigkeit keine depressive Stimmung mehr aus. Im Gegenteil: Ich empfinde es als befreiend, daß nichts von dem, was geschieht, etwas anderes ist als das, was eben gerade geschieht. Ich empfinde natürlich auch Freude, wenn mir beispielsweise jemand seine Liebe bekennt, aber da in meiner Wahrnehmung nichts von Bedeutung ist, was sich auf die Tafel schreibt, erlebe ich Beleidigungen zwar schmerzlich, aber nicht als Tragödie, die mich stunden-, tage- oder gar wochenlang in ein Stimmungstief zwingt.

Liebe es, die Tafel zu sein, auf die es sich schreibt! Selbst wenn du dich noch zehntausendmal in schöne Schriftbilder verlieben und unschöne hassen solltest – erinnere dich immer wieder in Liebe an das, was du wirklich bist. Wie sollte es dann möglich sein, daß dein emotionales Gehirn, aus dem heraus sich alles schreibt, der jeweilig erscheinenden Schrift verhaftet und auf sie fixiert bleibt?

Sei dein eigener Erfinder

Wer Sinn sucht im Leben, erfinde sich selbst. Denn wirklich sinnvoll ist nichts. Natürlich kann man an einen höheren Sinn glauben. Ich habe das über ein viertel Jahrhundert getan, doch das war ebenso sinnlos, als hätte ich meinen Lebenssinn darin erkannt, als Anarchist Autoreifen zu zerstechen oder Häuser anzuzünden.

Zweifelsfrei kann einem die Religion das Gefühl geben, sinnvoll zu leben. Das Problem dabei ist nur, daß sie den Sinn des Lebens absolut setzt. Und das führt dazu, daß man alle Menschen, die einen anderen Sinn in ihrem Leben sehen, als verlorene Schafe betrachtet, die gerettet werden müssen. Und dann zwängt man sie in dasselbe dogmatische Korsett, das einem selbst die Luft abschnürt.

Es ist ohne Belang, **welchen** Sinn man für sich erfindet. Entscheidend ist nur, daß man sich frei fühlt, das zu tun, worin und wobei man sich selbst zu entfalten vermag. Ob du Schmetterlinge sammelst, ein Hilfswerk für hungernde Kinder auf die Beine stellst, das ganze Jahr über Weihnachtsplätzchen backst, Tango tanzen lernst, dich in die einsamen Wälder Kanadas zurückziehst, um Braunbären zu beobachten, für grüne, gelbe, schwarze, rote Politik wirbst, die Position eines Vorstandsvorsitzenden anstrebst oder Toilettenfrau wirst, spielt nicht die geringste Rolle. Es gibt nichts, was sinnvoller als etwas anderes wäre, denn der Kosmos ist völlig wertfrei. Wenn dir Werte wertvoll erscheinen, spricht zwar nichts dagegen, nach ihnen zu leben, wenn du aber wie Nietzsche die Umwertung aller Werte empfehlen und dabei wie er wahnsinnig würdest, wäre es nicht weniger sinnvoll.

Du bist nämlich weder das eine noch das andere. Du bist wie ein weißes Blatt Papier, das beschrieben wird. Was darauf steht, ist sekundär. In jedem Fall wird darauf geschrieben. Selbst wenn du dich für den Müßiggang entscheiden solltest, könntest du nicht vermeiden, daß das Blatt, selbst wenn es nur sinnloses

Gekritzel aufweist, beschrieben wird. Sobald du das Licht der Welt erblickst, einen Klaps auf den Po kriegst und zu kreischen beginnst, ist das weiße Blatt nicht mehr leer. Was immer wir tun, es verändert das weiße Blatt Papier nur hinsichtlich dessen, was darauf steht.

Manche Maler malen abstrakt, ich mag eher naturalistische Gemälde, aber sie können eben nur dann kreativ sein, wenn man anschließend nicht definieren kann, was auf der Leinwand erscheint. Sei's drum, es ist Kunst, **deren** Kunst, deren ART, sich selbst zu erschaffen. Sie sind happy dabei. So what? Es muß mir nicht gefallen. Würden sie malen, was mir gefällt, müßten sie ihre Freiheit aufgeben. Es sei denn, es machte ihnen Spaß, etwas zu malen, was mir gefällt. Dann wären sie dabei ebenso frei, als würden sie malen, was ihnen gefällt.

Gestern habe ich einen gut gemachten Film gesehen, der die Geschichte eines kauzigen, bayerischen Erfinders in Etappen skizziert. Ein alter, häßlicher, buckliger, einsamer, auch nicht sonderlich intelligent wirkender Mann, in einfachsten Verhältnissen lebend. Der begrenzte Wohnraum vollgestopft mit den Utensilien, die er für seine Erfindung benötigt. Sein ganzes Leben galt dem Versuch, das Perpetuum mobile zu erfinden. Man verlachte ihn schon als jungen Mann, und ihm blieb noch nicht einmal die Zeit, an die Gründung einer Familie zu denken, tagaus, tagein, sommers wie winters, zieht er über Land, um in Elektrogeschäften, bei Eisenwarenhändlern und auf Schrottplätzen bestimmte Teile zu finden, die ihm helfen sollen, sein Perpetuum mobile zu realisieren. Sinnlos? Natürlich, nach unserem Maßstab war sein Leben umsonst, aber selbst wenn dieser Mann bis zu seinem Lebensende mt seiner Erfindung erfolglos sein sollte, so erfand er sich doch selbst. Er gehorchte nicht den gesellschaftlichen Mustern und Normen, die das Leben der Mehrzahl aller Bürger bestimmen. Er wählte die Freiheit, das zu tun, wofür sein Herz brennt. Und nur das ist wahre Freiheit. Irgendwas mußt du tun. Und wenn es darin besteht, dich im Nichtstun zu üben. Also warum nicht gleich das tun, was dir entspricht?

Ich lernte einmal einen Mann kennen, der im Blaumann auf der Straße kniete und voller Inbrunst Pflastersteine aneinandersetzte. Als ich ihn wegen des hohen Geräuschpegels eines ganz in der Nähe hämmernden Preßlufthammers ziemlich lautstark fragte, ob dies nicht ein ziemlich anstrengender Job sei, antwortete er ebenso laut: „Wenn ich arbeite, merke ich noch nicht mal, wie weh mir die Knie tun." Und das sah man ihm an. Ich habe bei einem Erwachsenen selten in so glückliche Kinderaugen gesehen.

Solange du glaubst, es sei wichtig, daß das, was du tust, im Religiösen oder Gesellschaftlichen Sinn habe, bist du nicht frei. Denn Freiheit besteht darin, sich selbst zu (er)finden. Und nichts ist einfacher als das. Kompliziert wird es nur, wenn du dem mißtraust, was du in dir spürst.

Mag sein, daß du dabei unzählig viele Fehler machst! Wenn du aufhörst, dein Handeln nach dem gängigen Maßstab zu bewerten, und tust, was du fühlst, gehören Fehler für dich der Vergangenheit an. Selbst wenn du völlig versagst wie unser Erfinder, hast du dich selbst erfunden. Egal wie erfolgreich du bist – lebst du nicht, was du fühlst, magst du perfekt sein, bist aber in Wahrheit ein einziger Fehler.

Unser Sein ist akausal (ohne ursächlichen Zusammenhang, ohne Grund und Ursache) – das heißt: Es gibt für das, was und wie wir sind, keine Ursache. Ein Billardspiel wird durch den ersten Stoß eröffnet, aber die Ursache dieses Stoßes ist der Billardspieler, dessen Existenz ebenfalls eine Ursache hat. Welche Ursache aber hat das Sein? Egal, wie weit wir es zurückverfolgen bis zu seinem Ursprung– was dich am Ende des kniffligen Denkprozesses erwartet, wird immer etwas sein, das akausal ist. Ob du es Gott, Sein oder Nichtsein nennst, spielt eine untergeordnete Rolle. Es ist in jedem Fall akausal. Überläßt man sich ihm, geschieht einfach das, was geschehen soll. Ohne Aufwand und Reibung. Fragt man aber nach dem Sinn, denkt man also in den kausalen Zusammenhängen von Ursache und Wirkung, denen sich das akausale Sein, gerade weil es akausal ist, wertfrei fügt, erfährt man das Sein nicht akausal, sondern so, als wäre es tatsächlich kausal. Anders, wenn man sich dem Sein stellt und sich ihm überläßt. Mag sein, daß dich die Gesellschaft dann für einen Sonderling hält, in Wahrheit bist du einfach normal.

Die Mehrheit der Menschen folgt dem Massenbewußtsein. Wie eine Herde törichter Schafe richtet sie sich nach dem jeweiligen Trend. Ist es in, „Heil Hitler" zu rufen, schämt sie sich, weiterhin „Guten Tag" zu sagen. Ist der Hitlergruß out, gibt man noch nicht einmal zu, ihn einst begeistert ausgerufen zu haben. Ist es in, spitze Schuhe zu tragen, werden alle anderen entsorgt. Trägt man kariert, wird uni verworfen. Trägt man die Haare lang, werden Friseure arbeitslos. Sind lange Haare passé, läßt man sie sich wieder kürzen. Ist „Geiz geil", hat man keine Scheu, jedem, der es hören oder nicht hören will zu sagen, daß man nur da einkauft, wo die Ware am billigsten ist. In den fünfziger und sechziger Jahren, als Rauchen noch in war, gab es keinen Film, in dem den Darstellern nicht eine Zigarette im Mundwinkel klebte. Seitdem Rauchen verpönt ist, will man natürlich zu denen gehören, die stark genug sind, um diese schlechte Gewohnheit an den Nagel zu hängen. Man kann freilich wie ein Herdentier leben, zwingend notwendig ist es jedoch nicht. Zwingend notwendig erscheint es dir nur, solange du abhängig bist vom Massenbewußtsein, und damit zwangsläufig ein Sklave der Masse.

Es wäre ebenso zwanghaft, wenn du nun versuchen würdest, anders zu sein als die anderen. Das versucht ja auch mancher in unserer immer stärker vom Individualismus geprägten Gesellschaft. Die Single-Haushalte nehmen stetig zu, Großfamilien gibt es kaum noch, doch diesem Trend Folge zu leisten ist nicht das, was ich meine, es ist nichts anderes als ein Symptom des Zeitgeistes.

Sich selbst zu erfinden bedeutet ebenso wenig, **eine** wie **keine** Norm zu beachten. Selbst(er)findung ist jenseits von Norm und Widerstand dagegen. Selbsterfindung geschieht wie von selbst, wenn du einfach bist, was du bist, und das tust, was du fühlst und was dich bewegt. Jener bayerische Erfinder überlegte nicht, ob er Normen beachten oder mißachten sollte. Er tat einfach, was er fühlte, was ihn bewegte. Ohne zu wissen, **wer** ihn bewegte oder **weshalb** sich sein Leben gerade in diese von all seinen Mitmenschen, selbst von seinem eigenen Bruder verlachte und verachtete Richtung bewegte.

Es bedarf keines Mutes, sich selbst zu erfinden. Alles was dazu notwendig ist, ist zu sein, was du bist, ohne darüber nachzudenken, welche Konsequenzen dir daraus entstehen. Dieses Handlungsprinzip gilt ebenso für große wie für weniger bedeutende Entscheidungen.

Ich glaube nicht, daß es eine Massenbewegung zur Selbsterfindung geben kann, und bin deshalb auch nicht daran interessiert, viele Menschen zu erreichen. Ich verfolge noch nicht einmal die

Absicht, dich zu erreichen. Ich habe mich lediglich selbst erfunden und schreibe daher, was mich bewegt. Doch nun bist du da und mußt selbst entscheiden, ob du in der Masse mitschwimmen oder ein Selbsterfinder sein möchtest. Selbsterfinder schwimmen weder mit noch gegen die Zeitströmung. Selbsterfinder tun eigentlich gar nichts, selbst wenn es so scheint, als wären sie für oder gegen etwas. Denn sie lassen sich im Seinsstrom treiben, ohne jemals getrieben zu werden.

Die Welt – Produkt einer Desinformation

> Das Subjekt ist alles andere, das ein Objekt nicht ist, das in ihm bewußt ist. Mehr läßt sich über es kaum sagen. Es ist ja nicht definiert – es ist zugleich alles und nichts.
> Objekte können erforscht werden – das Subjekt nicht. Ein Subjekt, das Objekt einer Betrachtung ist, ist kein Subjekt mehr, sondern ein Objekt. Es ist aber sinnlos, ein Subjekt als Objekt untersuchen zu wollen. Was immer man über das Subjekt als Objekt erforschen kann, ist unbrauchbar, denn es gilt nur für das Objekt und nicht für das Subjekt.
>
> – Klaus Wagn in „Bewußtsein und Wirklichkeit"

Worauf beruht die Welt der Objekte? Auf Desinformation! Was ist eine Desinformation? Eine bewußt falsche Information zum Zwecke der Täuschung.

Wir sollten nicht denken: Ach Gott, ich werde getäuscht! Im Gegenteil: Wir sollten sagen: Geil, das ganze ist ja gar nicht real!

Wenn ich morgens die Augen aufschlage, ereignet sich manchmal folgender Gedanke: Schon interessant, da ist ein bombastischer Eindruck von Existenz, obwohl da in Wahrheit überhaupt nichts ist!

Du magst denken: Wie kann man nur so etwas behaupten? Tja, es gibt nur zwei Möglichkeiten: Entweder ich sehe, was real ist, oder du!

Du kannst dich selbst niemals finden. Denn du bist das Subjekt. Das Subjekt braucht, ja kann sich gar nicht erkennen, gerade weil es das Subjekt ist.

In dem Film „Der Tod eines Handlungsreisenden" gibt es eine Szene, in der der Protagonist ganz erstaunt darüber ist, daß der Sohn seines Freundes nicht darüber sprach, als Rechtsanwalt einen Fall vor dem obersten Bundesgericht zu vertreten. Darauf der Freund: „Warum sollte er darüber reden? Er macht's ja!"

Welches Interesse könnte das Subjekt daran haben, sich selbst zu erkennen oder den Objekten allesamt klarzumachen, daß sie das Subjekt sind? Sie **sind** das Subjekt. Aus. Basta. Das reicht.

Du bist scheinbar ein Objekt. Ich bin scheinbar ein Objekt. Wir leben scheinbar in einer Welt der Objekte. Doch wie ist das möglich? Durch das Mittel der Desinformation.

In dem neuesten Roman von Paul Auster: „Die Brooklyn-Revue" gelang es diesem Autor, der wirklich phantastisch erzählen kann, wieder einmal, mich in eine von ihm erfundene Welt hineinzuziehen. Wie ist es möglich, daß ich mich während des Lesens immer weiter aus meiner Welt entferne und mit den Gestalten denke und fühle, die er in seiner Geschichte kreiert? Nur durch Desinformation. Er „täuscht" mich ganz geschickt mit einer interessanten Geschichte, und ob sie wahr, unwahr oder ein Gemisch aus beidem ist – in jedem Fall beruht sie auf Desinformation. Auster – und jeder Romanschriftsteller tut das letztlich – setzt ganz bewußt falsche Informationen zum Zwekke der Täuschung in die Welt. Manche können das so gut, daß man so in ihrer vorgetäuschten Welt lebt, als wäre sie realer als die Realität.

Die sogenannte Realität ist nichts anderes als Täuschung. Täuschung aufgrund von Desinformation. Da ist eigentlich Leere, und doch scheint da Fülle zu sein. Es ist jetzt neun Uhr, und in spätestens zwei Stunden sollte ich auf der Autobahn sein, weil ich nach Oldenburg fahren muß, um einen Vortrag zu halten. In Wahrheit gibt es keine Zeit. Denn ob ich hier oder auf der Autobahn bin – es ist immer jetzt. Raum, Zeit, Objekte – eine gigantische Täuschung. Wenn du stirbst, gibt es lediglich ein Objekt weniger in dieser Welt der Objekte. Aber andere kommen nach. Da kannst du ganz sicher sein. Denn die Desinformation, sie hört niemals auf. Weil sie nie begann. Das Subjekt bedingt, daß Objekte da sind. Was hätte der Begriff Subjekt für einen Sinn ohne Objekte? Und eigentlich ist das Subjekt alles und gleichzeitig nichts.

Ich bin wer? Natürlich das Subjekt! Was ich als Objekt zu sein scheine, beruht auf Desinformation. Auf Täuschung. Auf einer riesengroßen Lüge. Oder besser, weil es sich nicht so unangenehm anhört wie Lüge: Alles ein Märchen, das sich selbst erzählt. Es bedarf gar keines Erzählers. Ein Erzähler ist nur in der Welt der Objekte nötig. Das Subjekt ist einfach nur.

Das Undenkbare denken

Ich erwache vom Schlaf. Was passiert da eigentlich? Hast du dich das schon einmal gefragt?

Du räkelst dich, und schon beginnt es wieder zu denken. Bist du dir dessen bewußt, daß es einfach beginnt? Daß du den

Gedanken nicht befohlen hast: Beginnt jetzt mit eurer täglichen Arbeit! Auf geht's! Macht euren Job!

Natürlich hast du, sobald es anfängt zu denken, das Gefühl: **Ich** denke das! Es entspricht deiner anerzogenen Gewohnheit, dich für den zu halten, der denkt. Die Wahrheit ist, daß du das Denken nicht initiierst. Es beginnt einfach zu denken. Und dann erst hast du das Gefühl: Ich bin der Denker meiner Gedanken! Du hast das Gefühl, Gedanken kontrollieren zu können.

Aber bevor du glaubst, sie zu kontrollieren, war da ein Gedanke, der dich veranlaßte, an Kontrolle zu glauben, und über ihn hattest du keine Kontrolle. Und daher bist du selbst dann, wenn du deine Gedanken kontrollierst, nur das ausführende Organ eines Gedankens, über den du keine Kontrolle besitzt.

Niemand denkt, er sei jemand, der denkt. Das ist das Ergebnis, wenn dir vergönnt ist, die Ursache des unaufhörlichen Gedankenstroms zu erkennen, den niemand initiiert und kontrolliert. Ich denke nur, daß ich denke. In Wahrheit denkt es mich. Noch besser: In Wahrheit denkt es – ohne jemanden, der es beginnt, weiterentwickelt oder beendet.

Ist dieser Jemand, der denkt, daß **er** denkt, als niemand identifiziert, als niemand, der denkt, er sei jemand, lebt es sich wesentlich leichter. Nicht, daß du dann keine Probleme und Wünsche mehr hast. Nein, das hört leider (oder Gott sei Dank) niemals auf! Aber es ist einfach niemand mehr da, der sie als „seine" Probleme und „seine" Wünsche bezeichnen könnte.

Vor einiger Zeit sah ich ein Interview mit Karl Lagerfeld. „Welche Rolle spielte Glück bei Ihrer Karriere?", fragte Johannes B. Kerner. „Ich hatte Schwein", erwiderte Lagerfeld. „Ich traf immer die richtigen Menschen. Und die besten Visionen kommen mir im Schlaf, ich erträume mir meine großen Erfolge.

Das ist sehr eigentümlich und beinahe beängstigend, weil man damit nicht rechnen kann", sagte er. Als junger Mann war er bei einer Wahrsagerin. Er hatte sich aufgeschrieben, was sie ihm für die nächsten zwölf Jahre vorausgesagt hatte. Als er es später durchlas, stellte er fest, daß sich alle Voraussagen erfüllt hatten. Karl Lagerfeld tut nichts. Karl Lagerfeld „geschieht", so wie alles!

Warum willst du weiterhin daran glauben, daß du über deine Gedanken, dein Erleben, dein Schicksal bestimmst? Was ist so attraktiv an dieser Einstellung? Natürlich bin ich mir dessen bewußt, daß du diese Einstellung nicht eigenständig zu verändern vermagst. Aber ich halte es durchaus für möglich, daß das Lesen dieses Textes eine Veränderung herbeiführt.

Ich glaubte über viele Jahre daran, meinem Leben durch gelenkte Gedanken genau die Richtung geben zu können, die ich für erstrebenswert hielt. Das war damals sicher nicht zu vermeiden, heute jedoch erscheint mir das völlig unnötig, was jedoch nicht bedeutet, daß meine Gedanken richtungslos wären.

Kürzlich gestand mir jemand: „Ich muß zugeben, daß ich gescheitert bin", und dabei traten Tränen in seine Augen. Mir ist natürlich bewußt, daß er keine Kontrolle über diese Reaktion hat, dennoch fragte ich ihn: „Wo ist das Problem? Gescheitert bist du lediglich nach gesellschaftlichen Maßstäben. Erfolg und Mißerfolg unterliegen nicht unserer Kontrolle."

Wenn uns diese Einsicht vergönnt ist, löst das nicht unsere aktuellen Probleme, aber es erleichtert uns kolossal. Und diese Erleichterung macht sich zweifelsfrei in unserem Verhalten bemerkbar. Verändert sich aber unser Verhalten, verändern sich AUTOMATISCH unsere Lebensumstände. Solange wir nach Veränderung streben, blockieren wir uns selbst. Auch hier gilt wieder dasselbe Prinzip: Wir können diese Blockade nicht selbst entfernen, ist uns jedoch Einsicht in die Ursache der Blockade vergönnt, löst sie sich von ganz allein auf.

Wir behindern uns selbst, solange wir glauben, für unser Leben verantwortlich zu sein. Wir werden immer nur tun und erleben können, was sich eben tut und ereignet. Natürlich ist auch die Selbstbehinderung Teil unseres Schicksals, aber das muß nicht zwingend so bleiben. Die Erlösung naht, wenn es uns möglich ist zu erfassen, daß wir nichts tun, daß wir noch niemals etwas getan haben und folglich auch nie etwas tun werden.

Damit ich nicht falsch verstanden werde: Du wirst nicht nichts tun und nur noch herumlungern, wenn du das begreifst. Aber du wirst dir dessen bewußt sein, daß all das, was du tust, ein Geschehen ist, das du nur scheinbar kontrollieren kannst, selbst wenn du meinst, es zu kontrollieren oder kontrollieren zu können. Das heißt: Selbst der Glaube, es zu kontrollieren und kontrollieren zu können, ist ein Geschehen, das du nicht kontrollierst. Es ist ein Gedanke, der sich ereignet. Du denkst nur, daß du denkst. In Wahrheit denkt es dich. Immer!

Viele fragen: Wenn ich nicht denke, **wer** denkt dann? Meine Antwort mag dir absurd erscheinen, aber wenn es dir vergönnt ist, die Ursache des Gedankenstroms zu erkennen, wirst du zu demselben Ergebnis gelangen: **Niemand** denkt. **Niemand** handelt. **Niemand** tut irgend etwas. Niemand ist der HERR!

Manche sagen: „Alles ist Gottes Wille." Man kann das so sagen, aber es ist nicht sehr hilfreich. Warum? Nun, kannst du dir wirklich vorstellen, daß all jene Ungerechtigkeiten und Absurditäten, die sich auf unserem Globus ereignen, dem Willen eines allwissenden, allmächtigen und womöglich auch noch liebenden Gottes entsprechen? Müßte man nicht einen Gott, der so viel Scheiße baut und sich dann auch noch verehren und anbeten läßt, in eine Gummizelle einsperren? Müßte man ihn nicht noch besser ohne Verhandlung standrechtlich erschießen? Wäre er nicht der größte Betrüger und das größte Scheusal, das man sich nur vorstellen kann? Viel grausamer noch als Grenouille, der Protagonist in dem Roman „Das Parfüm"? Schließlich würden alle Grausamkeiten und Perversionen auf sein Konto gehen. Auch hier bin ich mir wieder bewußt, daß **niemand** für die absurde Idee eines allwissenden, allmächtigen und liebenden Gottes verantwortlich ist, aber ich kann darin nicht die geringste Logik erkennen.

Warum wurde Gott erfunden? Weil ein Anfang, vor dem nichts mehr kommt, natürlich undenkbar ist. Also brauchte man eine Instanz, die keiner Schöpfung bedurfte, die man ewig und selbstexistent nennen konnte. Soweit so gut! Doch welchen Grund sollte es geben, die Quelle des Daseins personalisieren zu müssen? Das ist unlogisch, weil ein denkendes und fühlendes Wesen unmöglich WOLLEN kann, daß so viel Ungerechtigkeiten und Grausamkeiten geschehen. Wenn das klar ist, kommt man unweigerlich zu der Schlußfolgerung, daß die Welt selbstexistent ist, ein auf Selbstorganisation basierendes System, das sich zwar in einem kontinuierlichen Lernprozeß andauernd wandelt, jedoch nie begann und nie endet. Ist das aber der Fall, kann die Welt nicht wirklich existent sein. Denn was keinen Beginn hat, hat nie begonnen – d`accord?

Ist das erst einmal klar, kommt der Höhepunkt der Erkenntnis:

Wenn niemand glaubt, er sei jemand, und (der) Jemand DAS schließlich zu erkennen vermag, entpuppt sich der Jemand als Notwendigkeit, damit sich niemand überhaupt als niemand erkennen kann. Anders formuliert: Wäre niemand vorhanden, der sich als jemand erkennt, um schließlich als dieser Jemand vollkommen überrascht festzustellen, daß er niemand ist, niemand, der absurderweise zu denken vermag, er sei jemand, wäre es völlig unmöglich, daß sich niemand als niemand identifiziert. Der Jemand wird also zum Spiegel von niemand, damit dieser, ihn ansehend, feststellen kann, daß er dieser Jemand unmöglich sein kann. Und genau deshalb gibt es anscheinend jemanden.

Vielleicht sagt du nun: „Mann, ist das kompliziert! So kompliziert kann es doch gar nicht sein!" Darauf antworte ich: DAS ist die simpelste Erklärung der Existenz! Und gleichzeitig Logik pur. Du mußt es nur wagen, das Undenkbare zu denken. Aber das kannst du natürlich nur, wenn es geschieht! Du hast keinerlei Kontrolle darüber. Sei daher nicht traurig, wenn du es nicht kapierst. Kapieren oder nicht kapieren ist im Grunde dasselbe, weil niemand kapiert, was kapiert oder nicht kapiert wird.

Manche sagen: „Selbst wenn es so wäre, das hilft mir doch nicht, meine aktuellen Probleme zu lösen! Es ist doch nur ein Gedankenkonstrukt!" Solange es nur ein Gedankenkonstrukt ist, hilft es dir natürlich nicht, da hast du vollkommen recht! Wenn du aber wirklich imstande bist zu sehen, daß niemand etwas tut, niemals und zu keinem Zeitpunkt, dann führt das zur größtmöglichen Erleichterung, egal welche Probleme gelöst werden und welche ungelöst bleiben.

Schuldgefühle verschwinden, denn was du getan hast, war nur ein Ereignis, ein Ereignis, für das **niemand** verantwortlich ist. Vorwürfe gegenüber anderen Menschen, gegenüber Gott, gegenüber dem Schicksal verschwinden, denn was sie oder er oder es tat(en) und tun, ist nur ein Ereignis, für das wiederum **niemand** verantwortlich ist.

Stolz auf die eigenen Erfolge verschwindet, denn was du erreicht hast, war nur ein Ereignis, für das **niemand** verantwortlich ist. Bewunderung für erfolgreiche Menschen verschwindet, denn was sie erreichten, war und ist nur ein Ereignis, für das **niemand** verantwortlich ist. Der Druck, auf Teufel komm ‚raus erfolgreich sein zu müssen, dich verändern und positiv weiterentwickeln zu müssen, verschwindet, weil dir bewußt ist, daß sich nur ereignen kann, was **niemand** bewirkt. (Wenn du kein Lagerfeld-Typ BIST, wirst du nie einer werden. Wenn du einer BIST, wirst du ihn niemals verhindern.) Zukunftsangst gehört der Vergangenheit an, weil dir bewußt ist, daß sich egal, was du dir auch vornimmst, nur das ereignen wird, wofür **niemand** verantwortlich ist.

Sag selbst – wäre das nicht erleichternd? „Ja", magst du sagen, „das mag schon sein, aber für mich ist das nur philosophisches Wortgeplänkel". Nun, dann ist dir (im Moment) nicht zu helfen! Und im Grunde ist auch keine Hilfe notwendig, denn in Wahrheit gibt es ja niemanden, der Hilfe benötigt.

Eins aber ist sicher: Du hattest offenbar keine andere Wahl, als diesen Text hier zu lesen. Natürlich, theoretisch hattest du eine, praktisch haben wir jedoch nie eine; das limbische System entscheidet, bevor wir wissen, wofür wir uns entscheiden werden. Das bedeutet: Als du glaubtest, dich dafür entschieden zu haben, diesen Text zu lesen, hast du lediglich den Eindruck gehabt, dich entschieden zu haben. Das ist übrigens die einzige Freiheit, die wir besitzen: der **Eindruck,** frei zu entscheiden! Da du diesen Text aber gelesen hast, ist er in dir drin, und das bedeutet, daß er dich, egal wieviel Widerstand du in dir gegen ihn wahrnimmst, neu konditioniert. Egal wie du ihn also bewertest, er ist in dir drin wie ein Virus, der die fatale Eigenschaft hat, nicht mehr von deiner mentalen Festplatte gelöscht werden zu können.

Aus Erfahrung weiß ich: Wessen limbisches System sich für Texte wie diesen entscheidet, tut das nur dann, wenn niemand gerade dabei ist, sich in dem Jemand zu entdecken, der noch nicht zu sehen vermag, daß er niemand ist. Wenn dies aber tatsächlich geschähe, was ich natürlich nicht weiß, wäre es ein Ereignis, das niemand bewirkt und somit auch niemandem widerfährt.

Dekonditionierung

Welcher Methode Sie sich auch verschrieben haben mögen – irgendwann einmal muß der Zeitpunkt kommen, wo es Ihnen allmählich dämmert, daß Sie das nicht weiterbringt. Solange Sie etwas wollen, werden Sie danach trachten, es auch zu bekommen. Dieses Wollen müssen Sie klar erkennen. Was wollen Sie? Das ist die Frage, die ich Ihnen andauernd stelle: „Was wollen Sie?" Sie antworten: „Ich will mit mir selbst in Frieden leben." Das Ziel, das Sie sich da gesetzt haben, ist ein unmögliches Ziel, denn alles, was Sie tun, um mit sich selbst in Frieden zu sein, zerstört den Frieden, der bereits vorhanden ist. Sie haben den Denkprozeß in Bewegung gesetzt, der den bestehenden Frieden zerstört. Es ist sehr schwer zu verstehen, daß alles, was Sie tun, genau das ist, was die bereits bestehende Harmonie und den Frieden stört. Jede Bewegung des Denkens in jedwede Richtung und auf jeder Ebene stellt einen Störfaktor für das einwandfreie und friedliche Funktionieren dieses lebendigen Organismus dar, der an Ihren spirituellen Erfahrungen überhaupt kein Interesse hat. Er interessiert sich für keine einzige dieser spirituellen Übungen, wie außergewöhnlich sie auch sein mögen.

– U.G. Krishnamurti

Dekonditionierung ist kein „Gnadenakt"

Ich bin restlos davon überzeugt, daß die persönliche Täterschaft in Zukunft nicht mehr allein von den sogenannten Mystikern, Weisen, Erleuchteten oder Erwachten als Illusion durchschaut werden wird. Wann das geschieht, weiß ich allerdings nicht zu sagen, da ich kein Seher bin.

Es wird ebenso sein wie mit der bahnbrechenden Entdeckung Galileo Galileis, daß die Erde die Sonne umkreist. Zur damaligen Zeit verordnete der amtierende Papst dem Gelehrten für diese ungeheuerliche Behauptung lebenslang Hausarrest. Nur eine Handvoll aufgeklärter Menschen war seiner Meinung. Heute wird es an den Schulen gelehrt, weil der Glaube der Kirche als Illusion durchschaut wurde.

Auch die Illusion persönlicher Täterschaft wird einst an den Schulen gelehrt werden, wird die Erziehung unserer Kinder, unser Verhalten und unser Rechtssystem entscheidend beeinflussen. Sie wird nicht mehr nur von einigen fortschrittlichen Hirnforschern gegen großen Widerstand propagiert werden, nicht nur in Satsangs von mehr oder weniger desillusionierten sogenannten „Erwachten" mehr oder weniger klar gelehrt werden, sondern das gesellschaftliche Bewußtsein prägen.

Unser Gehirn ist, wie die Geschichte beweist, außerordentlich lernfähig, jedoch auch fähig zu verlernen. Was die Illusion persönlicher Täterschaft angeht, wird vor allem Verlernen und weniger Lernen benötigt.

Von Kindesbeinen an wird die eindeutig falsche Überzeugung in unser Gehirn gepflanzt, wir verfügten über einen freien Willen. Was ist die Auswirkung dieser Irrlehre? Religiöse Organisationen nutzen sie seit jeher, um ihren Schäfchen Schuld einzureden, sie zum Schuldeingeständnis zu bringen und sie an ihre Organisation und ihre rigiden, jedoch „göttlich" genannten Belohnungs- und Bestrafungslehren zu binden. Schuld und Selbstanklage würden jedoch irreversibel wegfallen, würde der Mensch nicht mehr an den Humbug persönlicher Täterschaft glauben.

Trainer, welche sich um die Optimierung sozialer Kompetenzen kümmern, versuchen in Seminaren vorwiegend Führungskräften sogenannte Feedbackregeln beizubringen, die vor allem darin bestehen, Kritik nicht als persönlichen Vorwurf, sondern als persönliche Wahrnehmung zu formulieren. Fortschrittliche Veränderungsstrategien wie beispielsweise NLP nutzen sogenannte Annahmen, um Toleranz und Verständnis zu generieren. Eine lautet: Jeder Mensch tut immer das Beste, was er in einer gegebenen Situation zu tun vermag. All diese Anstrengungen würden unnötig, könnte der freie Wille als Täuschung durchschaut werden.

Wie sollte ein Mensch einem anderen Menschen gegenüber, dessen Verhalten er als unvorteilhaft wahrnimmt, eine vorwurfsvolle Haltung annehmen können, wenn sein emotionales Gehirn verlernt hätte, daß die jeweilige Person Entscheider ihrer jeweiligen Aktionen und Reaktionen ist? Wie sollten Stolz und Überheblichkeit aufkommen können, wenn das Gehirn verlernt hätte, daß sein Benutzer irgend etwas in eigener Regie tut? Wie sollte Abhängigkeit von Personen entstehen, die aufgrund ihrer Leistungen oder ihres Charismas als außerordentlich, genial oder weise erscheinen, wenn das Gehirn verlernt hätte, daß diese Personen etwas in eigener Regie tun, sondern vielmehr nur das, was ihr Gehirn aufgrund ihrer Gene und ihrer Konditionierung in ihnen bewirkt?

Wie sollten wir Menschen, deren Reaktionsmuster im emotionalen Gehirn sie dazu bewegen, kriminelle Taten zu vollbringen, schuldig sprechen und für ihre Taten bestrafen können? Mitgefühl würde vielmehr entstehen, und alle Maßnahmen würden zum einen dazu dienen, ihnen bestmögliche Hilfe zukommen zu lassen, um „veränderbares" Verhalten in ihnen zu generieren. Andererseits gälte es, die Gesellschaft vor „nicht veränderbaren" Individuen mit kriminellem Potential zu schützen, indem man letztere bis an ihr Lebensende in Sicherheitsverwahrung geben würde.

Die Hilfe, die wir Kriminellen angedeihen lassen würden, könnte natürlich nicht darin bestehen, sie mit Samthandschuhen anzufassen. Institutionen, die sich schon heute mit der Therapie von Straftätern befassen, geben ihnen knallharte Regeln vor, ohne deren Befolgung keine Aussicht auf Erfolg besteht. Weit mehr als nur diese hier aufgeführten vorteilhaften Ergebnisse wären möglich, wenn die Aufklärung hinsichtlich der Illusion persönlicher Täterschaft nicht nur einigen Pionieren vorbehalten bliebe, die man gegenwärtig zumeist belächelt oder skeptisch beäugt, sondern wenn diese Erkenntnis ebenso wie die Galileo Galileis gesellschaftliches Allgemeinwissen würde.

Ich halte es für puren Unsinn, die Deaktivierung oder Dekonditionierung der Desinformation persönlicher Täterschaft im Gehirn als „Gnadenakt Gottes" zu bezeichnen, der nur einigen wenigen Individuen vorbehalten bleibt, es sei denn, wir würden das Leben selbst als Gnade oder Wunder betrachten! Es wird natürlich immer Individuen geben, die ihre umfassende Einsicht, ihre Weisheit, ihre Lehrfähigkeit und ihr Charisma aus der Masse hervorhebt. Dies hat jedoch vor allem mit deren Genen und Disposition, sprich: mit ihrer Bestimmung zu tun.

Natürlich gab es zu jedem Zeitpunkt Menschen, in denen der Eindruck persönlicher Täterschaft ohne die verinnerlichte Information, daß es sich dabei um eine Desinformation handelt, vernichtet wurde. Und natürlich erscheint solch ein Ereignis dann wie ein Gnadenakt. Es scheint so zu sein, daß das emotionale Gehirn auch ohne Informationsvermittlung über das Bewußtsein von dieser Täuschung befreit zu werden vermag. In Wahrheit jedoch ist es immer und in jedem Fall das emotionale Gehirn, in dem die Impulse erscheinen, denn was im Wachbewußtsein erscheint, hat seinen Ursprung im sogenannten Unterbewußtsein. Ob es also ohne oder mit dieser Information, mit oder ohne Meditation, mit oder ohne die Auflösung von Koans, mit oder ohne Guru und Satsang etc. von der Täuschung befreit wird – in jedem Fall geschieht es immer im emotionalen Gehirn und der „dahinter" stehenden Essenz, die alle Ereignisse bewirkt.

Zweifellos ist es auch die Essenz, die ihren virtuellen Benutzer auf intellektuelle Einsicht beschränkt oder die Täuschung im emotionalen Gehirn vollständig deaktiviert. Insofern ist natürlich alles, was geschieht, Schicksal. Aber dies gilt nicht nur für den Akt der Dekonditionierung, es gilt bereits für unsere Geburt und für jedes Detail, das wir alltäglich erfahren.

Die Vernichtung der Illusion persönlicher Täterschaft hat daher weder etwas mit einem Gnadenakt noch mit Intelligenz noch mit Erwachen zu tun. Sie beruht schlicht auf der Aufgabe des ignoranten Glaubens, es könne tatsächlich – und nicht nur scheinbar – einen individuellen Handelnden geben! Wird diese Information verinnerlicht, verlernt das emotionale Gehirn automatisch, an den freien Willen zu glauben. Und die Symptome dieses unbewiesenen, auf reiner Gewohnheit beruhenden Glaubens verschwinden.

Milliarden menschlicher Gehirne sind heute befreit von der ignoranten Behauptung der katholischen Würdenträger des dunklen Mittelalters, die Sonne kreise um die Erde. Welchen Grund sollte es geben, daß die ebenso nur auf Ignoranz und Starrsinn beruhende Lehre, der Mensch verfüge tatsächlich und nicht nur scheinbar über einen freien Willen, nicht ebenso auf dem Müllberg der Geschichte landet? Allerdings wird die Entsorgung dieser fatalen Lehre aus dem Gehirn der Menschen weit größere und beachtlichere gesellschaftliche Auswirkungen haben als jene, die mit dem Erscheinen Galileo Galileis lächerlich gemacht wurde.

Deinen Frieden hätte ich gern!

Das sagte ein guter Bekannter vor kurzem im Gespräch mit mir. Viele hätten ihn gern, diesen Frieden, der keinem Sturm weicht, egal was im Inneren und Äußeren passiert. Die Frage ist aber nicht, was du gern hättest, sondern ob du in dir eine Bereitschaft findest aufzugeben, was ihn verhindert. Denn ob du es glaubst oder nicht: Du hast ihn schon, diesen Frieden, mehr noch: Du bist dieser Frieden. Und du warst noch nie etwas anderes als dieser Frieden. Der Frieden ist immer vorhanden. Daß du ihn nicht wahrnimmst und noch nicht genießen kannst, hat nur einen Grund: Dein emotionales Gehirn ist noch nicht dekonditioniert.

Wir wollen alle gern etwas gewinnen! Das ist verständlich, aber der Wunsch allein reicht nicht. Viel wichtiger ist, was du zu verlieren bereit bist. Wenn du nicht in der Lage sein solltest, den Preis zu bezahlen, wirst du dir den Frieden bis zum Sankt Nimmerleinstag wünschen – und dabei wird es auch bleiben.

Ich habe volles Verständnis, wenn jemand vor dem Preis zurückweicht, den dieser Frieden kostet. *Hey, das ist mir einfach zu teuer, ich will die Illusionen noch ein wenig genießen. Ich will mich nicht desillusionieren lassen. Mensch Werner, im Gegenteil, ich will sie genießen, solange es geht. Was soll das? Wozu bin ich denn in der Illusion? Etwa nur, um sie zu durchschauen? Das wäre ja genauso, als würde ich einen Anzug kaufen, nur um ihn dann im Schrank hängen und von den Motten zerfressen zu lassen. Das kann's doch nicht sein!*

Wie gesagt, ich habe volles Verständnis für diese Sichtweise, schon weil ich ihr selbst jahrelang anhing. Ich habe mir wirklich nichts entgehen lassen. Daher sage ich auch: Steig voll ein in die Party des scheinbaren Lebens! Mach ein buntes Seifenblasenfest nach dem anderen! Laß es dir an nichts fehlen! Genieße das Leben. Ich bin dabei. Ich bin sogar jetzt noch mit von der Partie, obwohl ich mittendrin abseits stehen werde, denn tief in mir bin ich vollständig leer, auch wenn ich fröhlich bin, herzhaft lache und dich umarme. Ich bin wie Lazarus, der schon tot war und zu stinken begann, bevor ihn Jesus wieder zum Leben erweckte.

Den Frieden wollen wir alle, aber was ist, wenn ich mit der Dekonditionierung beginne? Welche Reaktion spürst du, wenn ich dir sage, daß du nur ein mit Haut überzogener, programmierter Roboter bist, der niemals selbst über irgend etwas im Leben entscheidet, sondern nur denken darf, er würde über das meiste im Leben entscheiden?

Welche Reaktion spürst du, wenn ich dir sage, daß es in Wahrheit kein Ich, also keinen festen Kern in dir gibt, der du bist, und daß du deshalb aufhören kannst, nach ihm zu suchen. Was spürst du, wenn ich dir sage, daß deine Erwartung: *Es ist nicht so, wie es sein soll, es wäre anders besser,* wegfallen muß! Was ist, wenn ich dir sage: Wirf dein Leben weg, dann erst wirst du es erhalten! Was ist, wenn ich dir sage, da ist nur DAS, und DAS ist nicht etwa Gott. Und egal mit welcher Maske DAS auftritt, alles ist DAS, selbst Hitler war DAS! Selbst der pädophile Musiklehrer war DAS, jener Mann, der mich im zarten Alter von elf Jahren zu Dingen verführte, die man in diesem Alter besser nicht lernt und vor allem nicht auf diese Weise! Wird dir dann schummrig vor Augen? Kriegst du dann Angst? Weichst du dann zurück? Ach, das ist völlig in Ordnung, aber bitte, **dann vergiß diesen Frieden!** Er kann sich nur in denen zeigen, die eine Bereitschaft in sich spüren, sich frei machen zu lassen von all den Konditionierungen, die uns zwar gesellschaftsfähig machen, uns aber gleichzeitig den Frieden rauben, der höher ist als alle Vernunft und ein Ergebnis von Dekonditionierung ist-

Wenn du mich ansiehst, mein Äußeres meine ich, und wie ich mich in Gesellschaft gebe, wirst du denken: *Na ja, ein ganz normaler Typ eben! Hätte nicht gedacht, daß der solche Sachen schreibt!* Du hast recht. Ich lege nicht den geringsten Wert darauf, mich von anderen abzuheben. Aber warst du dabei, als ich gehäutet wurde? Hast du mit mir die Schmerzen durchlebt, als eine Illusion nach der anderen weggebrannt wurde? Nur wenn das der Fall wäre, würdest du wissen, wer ich wirklich bin.

In meinem Buch *Gar nichts tun* beschreibe ich 16 Illusionen, die wegfallen müssen, damit der Frieden irreversibel erscheint. Meinst du denn, ich könnte darüber einfach so mir nichts dir nichts schreiben, wie man einen spannenden Roman schreibt? Nein, ich habe diesen Prozeß **durchlaufen**. Und dieser Prozeß ist nicht minder schmerzhaft als die Verletzung, die das Sandkorn einer Muschel zufügt, bevor eine Perle entsteht. Die Perle beständigen Friedens ist kein Geschenk, das wie ein milder Regen vom Himmel fällt. Ich sage nicht, daß Frieden erworben wird oder gar erworben werden könnte, aber der Preis dafür, daß er ungehindert in dir regieren kann, der muß bezahlt werden, daran führt kein Weg vorbei. Und da ist keine Bank, die dir einen Kredit geben würde. Das Ding mußt du ganz alleine durchziehen.

Anschließend wird niemand verstehen, woher dein Frieden kommt. Du befindest dich in einem vollkommen anderen Bereich, einem Bereich, den niemand beurteilen kann und in den auch niemand eindringen kann, der ihn nicht erfahren hat. Dort, wo ich bin, existieren nur Tote, die noch einmal kurzfristig auferweckt wurden, bevor sie das Zeitliche segnen dürfen.

Fühlst du in dir den Drang, diesen **Grabesfrieden** um jeden Preis zu erfahren? Möchtest du ihn mehr als alles andere? Dann bist du einer von denen, die erfahren könnten, daß alles von dir abfällt, was ihn behindert. Ansonsten – vergiß es! Und genieße die Illusion aus vollen Zügen. Es gibt keinen Grund, dich ihr zu verweigern!

Das Leben in den Griff bekommen

Willst du das? Vergiß es! Je mehr du das willst, desto weniger wird es dir gelingen. Nur Kampf wird auf diese Weise erfahren. Schweiß. Und Tränen natürlich. Tränen sind weiß Gott nichts Schlechtes, aber *diese* Tränen müssen wahrhaftig nicht sein.

Was bedrückt dich? Deine desolate Finanzsituation? Deine dir zu eng gewordene Wohnung? Deine unerzogenen Kinder? Dein mit den Jahren unausstehlich gewordener Partner? Deine Einsamkeit? Dein Übergewicht? Ein körperlicher Defekt? Keine Situation, wie auch immer sie sich gestaltet, vermag dich zu bedrücken.

Was bedrückt mich denn dann?
Sag mir, wie würde es dir gehen, wenn du nicht **denken** müßtest, daß deine Situation beschissen ist, so wie sie ist. Denk einen Moment über diese Frage nach! Bitte, wenn du auf sie keine Antwort findest, wird der Druck nie von dir weichen. Um ein Problem zu lösen, mußt du die wahre Ursache finden, sonst ist es unlösbar.

Eine zweite Frage: Wenn deine Situation anders wäre, als sie im Augenblick ist, meinst du ernsthaft, daß dich der Gedanke, daß es (wiederum) anders sein sollte, nie mehr bedrücken könnte?

Und eine dritte Frage: Hast du nicht schon erlebt, daß veränderte Situationen diesen Gedanken nicht totkriegen können?

Wenn du sagst: Ja, stimmt. Warum kümmerst du dich dann nicht (vor allem anderen) darum, daß dieser Gedanke nicht mehr erscheint? Denn könnte er nicht mehr erscheinen, sag mir, wie sollte dich dann noch eine wie auch immer geartete Situation bedrücken können?

Hier und nur hier liegt der Hase im Pfeffer! Um den Druck oder die Bedrückung wegzukriegen, muß das weg, was ihn/sie auslöst, oder? Und wer erzeugt sie? Nicht deine Situation. Sie ist nur der äußere Anlaß, um den Gedanken, der Druck erzeugt, zu reaktivieren.

Der Gedanke lebt von der Bewertung, die in deinem Unterbewußtsein erzeugt wird. Und diese Bewertung in all ihren Varianten lautet grundsätzlich wie folgt: *So wie es jetzt ist, so kann und darf es einfach nicht bleiben.*

Nun magst du mich fragen: Angenommen, einer deiner Nachbarn hämmert den ganzen Tag auf irgend etwas herum und du kannst dich nicht konzentrieren. Würdest du dann nicht auch denken: *So wie es jetzt ist, kann und darf es einfach nicht bleiben.* Klares Nein. Denn dieser Gedanke wird in mir nicht mehr aktiv. Was wahrscheinlich passieren würde, wäre, daß ich den Nachbarn besuche und frage, wie lange er noch zu hämmern gedenkt, denn freilich könnte ich mich bei dem Gehämmer nicht sonderlich gut konzentrieren. Würde er sagen: Nur noch eine Stunde, ginge ich irgendwo einen Kaffee trinken. Würde er sagen, den ganzen Tag, würde ich entweder ein wenig unkonzentrierter weiterarbeiten oder etwas außer Haus erledigen. Und würde er tagtäglich das ganze Jahr über hämmern, weil er beispielsweise ein Steinmetz wäre, würde ich entweder beim Vermieter dafür sorgen, daß er ausziehen muß, oder, wenn das nicht möglich wäre, mir eine andere Wohnung suchen. Wenn diese beiden Möglichkeiten aus welchen Gründen auch immer nicht realisierbar wären, würde sich mein System mit dem Hämmern nach einer gewissen Zeit ebenso arrangieren, wie es sich mit dem Tinnitus arrangiert und versöhnt hat, der seit vielen Jahren nahezu täglich in meinem Kopf klingelt. Alle Aktivitäten, die ich wahrscheinlich unternehmen würde, würden jedoch nicht dem Gedanken entspringen: *So wie es jetzt ist, so kann es einfach nicht bleiben.* Es wären vielmehr praktische Schritte, um ein möglichst angenehmes, unbehämmertes Leben zu führen. Bedrücken jedoch könnte mich eine Situation wie die beschriebene nicht, weil Bedrückung nur von jenem vorher genannten Gedanken und niemals durch eine Situation ausgelöst werden kann.

Mein Antrieb, Veränderungen vorzunehmen, entsteht immer dann, wenn mir die bestehende Situation aus *funktionalen Gründen* nicht (mehr) adäquat erscheint, niemals jedoch aus einer Bedrückung heraus. Ist Veränderung möglich, nehme ich sie wahr. Ist sie unmöglich, arrangiere ich mich mit der Situation. Unfrieden oder Bedrückung kann daher nie entstehen. Beide sind immer das Ergebnis jenes Gedankens: *So wie es jetzt ist, so kann und darf es einfach nicht bleiben.*

Dieser Gedanke hat eine immense Kraft. Daher übt er auch Druck auf dich aus. Und dieser Druck führt dazu, daß du kaum einmal Entscheidungen triffst und treffen kannst, die zu echten, dauerhaften Veränderungen in deiner Erlebniswelt führen. Denn Druck erzeugt bekanntlich Gegendruck. Und so wirst du immer einen bedrückenden Erlebniskosmos erfahren, ganz egal, ob du ein Problem loswirst oder nicht loswerden kannst.

Daher ist meine Empfehlung, dafür zu sorgen, den Gedanken loszuwerden. Aber wie geht das? Im Grunde verliert er bereits enorm an Kraft, wenn dir klar wird, daß **nur er** der Störenfried ist. Nur ein Gedanke, dieser Gedanke: *So wie es jetzt ist, so kann es einfach nicht bleiben!* Taucht er auf, stelle ihn bloß: *Ach du schon wieder, ich pfeif drauf, mich von dir knechten zu lassen.* Das wird ihm schlecht bekommen, denn wird er entdeckt und immer wieder aufs Neue entdeckt, wird er sich wie jeder ungebetene Gast schließlich verziehen. Und irgendwann gar nicht mehr erscheinen. Dann ist Ruhe, selbst wenn der Nachbar hämmert!

Der größte Betrug

Wenn du ihn erst einmal durchschaut hast, den größten Betrug, der möglich ist auf Erden, wirst du lachen, selbst wenn dir gerade zum Weinen zumute sein sollte.

Ich rede, schreibe, bemühe mich um Erklärungen, jeden Tag, merke jedoch stets aufs neue, daß mich kaum jemand so versteht, wie ich verstanden werden möchte. Der Wahrnehmungsfilter ist offenbar dermaßen dicht, daß die meisten das, was ich sage, mit dem verwechseln, was sie meinen, das ich zu ihnen sage.

Unvorstellbar ist dieser Betrug in seinen Auswirkungen! Er hat uns wirklich (Verzeihung) zu Idioten gemacht, die einem Phantom nachlaufen, einem Phantom, das bekanntlich nicht existiert.

Ich bin mir daher nicht sicher, ob dieses Kapitel dazu dienen kann, dir die Augen zu öffnen. Vielleicht wirst du es auch mißverstehen oder besser: einfach so verstehen, wie es dein Wahrnehmungsfilter zuläßt. Daran kann ich (leider) nichts ändern.

Ich will es mal so versuchen: Stell dir vor, du wärst reich. Steinreich sogar. Wirklich millionenschwer. Du bekommst aber einen Schlag auf den Hinterkopf, wirst ohnmächtig und hast, als du aus der Ohnmacht erwachst, vollkommen vergessen, wer du bist und natürlich auch, wie reich du bist.

Bitte denk einen Augenblick nach. Und sag mir dann, was du jetzt brauchst? Brauchst du mehr Geld? Natürlich nicht, du hast ja genug. Also bitte, was brauchst du? Nur eines natürlich: Irgend jemand muß dich von der Desinformation befreien, der dein Gehirn im Moment unterliegt! Welcher Desinformation? Derjenigen, die dich glauben macht, du wärst irgendwer anders als der, der du in Wahrheit bist!

Bist du sie los, die Desinformation, ist sofort wieder alles im Lot. Ist es nicht so? Lies bitte nicht weiter, bevor dir das sonnenklar ist.

Man könnte natürlich auch sagen: Der aus dem Koma erwachte Reiche muß sich doch nur daran erinnern, wer er in Wahrheit ist. Aber so möchte ich das nicht formulieren. Und weißt du, warum? Weil es den Eindruck erweckt, man müßte etwas hinzugewinnen, was man noch nicht hat, aber das stimmt ja so einfach nicht. Das Wissen darum, wer du wirklich bist, ist ja immer noch vorhanden, sonst könnte es nicht reaktiviert werden. Nur ist es dem, der es braucht, temporär verborgen. Und warum? Wegen der Desinformation! Oder, verständlicher ausgedrückt: wegen seines Brettes vor dem Kopf! Und wenn diese Täuschung erst einmal weg ist, taucht automatisch wieder das Wissen (um seine Person und sein Vermögen) auf, das in ihm ist und immer in ihm war.

Mit der Lösung unserer Lebensprobleme ist es exakt genauso! Nur die Desinformation muß weg. Das Brett vor dem Kopf! Es gilt also wirklich nichts hinzuzugewinnen, sondern etwas zu verlieren.

Ich bin immer wieder erstaunt, wenn mir Leser oder Workshopteilnehmer rückmelden, sie hätten sich bei mir *weiterentwickelt*. Wenn sich bei mir tatsächlich jemand „weiterentwikkelt", habe ich einen schlechten Job gemacht. Meine Absicht ist nämlich, dir etwas wegzunehmen! Was? Na das Brett vor dem Kopf! Oder die Desinformation!

Wie soll ich es nur anstellen! Wie kann ich es nur so formulieren, daß die Desinformation einfach wegfällt? So daß du mit voller Überzeugung sagen kannst: *Ja Werner, stimmt, mir fehlt nichts, alles ist perfekt. Mir hat auch noch nie etwas gefehlt! Und mir wird auch niemals etwas fehlen! Es ist gänzlich unmöglich, daß mir etwas fehlt. Selbst wenn mir mal etwas fehlt, ist es perfekt, daß mir gerade etwas fehlt.*

Kürzlich verspürte ich über einige Stunden einen starken Druck im Magen. Selbst in dieser Situation, die natürlich alles andere als wünschenswert ist, trat zu keinem Zeitpunkt der Gedanke in mein Bewußtsein, die Situation solle anders sein, als sie gerade war.

Versteh mich nicht falsch: Ich möchte nicht, daß du mir das nachplapperst! Ich möchte nicht, daß du das zu einem neuen Glaubenssatz machst! Das wäre sogar das genaue Gegenteil dessen, was ich beabsichtige! Ich lehre dich nicht neue oder optimale Glaubenssätze. Schlimmer noch: Ich habe mit Glaubenssätzen überhaupt nichts mehr am Hut.

Wer reich ist, muß nicht daran glauben, reich zu sein. Wer daran glauben muß, daß er reich ist, hat in Wirklichkeit nichts! So ist das mit den Glaubenssätzen!

Meine Absicht ist es, dein Gehirn zu dekonditionieren, das heißt, **ein Rad in deinem mentalen Getriebe vollkommen zum Stillstand zu bringen.** Damit es sich nicht mehr dreht oder besser: damit es sich, selbst wenn es sich noch ab und zu dreht, nie mehr mit dir verzahnt! Oder noch besser: nie mehr zum Antriebsrad deiner Aktivitäten wird und werden kann!

Wenn das nämlich passiert ist, sind ALLE deine Probleme gelöst. Sofort und ein für allemal. Ich scheue mich nicht, dir darauf mein Versprechen zu geben. Natürlich wirst du nicht von allen Problemen er-löst sein, in jedem Fall aber ge-löst.

Der Unterschied ist gewaltig. Denn was nun auch immer passiert, es wird dich letztlich nicht mehr tangieren. Du bist raus aus dem Spiel. In gewisser Hinsicht schaust du nur noch zu, selbst wenn du manchmal mittendrin steckst.

Ich weiß, wie absurd das klingt, aber es stimmt. Deswegen sage ich: Die Desinformation, die da lautet: *Es ist jetzt nicht so, wie es sein soll,* ist der größte Betrug auf Erden.

Geh ihn an, den größten Betrug! Geh ihn mehr an als alles andere im Leben. Denn er ist es, der all deine Probleme bewirkt. Nur er. Nicht eine lebensbedrohliche Krankheit, nicht ein finanzieller Mangel, nicht eine Partnerschaft, in der es keine

Liebe mehr gibt, nicht die Traumata aus der Kindheit, weder der böse Onkel noch die verführerische Tante sind dein Problem, sondern die Desinformation. Ist dieses Rad deaktiviert, bist du „durchtherapiert". Und kannst dir eine Menge Geld, Zeit und Nervenkraft sparen. Und Papiertaschentücher natürlich auch. Obwohl Tränen natürlich erlaubt sind. Immer und zu jedem Zeitpunkt. Ich lache mit dir ebenso, wie ich mit dir weine.

Firewall

Die braucht man heute auf jedem PC, um den möglichen Angriff zerstörerischer Viren abzuwehren. Weiß jeder! Frage: Ist deine innere Festplatte auch gegen Viren geschützt?

Wie erkennst du ihn, diesen inneren Virus? Wie du jeden Virus auf dem PC erkennst: Er verlangsamt alle Vorgänge, die du einleiten möchtest. Manche Datenbank kannst du noch nicht einmal öffnen, das heißt, du kommst an wichtige Informationen nicht heran. Dafür erscheinen manches Mal solche, die dich in deiner Arbeit nur stören und mordsmäßig behindern.

Ebenso wie ein PC, dessen Festplatte virenfrei ist, optimal läuft, ist es auch um deine innere Festplatte, also um dein Gehirn, bestellt. Ohne schädlichen Virus gibt es nur solche Herausforderungen und Probleme, die allesamt lösbar sind. Ansonsten läuft es wie geschmiert. Hat dich der Virus erst einmal befallen, werden die Probleme unlösbar, denn dann sitzt du gnadenlos fest.

Nun, was tut man, um einen Computervirus zu deaktivieren? Man braucht ein entsprechendes Programm. Ist es ausgeführt und installiert, verschwinden die „unlösbaren" Probleme, und das System funktioniert wieder reibungslos.

Nun wäre es allerdings günstig, du würdest eine Firewall installieren, damit in Zukunft Virenangriffe vermieden bzw. sofort abgewehrt werden, bevor sie wirksam werden können.

Das Agape-Konzept wird im Doppelpack geliefert: Es deaktiviert den Virus und installiert gleichzeitig die Firewall. Der Download erfolgt, wenn du dich einfach nur liebst, obwohl es keinen legitimen Grund dafür gibt. Also gerade dann, wenn dir nicht danach zumute ist, dich zu lieben.

Der Download dieser inneren Software nimmt einen gewissen Zeitraum ein, bis alle notwendigen Informationen, um den Virus zu deaktivieren und die Firewall zu installieren, ins Unterbewußtsein heruntergeladen sind. Daher brauchst du ein wenig Geduld. Brich den Download also nicht aus Ungeduld ab, sonst kann dir das Konzept (Programm) nicht helfen.

Die vorhandenen Programme in deinem Gehirn (Hardware) sind wirklich mit einem Softwareprogramm zu vergleichen, obwohl es natürlich wesentlich komplexer und umfangreicher in seinen Funktionen ist als jede PC-Software. Jedoch ist die Herangehensweise, um einen Virus zu deaktivieren und eine Firewall zu installieren, nahezu identisch.

An deinem genetischen Programm gibt es nichts auszusetzen. Es ist schon so, wie es sein soll, und jeder Versuch, es zu ändern, wird scheitern. Nur dieser Virus, der die Fehlinformation einschleust, *es sei noch nicht so, wie es sein soll*, kann ein Problem sein, und diese Desinformation hat mitunter so schwerwiegende Folgen, daß am Ende überhaupt nichts mehr geht. Jeder Versuch, den Virus ohne das entsprechende Antivirusprogramm zu deaktivieren, muß scheitern.

Der gesunde Weg zu dir selbst

Unser Handeln besteht aus nichts anderem als automatisierten Denkgewohnheiten und Handlungsmustern. Da ist kein Ich, kein Zentrum, das selbstbestimmt über den Ablauf unseres Lebens regiert. Wer dies glaubt, befindet sich in einem Wahn. Der Wahn, ein selbstbestimmtes Wesen zu sein, hält uns in Ängsten, Depressionen und Aggressionen gefangen.

Wenn wir eine echte, nachhaltige Änderung herbeiführen wollen, gibt es nur eine Alternative: Dekonditionierung von all dem, was die Ängste und Aggressionen immer wieder aufs Neue aktiviert. Wir sind völlig machtlos, wenn wir die Konditionierungen nicht erkennen und mit effektiven Techniken deaktivieren.

Die machtvollste Konditionierung ist die Desinformation: *Es ist jetzt nicht so, wie es sein soll, anders wäre es gut, aber so ist es schlecht (oder zumindest nicht optimal).*

Denke nicht, wenn ein gelassener Weiser vor dir sitzt und dir mit liebendem Blick in die Augen sieht, sein Zustand sei etwas Besonderes. Laß es mich klar und deutlich sagen: Seine Gelassenheit, seine Liebe, die Stille, die du von ihm ausgehen spürst, ist normal, völlig normal! Überhaupt nichts Besonderes! Besonders und außergewöhnlich sind die Zustände, wie wir sie von den sogenannten normalen Menschen kennen.

Folgende Frage müssen wir uns stellen: Wie ist es möglich, daß unser Gehirn dermaßen abstruse Kapriolen schlägt? Wie ist es beispielsweise möglich, daß ein Mensch in Angst und Schrecken verfällt, nur weil er seinen Autoschlüssel verloren hat? Wie kommt es, daß jemand so wütend auf einen Langsamfahrer werden kann, daß er im Geiste fähig ist, ihn von der Straße in den Abgrund zu drängen? Oder schau dir den gehetzten Blick an, mit dem die Menschen jeden Morgen und jeden Abend zur und von der Arbeit jagen! Ist das etwa normal?

Ich sage dir etwas: Wir alle sind Automaten! Mit Haut überzogene Automaten! Vollkommen abhängig von der Programmierung unserer inneren Software. In der Psychologie nennt man die Programmierung Konditionierung. Wir alle sind nicht viel mehr als Pawlowsche Hunde. Dressiert durch unsere Erziehung und die Vorgaben der sogenannten Gesellschaft.

Hör auf, nach deinem Ich zu suchen! Du hast keins! Du denkst nur, daß du eins hast. Daß du glaubst, eins zu haben, ist ein Teil eines internen Sicherheitsprogramms. Denn wenn du dir darüber klar wärst, daß du keins hast, blitzartig meine ich, so wie es Susan Segal geschah, wenn also bestimmte notwendige Filterfunktionen wie Sicherungen durchbrennen, dann könntest du zweifellos wahnsinnig werden oder wie Susan vor Angst fast vergehen.

Anstatt die Frage „Wer bin ich" zu stellen, gebe ich dir ein Werkzeug an die Hand, das dich nicht an den Rand der Verzweiflung bringt und trotzdem wesentlich wirkungsvoller ist als die Frage nach dem Ich oder der Wahrheit. Denn was du eigentlich brauchst und was all jene erfuhren, die man erwacht nennt, ist nur eines: Dekonditionierung.

Mir ist das mittlerweile vollkommen klar. An der Erleuchtung ist überhaupt nichts Mystisches. Und die Erleuchteten sind normale Menschen, mit Stärken und Schwächen, nur eins unterscheidet sie wesentlich vom Durchschnittsmenschen: Die Konditionierung, *es ist jetzt nicht so, wie es sein soll, wäre es anders, wäre es gut oder optimal,* ist DEAKTIVIERT.

Vergeßt den ganzen Zinnober um die Erleuchtung. Erwartet keinen Blitz aus heiterem Himmel, der euch zu ganz besonderen Menschen macht! Schrott ist das alles! Ich muß das so klar und deutlich aussprechen, ich muß diese heilige Kuh schlachten, denn wenn ihr in diesem Punkt nicht desillusioniert seid, sucht ihr an der falschen Stelle, und zwar bis zum Sankt Nimmerleinstag.

Ich kann den esoterischen Schmusekurs nicht mehr mit ansehen. Es geht mir überhaupt nicht darum, Freundlichkeit und Wärme untereinander zu verhindern, sondern das unendlich blöde Gelaber und Gesäusel um den göttlichen Gnadenakt der Erleuchtung! Alles Blödsinn! Mystischer Scheiß! Vergiß es! Sei nüchtern. Komm runter. Da oben ist nicht mehr als hier unten. Deine innere Software muß von der Konditionierung befreit werden, darum geht es und um sonst überhaupt nichts.

Bleib meinetwegen Atheist, du mußt nicht gläubig werden. Ich habe nichts gegen gläubige Menschen, unterhalte dich von mir aus weiter mit Engeln, mit Mutter Maria und mit Großvater Gott, aber wenn du das alles für ausgemachten Quatsch hältst, hast du wahrscheinlich bessere Voraussetzungen zur Dekonditionierung.

Ihr Lieben, wir müssen Erleuchtung unbedingt entmythologisieren. Sonst sitzt ihr jahrelang in Satsangs herum und schaut eurem Lehrer wie einer treuen Milchkuh in die Augen. Mag sein, daß dabei etwas passiert. Aber wenn dabei tatsächlich etwas passieren sollte, ist es immer Dekonditionierung. Nichts anderes.

Meine Empfehlung und mein empfohlenes Werkzeug bleibt: Liebe ohne Objekt, insbesondere dann, wenn Angst, Aggression oder Bedrückung da sind. Anschauen, was da ist, und lieben. Und wenn das nicht möglich ist, lieben, daß du es nicht lieben kannst. Auf diese Weise entkonditionierst du dein Gehirn von der Vorstellung: Es ist jetzt nicht so, wie es sein soll!

Du mußt das höchstwahrscheinlich über einen bestimmten Zeitraum praktizieren, denn das Gehirn braucht (zumeist) Wiederholung. Sowohl um sich etwas anzugewöhnen, als auch um sich etwas abzugewöhnen. Dekonditionierung ist im Grunde nichts anderes als Entwöhnung. Du entwöhnst dein Gehirn von der absurden Denkgewohnheit, es sei jetzt nicht so, wie es sein soll. Ist diese falsche Information deaktiviert (löschen geht nicht, alles was einmal auf der mentalen Festplatte ist, bleibt da), hat sie praktisch keinen Einfluß mehr auf dich. Und das genügt völlig. Alles andere kann warten. Konzentriere dich erst einmal nur darauf. Das ist der gesunde (und weglose) Weg an den Ort, an dem du schon bist, immer warst und immer sein wirst.

Ultimative Befreiung

Wenn ich heute an den langen Zeitraum zurückdenke, in dem ich immer wieder unglücklich, getrieben, streitsüchtig, deprimiert, abwechselnd verzweifelt und hoffnungsvoll war, wundere ich mich manches Mal darüber, wie es nur möglich war, daß ich die ultimative Lösung all meiner Probleme so lange übersehen konnte. Denn sie liegt auf der Hand, sie ist uns näher als unsere Nasenspitze.

Was macht uns unglücklich? Nur eins: Wir identifizieren uns mit dem Gedanken, daß die jeweils erlebte Situation oder ein emotionaler Zustand nicht so ist, wie er jetzt sein soll!

Was hat eine Gewitterwolke mit dir zu tun? Du siehst sie und stellst fest: „Ah, ein Gewitter zieht auf!" Und dann triffst du vielleicht, wenn du gerade in Gottes freier Natur bist, ein paar Vorkehrungen, um zu vermeiden, daß dich ein Blitz trifft. Oder du legst einen Schritt zu, um trockenen Fußes nach Hause zu kommen. Wenn du kein ängstlicher Mensch bist oder gar Gewitter liebst, setzt du dich vielleicht sogar auf die Terrasse, um das Naturschauspiel fasziniert verfolgen zu können.

Was tust du jedoch in der Regel, wenn folgende (Gewitter-) Gedanken aufziehen? Ach, was bin ich doch für ein armes Schwein! Oder: Wieso nur ist mein unsympathischer Nachbar so stinkreich, und ich muß jeden Euro dreimal umdrehen, bevor ich ihn ausgeben kann? Oder: Da habe ich nun geglaubt, die große Liebe zu finden, und jetzt entpuppt sich dieser Mensch als solch ein treuloses Scheusal! Oder: So lange visualisiere ich schon meinen Traumpartner, doch anstatt ihn endlich zu finden, gerate ich immer wieder an Typen, die nur Sex mit mir wollen und mich anschließend wie eine Bananenschale wegwerfen! Oder: Wie oft habe ich mir schon vorgenommen, das Rauchen aufzugeben, und doch werde ich immer wieder schwach. Oder: Da habe ich mir schon vor 20 Jahren das Rauchen abgewöhnt, und jetzt stellt der Arzt gerade Lungenkrebs bei mir fest, während mein Kollege immer noch raucht wie ein Schlot und rundum gesund ist! Oder: Warum nur ist gerade mein Kind so antriebsschwach und macht mir so große Sorgen, habe ich das etwa verdient? Oder: Da habe ich so viele Jahre für dieses Unternehmen geschuftet, jetzt bauen sie Stellen ab, und gerade ich stehe nun auf der Straße!

Stell dir bitte für einen Augenblick vor, daß du bei unveränderter Lage **nicht** von dem Gedanken bedrängt wärst, daß etwas mit dir oder deiner Situation nicht stimmen könnte! Mag sein, daß dir das außerordentlich schwerfällt, versuche es dennoch und stell dir die Frage: „Wie würde ich mich jetzt fühlen, wenn ich das, was ich über meine Situation denke, nicht denken MÜSSTE?"

Wenn du frei wärst von diesem Zwang, würde sich deine Gefühlswelt zweifelsfrei sofort verändern. Denn deine Gefühle werden nicht von den Ereignissen, nicht von den äußeren Umständen, sondern von deinen Gedanken erzeugt. Zwischen Ereignissen und deinen Gefühlen steht immer die Schaltstelle deiner Gedanken. Bitte lies über diese Sätze nicht einfach so hinweg, weil du sie vielleicht öfter und auch in diesem Buch schon einmal gelesen hast. Wenn du begreifst, was sie aussagen, ist das der Anfang der ultimativen Befreiung. Wenn nicht, wirst du womöglich bis ans Ende deiner Tage ein Sklave deiner Gedanken und deiner emotionalen Zustände sein.

Nicht die Ereignisse, sondern deine Gedanken über die Ereignisse sind dein eigentliches Problem! Das, was gerade ist, kannst du nicht verändern! Sehr wohl aber kann es dir gelingen, nein, nicht etwa deine Gedanken zu verändern, sondern sie als wahre Ursache deines Leidens zu durchschauen.

Auch die Schule des Positiven Denkens lehrt als Ursache allen Leidens negative Gedanken. Doch die Empfehlung, sie einfach durch positive Gedanken zu ersetzen, funktioniert nicht. Zumindest nicht dauerhaft. Ich kann ein Lied davon singen, weil ich jahrelanger Anhänger dieser Schule war. Temporär kommst du zwar in einen kraftvollen Zustand, aber du kannst nicht vermeiden, daß negative Gedanken dich immer wieder bedrängen. Und letztlich werden sie durch Positives Denken lediglich verdrängt. Verdrängung jedoch macht sie auf Dauer noch stärker, als sie zu Anfang waren.

Befreiung geschieht nur, wenn dir klar wird, daß deine Gedanken, egal ob sie positiv oder negativ sind, so viel mit dir zu tun haben wie die Wolken am Himmel. Sie sind gegenwärtig, kein Zweifel, aber sie können dich nur dann ins Unglück stürzen, wenn du glaubst, sie wären eine reale Beschreibung deiner Situation. Nein, deine Situation ist einfach eine Situation, erst deine Gedanken machen aus ihr eine schlechte oder gute Situation.

„Wenn ich rote Zahlen auf dem Bankkonto habe, wenn ich einsam bin, wenn ich krank bin, wenn ich arbeitslos bin etc., dann ist das eben eine beschissene Situation!", magst du mir entrüstet entgegnen. Siehst du, da haben wir schon wieder den Beweis, daß dich deine Gedanken vollkommen vereinnahmt haben! Stell dir bitte für einen Augenblick vor, du wärst nicht gezwungen, auf deine Situation das Etikett „beschissen" zu kleben! Was wäre dann deine Situation? Einfach eine Situation!

„Das sehe ich ja ein! Aber verändert diese Einsicht etwas an meinen roten Zahlen? Führt sie mich aus meiner Einsamkeit heraus? Macht sie mich wieder gesund? Verschafft sie mir einen neuen Job? Heilt sie meine Partnerbeziehung?"

Die Antwort ist ja und nein. Laß mich dir diese widersprüchliche Antwort erklären: Wenn du in der Lage bist, die Gedanken über deine Situation als eigentliche Quelle deines Unglücklichseins zu erkennen, werden sie keinen Druck, keinen Zwang mehr auf dich ausüben können. Sie werden da sein, wie Gewitterwolken da sind – jedoch ohne dich bedrängen, bezwingen, bedrücken zu können. Du wirst vielmehr tiefen Frieden wahrnehmen, ganz egal ob Wolken aufziehen oder der Himmel wolkenlos ist. Und genau dadurch wird sich auch dein Erlebniskosmos verändern, **denn innerer Frieden wird ohne dein Zutun in der Außenwelt sichtbar.** Wer jedoch seinen Gedanken über eine Situation Glauben schenkt, intensiviert ihre Kraft. Und deshalb wird sich dein inneres Unglücklichsein weiterhin in deinen äußeren Umständen spiegeln und sogar intensivieren.

Daher das Ja und das gleichzeitige Nein auf deine Frage. **Nein**, weil sich die Desidentifikation mit deinen Gedanken zunächst einmal ausschließlich auf deinen inneren Zustand beschränkt und dort Frieden schafft. **Ja**, weil dein friedlicher innerer Zustand deinen äußeren Zustand ohne dein Zutun beeinflußt und wandelt.

Wenn du echten, dauerhaften Frieden anstrebst, mußt du zunächst einmal gänzlich darauf verzichten, ihn in der Außenwelt anzustreben. Die Wandlung kann nur beginnen, wenn du aufhörst, deinen Gedanken Glauben zu schenken und genau damit immer neuen Treibstoff zu geben.

Das ist nicht einfach, ich weiß. Daher empfehle ich eine Methode, die Gedanken als Illusion entlarvt. Wenn du dich, egal welcher negative Gedanke auch auftaucht, dafür liebst, daß er auftaucht, wirst du schließlich entdecken, daß er keine Kraft mehr über dich hat. Du entkoppelst dich durch diese Übung sofort von der zerstörerischen Kraft solcher Gedanken. Probier es aus.

Je öfter du diese Methode anwendest, desto schneller automatisiert sich die Übung, so daß du dich schließlich kaum mehr an sie erinnern mußt. Dein Gehirn stellt sie dir zur Verfügung, wann immer die Desinformationen auftauchen. Und irgendwann – der Zeitpunkt ist nicht voraussagbar – wirst du tatsächlich nicht mehr von ihnen abhängig sein. Das heißt: Gedanken werden deine Emotionen womöglich kurzfristig beeinträchtigen, aber nicht mehr beherrschen. Wenn der innere Frieden erst einmal stabil ist, werden sich auch deine Lebensumstände in diesem Frieden stabilisieren. Denn dein Erlebniskosmos ist nur ein Spiegel deines inneren Zustands.

Laß mich dir nun eine wichtige Frage stellen: Bist du in der

Lage, die Identifikation mit deinen Gedanken als die alles **entscheidende** Ursache deines Unglücklichseins zu erkennen? Wenn du noch glaubst, die Ursache läge lediglich in einem äußeren Umstand, dessen Veränderung Abhilfe schafft, wirst du meine Methode nur deshalb anwenden, um deine Außenwelt zu verändern. Es kann tatsächlich sein, daß selbst die kurzfristige Anwendung der Methode äußere Veränderungen zur Folge hat. Anschließend aber wirst du wiederum von deinen Gedanken abhängig sein, und das Spiel beginnt von vorn! Nur die Form deiner Problematik wird sich verändern, die Ursache bleibt dir auf alle Zeiten erhalten.

Daher muß ich dir sagen: Bevor du nicht an dem Punkt bist, an dem dir unzweifelhaft klar wird, daß AUSSCHLIESSLICH deine Gedanken die Ursache deines Unglücklichseins sind, wirst du das Ergebnis in der Umsetzung meines Konzepts nicht erleben können, selbst wenn du es bis zum Sankt Nimmerleinstag anwendest. Es kann seine Wirkung nur dann voll entfalten, wenn es mit dem Ziel zur Anwendung kommt, dich von der wahren Ursache deines Unglücklichseins – dem ständigen Strom der Gedanken – für alle Zeit abzuschneiden.

Sagst du nun: „Ich bin noch nicht restlos davon überzeugt, daß AUSSCHLIESSLICH meine Gedanken die Ursache meines Unglücklichseins sind; wenn ich nur meinen Traumpartner, wieder einen Arbeitsplatz, eine harmonische Beziehung in meiner Partnerschaft, mehr Geld in der Brieftasche hätte etc., dann wäre mir schon geholfen", dann wird dich die Umsetzung meines Konzepts zwar aufmuntern, ultimativ zu befreien vermag es dich jedoch nicht.

Ich sage nicht, daß du es nicht dennoch anwenden solltest. Trost und Aufmunterung ist schließlich vorteilhafter, als in

Traurigkeit zu versinken. Nur kannst du nicht erwarten, daß du das Ergebnis erfährst, das ich mit dieser Methode verbinde und dir verheiße: ultimative Befreiung! Sie kann sich nur dann ereignen, wenn du es VOLLSTÄNDIG aufgibst, sie in der Veränderung äußerer Umstände finden zu wollen. Erst wenn dein Fokus bei der Umsetzung meines Konzepts gänzlich darauf liegt, die Macht deiner Gedanken zu brechen, weil du in ihnen die eigentliche Ursache deines Unglücklichseins glasklar erkannt hast, wirst du erfolgreich sein können. Ansonsten wirst du immer und ewig ein hilfsbedürftiger Sklave des Gedankenstroms bleiben, der unentwegt durch dein Gehirn fließt und dir beliebig oft vorgaukeln kann, daß du in deiner speziellen Situation unglücklich zu sein hast.

Ich wünsche dir von Herzen, daß ein Ruck durch dich hindurchgeht! Kraftvoller als ein elektrischer Schlag! Damit du endlich den Hebel da ansetzen kannst, wo er die Last deines Unglücklichseins ein für allemal von deinen müden Schultern abwälzen kann.

Hingabe

Wer sich dem Lernen hingibt, nimmt täglich zu.
Wer sich dem Tao hingibt, nimmt täglich ab und kommt so zum Nicht-Tun.
Verweilend im Nicht-Tun bleibt doch nichts ungetan.

– Lao-Tse, Tao Te King

Gott ist eine Frau

Wenn du an Gott denkst, denkst du dir doch automatisch einen Mann, oder nicht? Vielleicht hast du verlernt, dir Gott als Person vorzustellen, das wäre gut, aber selbst wenn das der Fall ist – prüfe einmal, ob du dir Gott überhaupt als Frau vorstellen kannst.

Gott ist natürlich nur eine Metapher für das, was ist. Es gibt weder einen Schöpfer noch eine Schöpfung. Aber laß uns mal ein bißchen dualistisch herumspinnen und glauben, „Gott" sei die Quelle alles Seienden. Dann wäre er sicherlich eine Frau.

Solange das Weibliche in dir nicht dominiert – egal ob du ein Mann oder eine Frau bist –, wirst du Gott niemals verstehen. Schon gar nicht eins mit ihr werden. Nur Frauen sind dazu in der Lage.

Die Frau gebärt Leben. Ich kenne keine „wahre" Frau, die sich kein Kind wünscht. Ich finde es immer wieder erstaunlich, wie hingebungsvoll Mütter sich um ihre Kinder kümmern, insbesondere, wenn sie noch klein sind. Von morgens bis abends. Natürlich sind sie manchmal genervt, aber du spürst dennoch diese ungeheuer hingebungsvolle Liebe zu ihnen. Auch Männer sind dazu natürlich fähig, aber nur, wenn das Weibliche in ihnen regiert.

Um neues Leben hervorzubringen, spendet der Mann lediglich seinen Samen. Das ist wahrhaft keine große Sache und bereitet überdies großes Vergnügen. Dann ist er erst einmal raus aus der Sache. Bei der Frau aber beginnt es dann erst. In ihrem Körper wächst der Embryo heran. Sie gebärt ihn unter großen Schmerzen – Schmerzen, bei denen jeder Mann sterben würde. Wir Männer machen doch schon ein Riesengedöns, wenn wir mal Kopfschmerzen haben.

Hingeben kann sich nur eine Frau. Lieben kann nur eine Frau. Warum sind die meisten meiner Leser und Seminarteilnehmer Frauen? Warum begreifen sie das Agape-Konzept wesentlich schneller als jeder Mann? Weil sie emotional intelligenter als wir Männer sind? Das sowieso. Aber eigentlich muß ich sogar sagen: Weil nur die Frau das Agape-Konzept überhaupt zu begreifen imstande ist. Der Mann ist völlig unfähig dazu. Und solange du ein Mann bleibst – egal ob du ein Mann oder eine Frau bist –, bist du dazu verdammt, in der Theorie steckenzubleiben.

In letzter Zeit haben wir bezüglich der Geschlechter der Workshopteilnehmer nahezu ein ausgewogenes Verhältnis. Und doch kommen in Wahrheit nur Frauen zu mir. Und ich bin auch eine Frau. Ich wurde eine, als ich zu lieben begann.

Gott ist eine Frau. Vergiß das patriarchalische Männerbild von Gott. Es ist eine Lüge, die der Klerus aufgebaut hat, um Gott vom Thron zu stürzen und sich an seine Stelle zu setzen.

Die Frau hat nicht dagegen gekämpft. Wahre Frauen haben,

anders als Alice Schwarzer, die in Wahrheit ein Mann ist, nie dagegen gekämpft. Die gesamte Frauenbewegung hat der Frau nichts Gutes getan. Ich bin nicht dafür, daß die Frau hinter dem Herd steht. Dieses Frauenbild ist ebenso eine Farce wie das von Alice Schwarzer und der sogenannten Frauenbewegung.

Frauen lieben. Das ist ihre Art zu kämpfen. Und die Liebe ist die größte Macht auf der Welt. Liebe ist geduldig, kann warten. Sie wartet schon einige Jahrtausende und akzeptiert die Fremdherrschaft der männlichen Power. In Wahrheit jedoch hat sie noch immer die Macht. Sie zieht die Fäden im Hintergrund. Und wir Männer sind nur Marionetten. „Der Mann ist des Weibes Haupt", behauptet der patriarchalische Paulus. Ich füge hinzu: Aber das Haupt sitzt auf dem Hals, und wenn er sich dreht, muß ihm das Haupt folgen. Die Schöpfungsgeschichte muß umgeschrieben werden. Eva wurde nicht aus der Rippe Adams gemacht. Umgekehrt war's.

Was bilden wir Männer uns eigentlich ein? Wir sind, um neues Leben hervorzubringen, nur Samenspender. Nicht mehr. Noch einmal: Es sind die Frauen, die Kinder, neues Leben, gebären. Selbst auf unser körperliches „Engagement" beim Geschlechtsakt könnte verzichtet werden. Ohnehin sind viele Männer dabei ziemlich ungeschickt. Kaum zu unterscheiden von rammelnden Kaninchen. Selbst um guten Sex zu machen, muß der Mann eine Frau sein. Sonst muß er sich nicht wundern, wenn sie beim Geschlechtsakt zu gähnen oder gar einen Apfel zu essen beginnt.

Wenn nicht das Weibliche in dir erweckt wird, kannst du nicht lieben. Schon gar nicht die objektlose Liebe. Männer lieben nur, UM ein Ziel zu erreichen. Du wirst niemals lieben, weil du in die Liebe verliebt bist. Zu dieser Hingabe sind nur Frauen fähig.

Der Klerus hat dieses Prinzip auf den Kopf gestellt. Nur Männer sind Priester. In ihrer Ignoranz bestehen sie sogar darauf, daß diese zölibatär leben. Was für ein entsetzliches Bild von der Frau wurde dadurch in unsere Köpfe gepflanzt? Sie wurde diskreditiert, abgewertet, zur Verkörperung der Sünde gemacht. Schon im Garten Eden war sie es, die den Mann verführte. Ach, der arme Adam, ein Opfer ihrer Hinterlist! Und der Gipfel der Frechheit war, das schmerzhafte Gebären von Kindern zur Strafe Gottes für ihre Verführung zu machen.

Jesus ist ein Mann. Buddha ist ein Mann. Krishna ist ein Mann. Wo gibt es weibliche Gurus? In der Minderheit sind sie allemal. Schau in die freie Wirtschaft. In die Politik. Immer noch relativ wenige Frauen. Selbst in der sogenannten zivilisierten Welt.

Es geht mir, anders als Alice Schwarzer, nicht darum, die sogenannte Emanzipation der Frau voranzutreiben. Diese Absicht muß scheitern, denn eine Frau kann niemals wie ein Mann agieren, es sei denn, sie ist in Wahrheit ein Mann, der sich unter Frauenkleidern versteckt. Ich sage vielmehr: *Wir alle müssen Frauen werden.* Ob Mann oder Frau. Das männliche Element in uns darf uns nicht dominieren. Es muß dem Weiblichen dienen.

Wenn du dich in die Liebe verliebst, wird dieser Prozeß vorangetrieben. Denn in Hingabe lieben kann nur das Weibliche in uns. Der Verstand, die Domäne der Männer, vermag nur den Unsinn zu fabrizieren, den man Zivilisation nennt. Er kann Kriege initiieren – in Hingabe zu lieben, dazu ist nur die Frau fähig.

Gott ist eine Frau. Wenn du schon an ihn glaubst und eine Form brauchst, um ihn anzubeten, dann bete zu Maria. Aber nicht zu der Jungfrau Maria, denn wahre Frauen sind nicht jungfräulich, weil sie neues Leben gebären. Bete lieber zu Maria Magdalena, der hingebungsvollen Gefährtin von Jesus, die ihm mit ihren

Haaren die Füße trocknete. Ja, ich sage bewußt Gefährtin, nicht Anhängerin, denn sie nannte ihren Meister Rabbuni, was soviel heißt wie Meisterlein, ein Kosename, den man nur dann gebraucht, wenn eine intime Beziehung besteht.

Jesus war zweifellos ein Single, alle wahren spirituellen Meister sind Singles, selbst wenn sie eine Gefährtin haben und sich fürs Zusammenleben entscheiden. Aber ihn geschlechtslos darzustellen ist eine List des Klerus, um die Frau und alles Geschlechtliche in den Schmutz zu ziehen.

Der Erzfeind des Menschseins ist die Religion. Dies zu sein, ist ihre Bestimmung. Sie hat nur diesen Zweck. Sie bildet den dunklen Hintergrund, damit das Licht scheinen kann. Das Licht des Weiblichen in uns. Das Licht objektloser Liebe.

Was, meinst du, ist der Grund dafür, daß insbesondere die katholische Kirche diesen ungeheuren Bilderkult treibt? Um die objektlose Liebe abzuschirmen. Um dich im Außen zu halten, damit du niemals nach innen schaust. Denn sonst könntest du ja entdecken, daß du selbst Liebe bist. Und geschähe dies, wäre der Klerus als Mittler zwischen Gott und dem sündigen Menschen arbeitslos.

Gott ist eine Frau. Laß zu, daß das Weibliche in dir wieder zur Herrschaft gelangt. Das ist nur möglich durch hingebungsvolle Liebe. Hör auf, darüber nachzudenken, was dir die Anwendung des Agape-Konzepts „bringen" könnte, sonst bleibst du ein Mann. Liebe einfach, was ist. Egal was es ist. Verliebe dich in die Liebe. Sei eine Frau, dann wirst du Gott sein. Denn Gott ist eine Frau.

So als wäre man tot

Der einzige Meister, den es gibt, der einzige wirkliche und glaubwürdige Meister ist das eigene Bewußtsein. Um ihn zu finden, muß man schweigen – allein schweigen –, man muß nackt und ohne irgend etwas um sich herum auf der nackten Erde verharren, als wäre man schon tot. Zu Anfang hörst du nichts, das einzige, was du empfindest, ist Schrecken, doch dann beginnst du, weit, weit weg eine Stimme zu vernehmen, es ist eine ruhige Stimme, und zuerst irritiert sie dich vielleicht in ihrer Belanglosigkeit. Es ist seltsam, wenn du erwartest, die größten Dinge zu erfahren, zeigen sich die kleinsten. Sie sind so klein und so selbstverständlich, daß du fast schreien möchtest: „Wie, ist das alles?" Wenn das Leben einen Sinn hat – wird die Stimme zu dir sagen –, so ist dieser Sinn der Tod. Alle anderen Dinge kreisen nur darum. Welch schöne Entdeckung, wirst du an diesem Punkt bemerken, welch schöne, makabre Entdeckung, daß man sterben muß, weiß auch der letzte Mensch. Das ist wahr, im Kopf wissen wir es alle, doch es im Kopf zu wissen, ist eins, mit dem Herzen zu wissen ist etwas anderes, etwas völlig anderes.

– Aus dem Roman: „Geh wohin dich dein Herz trägt"
von Susanna Tamaro

Zur Ruhe gekommenes Bewußtsein ist sich seiner Existenz nicht bewußt. Es wird sich seiner erst bewußt, wenn dieses jähe Gefühl des ICH BIN erscheint, dieses unpersönliche Gefühl des Sich-bewusst-Seins.

– Ramesh Balsekar

Darum sagt Susanna Tamaro, daß der Sinn – wenn es denn überhaupt einen gibt – der Tod ist und daß sich alle Dinge um ihn drehen. Was wir als Tod bezeichnen, ist nichts anderes als zur Ruhe gekommenes Bewußtsein, und die Ruhe besteht darin, daß Bewußtsein sich seiner Existenz nicht (mehr) bewußt ist.

Da ist nichts mehr. Gar nichts. Überhaupt nichts. Sich dessen bewußt werden zu können bedeutet, sich dem Tod hinzugeben, bevor er eintritt.

Wir möchten alles, nur nicht nichtexistent sein. Selbst die, die glauben, anschließend in den Himmel zu kommen, wollen nicht sterben. Sterben, um (wieder) zu leben, reinkarniert oder als Ätherwesen in einem mit allen Freunden auf Erden bevölkerten Himmel, das können wir bestenfalls akzeptieren. Aber nicht mehr zu sein und nicht einmal mehr zu wissen, gewesen zu sein oder zumindest wieder zu sein, das jagt uns Angst ein. Der Prozeß der Desillusionierung führt jedoch, wenn er sich vollendet, schonungslos genau in dieses Nichts. Nicht in das Wissen darum, sondern in das klare Sehen und die vollständige Akzeptanz. Solange du noch vor dem totalen Nichts erschrickst, strampelt das Ego und fleht um Gnade. Nun denn, dann laß es strampeln, bis es sich ausgestrampelt hat.

Es geht nicht ohne Todeserfahrung. Und wenn du Liebe als Methode verwendest, dann **liebst** du dich am Ende tot. Aber denk daran: Es geht nicht darum, nach einem langen Leidensweg endlich sterben zu können. Es geht darum anzuerkennen, daß wir nicht sind, was wir meinen zu sein.

Hinterher ist dir das Nichts überaus kostbar. Der Tod schreckt dich überhaupt nicht. Was jetzt erfahren wird, wenn du dich nicht im Tiefschlaf befindest, ist Bewußtsein in Aktion, das Erlöschen der Lebensfunktionen ist Bewußtsein in Ruhe. Lediglich seine Aktivitäten fehlen, die Farben und Formen, der Raum, die Bewegung.

Im Bewußtsein, das ruht, existiert noch nicht einmal das Gefühl, Ich bin! Und natürlich auch nicht, was an das *Ich bin* angehängt werden kann: glücklich, begeistert, erfolgreich, gescheitert, traurig, (wieder mal) am Ende. Sollte es etwa ein Verlust sein, das alles nicht mehr zu erfahren? Ganz und gar nicht! Jedenfalls nicht, wenn du desillusioniert bist. Du erfährst das, was ist, in all seinen Variationen, genießt es oder genießt es nicht. Aber kostbar, wirklich kostbar ist dir das Nichts. Das grundlose Nichts. Ohne *Ich bin*.

Spirituelle Suche

Auf einmal war es ihm klar, daß die Suche der einzige Grund des bisherigen Nichtfindens gewesen war; daß man da draußen in der Welt nicht finden und daher nie haben kann, was man immer schon ist
– Paul Watzlawick: „Vom Schlechten des Guten"

Hier also der Widerspruch, daß der Mensch das, was er will, durch sein Wollen zunichte macht. Aus diesem Widerspruch entsteht jene innere umtreibende Bewegung, indem das Suchende das, was es sucht, gleichsam in einer beständigen Flucht vor sich her treibt.
– Friedrich Schelling: „Über die Natur der Philosophie als Wissenschaft"

Die Bandage entfernen

Eine ganze Reihe von Menschen befindet sich auf der spirituellen Suche. Dagegen ist nichts zu machen. Wen es erwischt hat, der ist machtlos dagegen. Er mag versuchen, sich davon zu befreien – unmöglich! Er mag den Wunsch hegen, wie andere Menschen zu sein und zu leben, Menschen, denen die Fragen, die sich dem spirituell Suchenden fortlaufend stellen, gleichgültig sind. Es geht aber nicht. Ebenso wie ein anderer Erdenbürger „dauergeil" sein mag, ist der spirituell Suchende chancenlos gegen den inneren Drang, Antworten auf seine Fragen zu finden.

Da fragt man sich freilich: Wozu? Insbesondere dann, wenn die sogenannten Erwachten beteuern, es gebe überhaupt nichts zu finden. Es gebe überhaupt keine Fragen, die beantwortet werden können.

Was soll eine Suche, an deren Ende man nichts findet? Die Antwort: Genau das ist der Zweck! Nichts finden zu können ist die größte Entdeckung! Viel größer als die Entdeckung Amerikas durch Kolumbus. Viel größer als jede Entdeckung der Naturwissenschaft. Warum? Weil tatsächlich niemand da ist, der etwas tut oder nicht tut, etwas weiß oder nicht weiß, etwas denkt, fühlt, entscheidet. Die Existenz ist ein Traum, den niemand träumt.

Wenn dies jemand hört, der sich nie auf der spirituellen Suche befunden hat, wird es bei ihm sicherlich nichts anderes als ein verständnisloses Kopfschütteln hervorrufen. Und selbst den, der sich noch mitten in der spirituellen Suche befindet, wird es nicht vom Hocker reißen, wenn er hört, daß all seine Bemühungen in der Erkenntnis münden, daß sie umsonst waren, weil es nichts zu erreichen gibt.

Wenn die Entdeckung stattfindet, gibt es den, der meinte, suchen und finden zu können, nicht mehr. DAS ist die Entdeckung. Sie wird nicht von dem gemacht, der eine Antwort ersehnt. Im Gegenteil: Eben der fehlt bei dieser Entdeckung. Und nur deshalb ist sie so groß(artig).

Während der spirituellen Suche gibt es niemanden, der sucht. Es ist ein unpersönlicher Prozeß, in welchem niemand (nobody) als jemand erscheint, um sich unter der Maske des Jemands als niemand entdecken zu können.

Ich fühle mich unwillkürlich an einen Film erinnert, dessen Titel ich leider nicht mehr weiß, mag sein, daß er „Der unsichtbare

Mann" heißt. Es geht darin um einen unsichtbaren Mann, der sichtbar wird, indem er seinen unsichtbaren Körper bandagiert und so „Form" erhält. Eine hilfreiche Metapher. Das, was nicht ist, muß sichtbar oder ein Jemand werden, um als unsichtbar oder niemand entdeckt werden zu können. Ohne die Persona (Maske) ist es unmöglich, sich als darunter verstecktes Nichts zu entdecken.

Genau das (und sonst nichts) ist es, was bei der spirituellen Suche geschieht! Du glaubst, dich selbst finden zu können, doch wenn die Bandage erst einmal vollständig abgewickelt ist, ist darunter **gar nichts** vorhanden. Die Form, die du hast, erweist sich am Ende der Suche lediglich als temporäre Sichtbarmachung von ... Nichts. Daher: Ohne jemand, der nach sich selbst sucht, kein niemand, der sich als solcher untendrunter entdecken könnte.

Über das Paradox einer Entdeckung, bei welcher der Entdecker verschwindet

Spirituelle Suche ist paradox. Denn es gibt nichts zu finden. Und doch wird gesucht, solange gesucht werden muß.

Du hörst einen Advaita-Lehrer sagen: Du bist, was du suchst! Und für einen Moment mag die Erkenntnis aufblitzen, daß nichts mehr gesucht werden muß und daß niemals gesucht werden mußte. Wenig später ist der Drang, etwas zu finden, was du noch nicht hast, jedoch wieder da.

Du versuchst den zu finden, der sucht. Und womöglich entsteht die Erkenntnis, daß niemand da ist, der sucht. Daß da eben nur Gedanken sind und kein Denker, der die Gedanken initiiert. Dennoch bleibt ein subtiles Empfinden, noch nicht ganz verstanden zu haben, daß der Denker Illusion ist. Und so geht die Suche wiederum weiter.

Vielleicht nutzt du das Agape-Konzept, liebst dich insbesondere dann, wenn du weder dich noch deine Erfahrung oder deine Mitmenschen liebenswert findest. Und wiederum gibt es Momente, in denen die Klarheit erscheint, daß nichts getan werden muß, um in einem anderen Zustand zu sein als in dem, in dem du dich gerade befindest. Doch dann erscheint wiederum eine Situation oder eine Emotion, mit der du vollständig identifiziert zu sein scheinst. Und mit dieser sogenannten Identifikation beherrscht dich wiederum der Gedanke, daß du noch immer nicht angekommen sein kannst.

Einige Advaita-Lehrer geben dir deshalb überhaupt keine Methode an die Hand, weil jede Methode den Eindruck erweckt, als könnest oder müßtest du irgend etwas tun. Alles was sie tun, ist, dir den Hinweis zu geben, daß niemand da ist, der etwas tun könnte oder etwas tun müßte. Das, was ist, ist alles, was ist, sagen sie.

Aber ob du eine Methode benutzt oder nicht, spielt letztlich wirklich überhaupt keine Rolle. Denn „du" tust ohnehin nie etwas. Du hast auch noch niemals etwas getan. Und infolgedessen wirst du auch niemals etwas tun.

Derjenige, der eine Methode benutzt, ist derselbe, der keine benutzt. Derjenige, der herauszufinden versucht, ob ein Denker existiert, ist derselbe, der sich die Frage „Wer bin ich?" stellt. Und derselbe ist es auch, der das sogenannte Agape-Konzept nutzt.

Wer ist dieser immer Selbe? Es ist niemand, der unter der Maske eines Jemands erscheint. Und als dieser scheinbare Jemand spielt er „mit jemandem niemand". Es ist wirklich ein Spiel und nicht mehr, denn der Jemand existiert in Wirklichkeit nicht. Ganz egal wie frustrierend, unsinnig, lästig dem scheinbaren Jemand dieses Spiel auch manchmal erscheint, es ist dennoch eins, und es ist niemand da, der es spielt. „Du" spielst es nicht. „Du" wirst gespielt. Oder anders gesagt. Das, was nicht ist, spielt „Ich bin etwas".

„Ich bin dies und bin das." Was angehängt wird an das „Ich bin", hat niemand unter Kontrolle. Der Jemand kann daher nur spielen, was niemand spielt.

Ich bin Atheist, Materialist, religiös, ein Genießer, Lebemensch, deprimiert, selbstmordgefährdet, Alkoholiker, ein Brutalo, ein ganz Lieber, Esoteriker, Bettler, George W. Bush, Stalin, Hitler, Jack Nicholson, Marlene Dietrich, Bauarbeiter, Fuchs, Hase, Gans, Schweinshaxe mit Sauerkraut, auf der Suche nach Erleuchtung – egal was an das „Ich bin" angehängt wird: es ist niemand, der als Jemand oder etwas erscheint.

Dies klar zu sehen ist ERLEUCHTUNG oder das, was man unter ERLEUCHTUNG versteht. Aber es ist nichts anderes, als Müll zu sortieren oder giftige Pilze zu essen und daran zu krepieren! Ob du auf dem Jahrmarkt Achterbahn fährst und Zuckerwatte ißt oder klar siehst, daß es niemanden gibt, der etwas tut, ist dasselbe: ein Spiel nur, das niemand spielt.

Die Sehnsucht zu sehen ist dasselbe, wie die einstige Sehnsucht zu sehen und über sie zu lachen. Nur in der Erfahrung verschieden, gleich in der Essenz, die sich so oder so spielt.

Wenn man sehen kann, was zeitlose Wirklichkeit ist, geschieht nichts, was nicht schon wäre, wie es nun einmal ist. Nur daß der, der meinte zu sein, was er nicht ist, verschwindet, weil er schlicht noch nie existent war.

Ich muß weiterkommen

Diese Konditionierung ist härter als Stahlbeton! Ebenso wie sich beim sogenannten Pawlowschen Hund Speichelfluß bildete, wenn eine Glocke angeschlagen wurde, weil er den Klang mit „Futter kriegen" verband, so ist es mit spirituell Suchenden, wenn sie von Erleuchtung hören. Sie verbinden diesen Begriff mit einem Zustand, den es zu erreichen gilt, und lechzen nach Futter, um ihn auch zu erfahren. So war es bei mir, so ist es bei dir, so ist es bei allen spirituell Suchenden.

Ich suchte etwa 40 Jahre nach diesem Zustand, blickte zu jenen empor, die „erleuchtet" waren, folgte ihren Fußspuren oder verschlang deren Literatur, wenn es mir unmöglich schien, sie persönlich kennenzulernen.

Dann kam ein Tag, der dieser Suche ein jähes Ende bereiten sollte. Und das Ende kam, als klar war, daß ich nach einem Zustand gesucht hatte, in dem ich mich schon immer befand. Und daß jene Suche nur dazu gedient hatte, **dies** klar zu sehen.

Wer sich nicht auf der spirituellen Suche befindet, wird niemals sehen, daß er schon da ist, wo er hin will. Warum? Weil es nicht relevant für ihn ist. Nur dann, wenn man sich die Fragen stellt: „Wie kam ich eigentlich hierher, auf diesen Globus? Wohin laufe ich überhaupt? Wo ist das Ziel? Oder: Wann bin ich denn endlich mal angekommen?", wird schließlich erkannt werden können, daß es weder einen Ausgangs- noch einen Zielort gibt.

Menschen, die sich die oben genannten Fragen nicht stellen, befinden sich ebenso wie der spirituell Suchende dort, wo sie immer schon waren, niemand kann anderswo sein. Da aber die Fragen nach dem Woher, Wozu und Wohin für sie nicht relevant sind, können sie auch nicht beantwortet werden. Und selbst wenn sie die Antwort hören würden, würde sie für sie nicht das Geringste bedeuten. Das heißt, sie würden sie nicht als befreiend wertschätzen.

Nur der spirituell Suchende erfährt daher Befreiung. Doch diese Befreiung ist lediglich die Klarheit, schon da zu sein, wo er sich zu Beginn seiner Suche befand.

Wenn ein spiritueller Lehrer Befreiung anders definiert, ist er jemand, der sich entweder selbst betrügt und nicht weiß, worüber er spricht, oder er ist ein gerissener Geschäftemacher, der seine Schäfchen mit dem Märchen ausnimmt, da ankommen zu können, wo er sich nach langer Suche oder als vom Schicksal Erwählter befindet. Ich habe vor niemandem Respekt, egal wie heilig oder erleuchtet er tut.

Wenn die Konditionierung deaktiviert wird, irgendwo ankommen zu können, wo du dich jetzt noch nicht befindest, bist du wie eine Maus im Mausrad keinen Millimeter **weiter** als zuvor. Du wirst auch nicht aufhören zu laufen. Aber du wirst nun bei jedem Schritt wissen, daß du mit keinem Schritt weiterkommst. Du läufst nur noch deshalb, um nicht (ein) zu rosten! Denn wer rastet, der rostet.

Die Lehrer, die Befreiung lehren, indem sie dir vorgaukeln, du könntest oder müßtest einen Zustand erreichen, in dem du dich noch nicht befindest, tun damit genau das, was sein soll. Aber der Zweck dieser Übung hat nur einen einzigen Sinn: irgendwann zu erkennen, daß sie vollkommen sinnlos und wertlos ist!

Ich sage das den Teilnehmern zu Beginn jedes Workshops: *Du verläßt ihn, wenn es optimal läuft, ärmer, als du gekommen bist.* Ärmer um die Vorstellung nämlich, daß du irgendwo ankommen mußt, wo du dich jetzt noch nicht befindest.

Natürlich ist mir bewußt, daß jene Konditionierung, die uns glauben macht, Erleuchtung erreichen zu müssen oder zu können, im Gehirn zumeist nicht von heute auf morgen deaktiviert werden kann. Denn ebenso wie sie Zeit brauchte, um uns zu konditionieren, benötigt sie eine gewisse Zeitspanne zur Dekonditionierung. Wenn dir jedoch zumindest bewußt wird, daß es nur darum geht, hat diese Information beste Chancen, sich im Unterbewußtsein zu etablieren und diesen Virus zu deaktivieren.

Intensiviert wird der Virus von solchen sogenannten Advaita-Lehrern, die dir ein Ziel vor Augen malen und dir einreden, daß es eines Weges, eines vielleicht sogar laaaaangen Weges bedarf, dieses Ziel zu erreichen, und die dir durch ihr „erleuchtetes" Gehabe zusätzlich den Eindruck vermitteln, daß du noch nicht da sein kannst, wo sie sind.

Schmeißfliegen stinken und übertragen Bakterien. Töte sie, sollte dir eine begegnen! Dazu mußt du kein Verbrechen begehen. Es genügt schon, wenn sie in dir stirbt!

Wolkenformationen

Hast du schon einmal eine Wolke am Himmel beobachtet? Längere Zeit, meine ich. Wenn ja, fiel dir sicher auf, wie sich ihre Form mit der Zeit veränderte. Und wie sie schließlich ganz anders aussah als zu Beginn deiner Beobachtung.

Was hat zu dieser Veränderung geführt? In jedem Fall Wind, vielleicht gibt es auch noch andere Faktoren, aber ich bin kein Naturwissenschaftler und kenne sie nicht.

Wolken sind ja letztlich nichts anderes als ein Gemisch aus festen oder flüssigen Schwebeteilchen und Luft, man nennt es Aerosol. Kühlt dieses Gemisch ab, kondensiert es und geht vom gasförmigen in einen flüssigen Aggregatzustand über, und was wir dann wahrnehmen, wird als Wolke bezeichnet.

Nun, jeder weiß aus Erfahrung: Wolken entstehen, verändern ihre Form und lösen sich schließlich wieder auf. Dasselbe Prinzip gilt für uns Menschen. Essenz, Bewußtsein oder Geist – Thaddäus Golas nannte es „was-auch-immer" (vielleicht das Beste, was man sagen kann) – erscheint im Aggregatzustand Materie in menschlicher (oder anderer) Form. Diese Form verändert sich während der Zeitspanne ihres Daseins beständig und löst sich schließlich wieder auf, als hätte es sie nie gegeben.

Hätte eine Wolke Bewußtsein, würde sie erkennen, daß sie nur aufgrund ihres Hintergrundes beobachtet werden kann. Je blauer der Himmel um sie herum, desto deutlicher tritt ihre Form hervor. In sich selbst ist sie einfach nur kondensiertes Gas. Und der Wind formt sie so, wie er weht. Weht ein starker Wind, franst die Wolke aus und läßt skurrile Formen entstehen, die uns an Menschengesichter, Drachen, alle möglichen und unmöglichen Tiere oder abstrakte Kunstgebilde erinnern. Auch du erscheinst nur, weil es einen Hintergrund gibt. Und weil Essenz „kondensiert".

Niemand ist homogen. Wir bestehen wie die Wolke aus einer Ansammlung vieler Anteile. und das Gefühl, ein homogenes Wesen zu sein, beruht auf der Ich-Illusion. Wenn das alles klar wird, kannst du nicht mehr darauf vertrauen, dein menschliches Leben in eigener Regie steuern zu können. Dieser Eindruck wird dir durch Ereignisse nahezu täglich als Täuschung bewiesen, dennoch hältst du eisern an ihr fest. Wie oft hast du schon erlebt, daß die Dinge ganz anders verliefen, als du es wolltest oder es wünschtest! Und doch hältst du ängstlich und starr an der Vorstellung fest, du wärst der Steuermann deines menschlichen Wolkengebildes.

Könntest du das Steuer loslassen, mit dem du dein Leben

vermeintlich steuerst, würdest du erkennen, daß sich deine Lebenswolke auch ohne dein Zutun verändert. Wenn ein Sturm aufkommt, franst du etwas aus, kriegst zeitweilig ein zorniges Drachen- oder trauriges Eselsgesicht, und wenn der Wind wieder schwächer weht, ziehst du ruhig deine Bahnen, die aufgrund der jeweiligen Windstärke und Windrichtung festgelegt sind, bevor Essenz zu deiner spezifischen Form kondensierte. Daran ändert sich nichts, wenn du klar siehst. Nur daß du jetzt weißt, daß du für deine (Lebens-)Form nicht verantwortlich bist. Wenn dir danach ist, gehst du ans Steuer und simulierst den Steuermann. Wenn nicht, überläßt du dich dem Autopiloten. In beiden Fällen geschieht genau das, was geschehen muß.

In jedem Fall weißt du, daß „du" niemals etwas tust, noch nie etwas getan hast, nie etwas tun wirst. Du spürst den *wind of change* und beobachtest, wie sich deine Lebensform andauernd verändert. Ohne dich darüber zu wundern. „Denn der Wind, tja, er weht wie er will!"

Dankbarsein

Jeden Tag intensiv leben, das sei ihr Motto, sagt die Schauspielerin Jodie Foster, 42, zwei Söhne, die sie täglich zur Schule fährt, Atheistin, lebt mit einer Freundin zusammen, besitzt 100 Millionen Dollar, geht nicht auf Partys, führt ein stinknormales Leben, ist so unauffällig, daß sie auf der Straße kaum erkannt wird. Ihr gefällt das. Mir gefällt es an ihr. Ich mag sie als Schauspielerin und als Mensch.

Was so ein einfaches und gleichzeitig intensives Leben am meisten verhindert, ist die spirituelle Suche. Selbst erlebt. Über 40 Jahre. Aber du bist machtlos, sie abzubrechen.

Sie kann jedoch enden. Bei mir endet sie mit der Einsicht, daß der individuelle Handelnde, also all das, was man mit dem ICH verbindet, Illusion ist. Daß es zwar Gedanken, Gefühle, Entscheidungen und Taten gibt, daß aber niemand vorhanden ist, der denkt, fühlt, entscheidet, handelt. Diese Einsicht war das Ende „meiner" spirituellen Suche.

Seitdem suche ich lediglich meine Brille, die ich regelmäßig verlege. Und meine Socken, die nach dem Waschen ebenso regelmäßig verschwinden. Ansonsten nichts mehr. Auf keinen Fall spirituelle Erfahrung oder Erkenntnis. Wozu auch?

Das Leben selbst hat jetzt meine Aufmerksamkeit. Das, was sich im Alltag ereignet. Was getan werden muß, was nicht getan werden muß und dennoch getan werden kann.

Diesen Tag, mehr gibt es in Wahrheit ohnehin nicht. Klar kannst du auch sagen: diesen Augenblick, aber dieser Tag ist schon okay, wenn er im Augenblick gelebt werden kann.

Da muß nichts TOLLES passieren. Die kleinen, die unscheinbaren Dinge sind es, die deine Beachtung finden wollen. *The best things in life are the simple things*, singt Joe Cocker.

We're always wanting more than what we have,
what I've learned is all I really need
are the simple things that come without a price
the simple things like happiness, joy and love in my life.
I've seen it all from so many sides and I hope you would agree,
that the best things in life are the simple things.

Dankbar sein, wem gegenüber ist völlig egal. Es ist nicht notwendig, Gott zu danken. Ist aber auch okay, wenn du ein gläubiger Mensch bist. Wichtig allein ist die Geisteshaltung.

Dankbarsein dafür, daß du all das, was man Leben nennt, überhaupt erfährst! Dieses Wunder! Daß du all das wahrzunehmen in der Lage bist, was Leben an Er-leben hervorbringt!

Ich weiß so sicher, wie ich weiß, daß 2 x 2 = 4 ist, daß die Welt, das Leben, alles, was ich er-lebe, Illusion ist, nicht mehr als ein vergänglicher Traum, aber was viel wichtiger ist, ist die Dankbarkeit für das, was (in diesem Traum) erfahrbar ist.

Ich muß nicht in Klagenfurt vor 400 Menschen sprechen und anschließend über 50 Bücher signieren, um dankbar zu sein. Ich kann es ebenso jetzt sein, hier, beim Schreiben, beim nächsten Schluck Kaffee (obwohl er schon kalt ist), beim Klang der Kirchenglocke, weil es gerade 10 Uhr wird, beim Wahrnehmen des Sonnenstrahls, der gerade durchs Fenster zu mir hereinscheint.

Mach dir eine Tasse heißen Kaffee oder Tee, setz dich vors Fenster oder vors Haus in den Garten, sei einfach da und nimm wahr, was da ist FÜR DICH. Aber da gibt es eben Leute, die sagen: Ich habe ja gar keinen Garten, und vors Haus setzen geht auch nicht, da führt eine verkehrsreiche Straße vorbei. Das ist der Virus: Es ist (noch) nicht so, wie es sein soll ...

Ach, es wird nie so sein, wie es sein soll, aber nicht, weil dir wirklich etwas fehlt, sondern weil der Virus (noch) in dir drinsteckt. Dieser Virus macht blind für die simplen Dinge des Lebens. Die kleinen, simplen Dinge, die du jedoch nur dann genießen kannst, wenn du sie dankbar wahrnimmst.

Schaust du auf deine Verluste? Auf all das, was dir genommen wurde? (Denke nicht, daß sie mir erspart bleiben, Verluste bleiben niemandem erspart.) Oder siehst du auf das, was da ist für dich? Jetzt da ist für dich. Vielleicht ist es tatsächlich „nur" eine Tasse heißer Kaffee oder Tee. Kommt ganz darauf an, was sie dir WERT ist. Oder anders gesagt: Wie dankbar du (für sie) bist.

Mach dir doch vielleicht mal eine Liste mit allem, wofür du dankbar sein kannst! Und vergiß nicht die simplen Dinge. Du sollst mal sehen, wie lang die Liste wird ...

Kennst du das? *Ich kann nicht dankbar sein, solange ich keinen (liebenden) Partner, zu wenig Geld, keinen Job, eine kranke Großmutter habe, zu dick bin, noch an der Zigarette hänge, noch nicht erwacht, erleuchtet bin etc.*

Weißt du eigentlich, WER das sagt? Du jedenfalls nicht! Es ist der Virus in dir! Der plappert und quatscht und flüstert dir ständig dieses dumme Zeug ins Ohr. (Schlimmer als Tinnitus!) Es gibt Querschnittsgelähmte, die dankbar sind, und es gibt topgesunde Milliardäre, die andauernd herumnörgeln und undankbar sind.

Was der Virus in dir an destruktiven Gedanken hervorquellen läßt, ist natürlich nur dummes Zeug, der Virus selbst ist jedoch äußerst intelligent. Wie jedes Lebewesen ist er darauf bedacht, sich zu erhalten, zu überleben.

Was ihn kaputt macht, ja was ihn zumindest deaktiviert, ist Dankbarsein. Streng dich an, dankbar zu sein, wenn es dir schwerfällt! Was ich meine, ist: Entwickle die Gewohnheit des Dankbarseins. Mit der Zeit wird es eine. Dann mußt du dich nicht mehr anstrengen. Aber aller Anfang ist schwer!

Wenn du mich fragen würdest, was wichtiger ist, die Welt als Traum zu durchschauen (also erleuchtet zu sein) oder dankbar sein zu können, müßte ich <u>keinen Augenblick</u> überlegen. Denn ob du die Welt als Traum durchschaust oder nicht, der Traum hört dadurch nicht auf, er geht bis zur Auflösung deiner virtuellen Figur im Spiel weiter, du kannst nur zum Traum erwachen, nie aus ihm – Dankbarkeit jedoch optimiert SOFORT die Qualität deines Traums, vollkommen egal, ob du bereits luzide träumst oder noch mit ihm identifiziert bist.

Was ist der Mensch?

> Die menschlichen Wesen, Pflanzen oder der Staub, wir alle tanzen nach einer geheimnisvollen Melodie, die ein unsichtbarer Spieler in den Fernen des Weltalls anstimmt.
> – *Albert Einstein*

Belebter Staub

Was genau ist die Erscheinung, die wir als Mensch bezeichnen? Biologisch betrachtet ein Knochengerüst, auch Skelett genannt, mit Haut überzogen, darunter Organe – Herz, Magen, Lunge, Nieren etc. –, zudem Adern, durch die Blut pulsiert, ein Nervensystem, Muskeln, Wahrnehmungsorgane wie Augen, Ohren und Nase, Haare auf dem Kopf, es sei denn, du hast eine Glatze, und – nicht ganz unwichtig – das Gehirn. Natürlich hat diese Aufreihung keinen Anspruch auf Vollständigkeit. Die moderne Hirnforschung sagt uns, daß das, was wir als Mensch bezeichnen, eine Art Bioroboter ist, der niemals agiert, immer nur reagiert. Gene, frühkindliche Konditionierung, Umwelteinflüsse, das sind die hauptsächlichen Faktoren, die seine Reaktionen bestimmen. Genial konstruiert, keine Frage, aber eben nicht das, was wir im allgemeinen mit dem Begriff Mensch assoziieren. Verläßt die Essenz das Gehäuse, beginnt es zu stinken und zu verwesen.

Entseele ich den Menschen mit dieser Darstellung? Natürlich! Aber warum? Mein Job ist es, dich zu desillusionieren von all dem romantischen Zeug, das dir die Sicht verstellt. Die Sicht auf die Realität.

Natürlich ist der Körper eine sekundäre Realität. Primär jedoch ist das, was ihn belebt, was ihn zu einem denkenden, fühlenden, handelnden Wesen macht. Wenn du an DEM vorbeisiehst, lebst du in einem Irrwahn. Der Bioroboter ist belebter Staub und nicht mehr.

Es gibt keine Seele. Vor allem nicht eine, die von einem Körper zum anderen wandert oder gar nach dem Tod an irgendeiner angenehmen oder weniger angenehmen Örtlichkeit weiterexistiert. Das Ich ist lediglich eine Konstruktion, um dem Körper Überleben und Kommunikation zu ermöglichen.

In jedem Körper ist nur eins lebendig, real, kraftvoll, intelligent: die Essenz. Und diese Essenz ist immer dieselbe. Sie erscheint lediglich differenziert. Das ist ihr geniales Spiel mit sich selbst: unzählig differenziert zu erscheinen (in allem was ist) und ihre wahre Identität zu verbergen, so daß der Eindruck von Vielfalt entsteht.

Denke nicht, die Entseelung des Menschen vernichte die Emotionalität in und unter den Biorobotern. Im Gegenteil: Wenn du deinen Fokus auf die Essenz ausrichtest, wirst du sie intensiver und reiner erleben als vorher.

In meinem Retreat machen wir manchmal folgende Übung: Wir sehen einander in die Augen, jeweils für ein paar Minuten. Schweigend. Der Zweck der Übung: Nirgends sonst als im Auge wird die Essenz des Bioroboters so transparent. Das ist Energie pur! Sieh dagegen einer Leiche in die Augen. Das Organ Auge ist ja eine Zeitlang noch existent, aber es ist stumpf, denn die Energie ist nicht mehr vorhanden.

Immer wenn ein neuer Körper (ob Mensch, Tier oder Pflanze) entsteht, ist es nur die eine Essenz, die ihn baut und bewohnt. Beim sogenannten Tod zerfällt das Gehäuse in seine Grundbestandteile. Die Essenz aber stirbt nicht. Es ist wie bei einer Glühlampe, deren Glühfaden bricht. Kein Licht mehr in dieser Lampe, aber dafür in der, die du als Ersatz für sie in die Fassung schraubst.

Jubiliere, denn du bist nicht der Körper. Der Körper existiert nur temporär. Und wenn du mit ihm über seine Funktionalität hinaus identifiziert bist, wirst du ein Leben lang in Angst leben müssen.

Du bist die Essenz! Wenn sie sich aus dem menschlichen Körper entfernt, bist „du" weder vernichtet noch verloren. Die Essenz baut sich vielmehr einen neuen. Soweit ich weiß, jede dritte Sekunde. Und das, was jeden Körper bildet und ihn belebt, das bist du!

Es ist gewaltig! Wenn du den Blick hast für die Essenz, begegnest **du dir in allem,** was ist. Natürlich ist sie oft völlig verborgen. In vielen Augen wirst du nur Leere und Verzweiflung erblicken. Und selbst wenn sie lachen, weißt du, daß es nicht echt ist, nicht von innen her kommt. Und doch: Niemals ist die Essenz so völlig verdeckt und verborgen, daß sie nicht durchscheinen würde.

Ist romantische Liebe noch möglich, wenn dein Blick auf die Essenz fokussiert ist? Natürlich, nur eins gibt es dann nicht mehr: Blindheit dafür, daß die Liebe, die du in der tiefen Zuneigung des anderen erspürst und erfährst, etwas anderes ist als ein Spiegel deiner selbst als die Essenz.

Romantische Liebe ist ein besonders faszinierendes Spiel der Essenz mit sich selbst. Sie kann aber gerade, weil sie so faszinierend und intensiv ist, zu ebenso intensiv empfundenem Schmerz führen, wenn sie wieder geht. Zum Leid wird dieser Schmerz jedoch immer nur dann, wenn du statt der Essenz den

Menschen siehst, der sich von dir abwendet. Wenn dich ein Mensch verläßt, verläßt dich nicht die Essenz. Im Gegenteil: Jedes Verlassenwerden vermag dich erst recht auf die Essenz zu fokussieren. Bleibst du jedoch an der äußeren Hülle hängen, egal ob der Mensch sich dir gerade zuwendet oder von dir abwendet, wirst du diese Erfahrung nicht machen können.

Was den Bioroboter ausmacht, was wir an ihm schätzen oder auch hassen, ist nur die Essenz, und das bist du wirklich. Laß dich ein auf sie, und du siehst keine Menschen (wenn du verstehst, was ich meine). Verweigere dich ihr, und du siehst nichts anderes als Menschen, die dir heute ihre Liebe bekennen und morgen übel über dich reden. Diese Kurzsichtigkeit ist die Ursache allen Leids in der Welt.

Ich fühle mich nicht etwa beauftragt, das Leiden zu mildern. Denn wer leidet? Die Essenz führt ins Leiden und auch wieder heraus. Sie ist Zerstörer und Erbauer zugleich. Und sie verbirgt sich nur hinter Masken, die uns häßlich und schön erscheinen. Diese Masken nennen wir Menschen. Nun gut, wenn es denn sein muß! Aber in Wahrheit gibt es keine Menschen.

Nicht-Täter

Das, was wir uns unter dem Begriff „Mensch" vorstellen, ist in jedem Fall unwahr. Es ist nur eine Vorstellung, nicht die Realität. Und solange du der Macht dieser Vorstellung unterliegst, wirst du immer wieder in Konflikt mit dir und anderen sein und deinen inneren Frieden verlieren.

Warum? Weil du tatsächlich glaubst, daß das, was durch dich an Gutem und Schlechtem geschieht, von DIR getan worden ist. Und weil du tatsächlich glaubst, von einer PERSON hintergangen, belogen, verletzt, verachtet, links liegen gelassen zu werden. Ich kann es nicht oft genug sagen: DAS und nur DAS nimmt dir den Frieden, raubt dir das Glück.

Solange wir Menschen sehen und nicht die Essenz in den Menschen oder anders gesagt: solange wir glauben, daß die Erscheinung, die wir Mensch nennen, ENTSCHEIDET und HANDELT – und das ist es ja, was wir meinen, wenn wir vom Menschen sprechen –, solange sind Konflikte und Leiden unvermeidlich. Ich gebe dir Brief und Siegel: Du kannst jede Therapie machen, die angeboten wird, du kannst alle Methoden anwenden, die von Glückstrainern offeriert werden, es wird dir nur **temporär** etwas nützen.

Schau, wenn dich ein Hund ins Bein beißt, beschuldigst du ihn dann? Würdest du auf die absurde Idee kommen, auf ihn wütend zu sein? Vielleicht wärst du böse auf den Hundebesitzer, weil er nicht dafür sorgte, daß sein Hund an der Leine oder mit einem Maulkorb ausgeführt wurde. Weil er ja ein Mensch ist und nicht etwa ein Hund, der instinktiv handelt. Das ist der Irrtum! Denn auch der Hundebesitzer „reagiert" nur aufgrund seiner Gene, seiner Konditionierung. Er ist also an dem Biß ebenso schuldlos wie der Hund!

Komm nun bitte nicht auf die alberne Idee, gegen den Hundebesitzer dürfe, wenn er denn nicht schuldig sei, nichts unternommen werden! Natürlich muß er angezeigt werden, natürlich muß er dir Schmerzensgeld zahlen, natürlich muß überprüft werden, ob der Hund umerzogen oder umgelegt werden muß! Aber nicht, WEIL der Hundebesitzer schuld ist, sondern weil niemand anderes für den Schaden verantwortlich gemacht werden kann.

Ein Krimineller muß hinter Gitter, um die Gesellschaft zu

schützen. Aber nicht, weil er schuld ist und für seine Tat büßen muß. **Er hat nichts getan, egal was er an Üblem tat.** Das kann jedoch nicht bedeuten, daß er weiterhin frei herumlaufen darf. Stellt er eine Gefährdung dar, bin ich der erste, der ihn zum Polizeirevier bringt. Niemals jedoch könnte ich ihm einen Vorwurf machen. Es gibt keine Menschen! Es gibt nur Bioroboter, die genau das tun, wozu sie bestimmt sind.

Gerade eben kam eine E-Mail herein. Eine meiner Leserinnen wurde von ihrem Freund betrogen und belogen. Er trieb es mit einer Nachbarin, die sie noch dazu kürzlich fragte, *wie es ihr denn so gehe.* Mit dem Wissen, daß es zwar Taten, jedoch keine Täter gibt, wirst du ihr natürlich nicht um den Hals fallen und sie um Verzeihung dafür bitten, daß du herausbekommen hast, daß sie es hinter deinem Rücken mit deinem Freund treibt. Und deinen Freund wirst du natürlich auch nicht auf Rosen betten, es sei denn, du wärst Masochistin. Vielleicht trennst du dich sogar von ihm. Aber doch nicht, weil du ihm böse wärst! Wie soll das möglich sein, wenn du weißt, daß es „ihn" gar nicht gibt! Daß er nur tut, was er tun muß, ja, was ihm bestimmt war zu tun!

Geschehnisse gibt es natürlich, sagte Buddha, aber niemanden, der sie vollbringt. Der individuelle Handelnde existiert nur in unseren Köpfen. Der Mensch, der entscheidet und handelt, ist nur ein Gedankenprodukt, hervorgebracht durch unsere Erziehung, unsere Kultur, unser Schulsystem, unsere westliche Philosophie vom freien Willen, die Gott sei Dank selbst von der modernen Hirnforschung ad absurdum geführt wird.

Ich weiß, daß ich machtlos bin, den Eindruck, es existierten selbstverantwortliche Wesen, die man Menschen nennt, aus den Köpfen zu holen. Ich wollte, ich könnte es, weil ich weiß, wie es sich mit und ohne diesen Eindruck lebt. Und so bleibt mir nur übrig, diesem Spiel zuzusehen, das die Essenz mit sich spielt. Manchmal weinend, manchmal lachend. Meistens jedoch einfach „schreibend".

Wie soll es möglich sein, in Liebe zu sein mit dir und mit allen Wesen in deinem Erlebniskosmos, solange du Menschen siehst, die eigenverantwortlich handeln? Liebe ist kein Gefühl, obwohl man sie natürlich auch fühlen kann. Wenn du aber den Fokus auf das Gefühl ausrichtest, wirst du immer wieder enttäuscht sein. Denn Gefühle der Liebe kommen und gehen. Fällt aber der Eindruck weg, daß irgendwer anders agieren könnte als die Essenz, dann bist du selbst dann in Liebe, wenn sie dir Schmerzen verursacht. Nicht, daß du den Schmerz lieben würdest, das wäre neurotisch. Aber du weißt, die Hand, die mich gerade schlägt, ist nichts anderes als Liebe. Du wirst dann nicht fragen: Warum nur schlägt sie mich? Wer in Liebe ist, stellt keine Fragen nach dem Warum. Nicht weil er sie nicht stellen dürfte, sondern weil sie ihm unnötig erscheinen.

Denkspiele

Früher habe ich sehr gern Romane gelesen. Von Hermann Hesse zum Beispiel, und zwar alle, die er geschrieben hat. Aber auch die Romane von Paul Auster, Philip Roth, Harold Brodkey, Patrick Süskind, Paulo Coelho u.v.a. konnte ich oft in einem Zug durchlesen. Das hat sich verändert. Ich lese ein paar Seiten und merke, daß ich einfach nicht drin bin in der Geschichte und auch nicht reinkomme. Marcel Reich Ranicki sagte einmal sinngemäß, er lese so gern und so viel, weil das Leben im Großen und Ganzen langweilig sei, in einem Roman verdichte es sich sozusagen, denn kein Autor würde beispielsweise vier

Stunden Hausarbeit im Detail nacherzählen. Wenn der Geist in der Geschichte lebt, wenn er sozusagen „eingeloggt" ist, ist es manchmal tatsächlich wie wirkliches Leben, nicht wahr?

Nun, wie bereits erwähnt, irgendwie steigt mein Geist nicht mehr in *lesbare* Geschichten ein. Trotzdem probiere ich es immer wieder. Und so griff ich kürzlich zu einem Buch mit Kurzgeschichten. Einmal weil ich dachte, so eine kurze Geschichte, die müßte ich doch noch schaffen können! Und der Titel machte mich an: „Denken wir uns", heißt er. Und so beginnt auch jede dieser Kurzgeschichten. Die erste im Buch beginnt so: „Denken wir uns einen Denkspieler. Geben wir ihm den Namen Jorge Luis Borges, und schauen wir uns eines seiner Denkspiele einmal etwas genauer an. Zunächst denkt sich Borges einen Deutschen und gibt ihm einen Namen: Otto Dietrich zur Linde. Er läßt ihn 1908 das Licht der Welt erblicken und 1929 in die Partei eintreten. 1945, vor seiner Hinrichtung als KZ-Kommandant, redet die gedachte Person ohne Furcht davon, wie und aus welchen Gründen sie diese Laufbahn eingeschlagen hat. Sodann denkt sich Borges (der Denkspieler) einen Juden und gibt ihm den Namen David Jerusalem. Er stellt sich ihn als namhaften Dichter vor, von dessen Denkspielen er den Deutschen, seinen Leser, eines besonders hervorheben läßt ..."

Denken wir uns einen Denkspieler ... Der Autor des Buches „Denken wir uns" dachte sich einen Denkspieler, der sich wiederum zwei Personen erdachte, den Deutschen und den Juden. Also haben wir hier bereits drei Ebenen der Existenz. Der Autor erschafft sich den Denkspieler, und der erschafft sich zwei Menschen. Im Grunde sind es natürlich nicht drei Ebenen, sondern nur eine – das Bewußtsein des Autors. Aber man kann, wenn man will, von drei Ebenen sprechen. Und auf zwei Ebenen gibt es Menschen, die es in Wahrheit nicht gibt. Es sind ja nur Gedankenspiele des gedachten Denkspielers.

„Im Anfang war der Gedanke (griech. Logos), und der Gedanke war bei Gott und der Gedanke war Gott." So beginnt das Johannesevangelium. Interessant ist dabei unter anderem, daß es nicht AM Anfang, sondern IM Anfang heißt. Denn in Wahrheit gibt es keinen Anfang. Also auch keinen ersten Gedanken. Gott oder die Quelle (ich sage lieber Quelle, weil der Begriff Gott von der Religion entwertet wurde und daher entartet ist) hat keinen Anfang, Zeit ist die Illusion, mit der die Quelle spielt. Und was spielt sie? Ein Gedankenspiel. Sie denkt sich einen Denkspieler, Gott, und der erdenkt Menschen, Deutsche und Juden, und natürlich auch Inder, Chinesen, Afrikaner und nicht zuletzt ... Holländer und Deutsche.

Na ja, klar, daß diese Menschen nicht einfach so wie Bleistiftskizzen auf weißem Papier vorhanden sein können. Deswegen läßt die Quelle Planeten erscheinen, und unter den vielen (mindestens) einen, auf dem diese erdachten Menschen irgend etwas tun können. Beispielsweise essen und trinken. Dazu brauchen sie aber Pflanzen und Tiere. Und dazu wiederum bedarf es einer Sonne und natürlich auch des Regens. Also muß auch ein Wetterschutz her. Und das alles kann man natürlich modifizieren, so lange und viel, bis wir eine Zivilisation haben wie die, die wir wahrnehmen.

Klar habe ich jetzt ganz stark verkürzt, was der gedachte Denkspieler sich da so alles erdacht hat, aber es ist ja auch mitnichten meine Absicht, das Denkspiel „Welt" nachzuerzählen. Ich möchte nur darauf aufmerksam machen, daß es keine Menschen gibt, sondern im besten Fall Denkspiele, die natürlich nur aus Gedanken bestehen, aber so wahrgenommen werden, als wären sie real.

Das ist ja das Geniale bei diesem Denkspiel der Quelle. Daß deren Gedanken so real wirken, als handelte es sich nicht um eine Geschichte, die sich selbst erzählt und immer weiter und weiterspinnt, sondern um Realität.

Und dann kommt in der Geschichte einer daher, der verkündet den gedachten Gestalten: *Hey Leute, soll ich euch mal was sagen? Ihr seid nur das Ergebnis eines Denkspiels.* Nun, was meinst du, ist es nicht denkbar, daß man so einen für verrückt hält? Klar ist er das, aber auch, daß man ihm nicht glaubt, gehört zur Geschichte. Und deshalb ist der gedachte Erleuchtete, der ja eigentlich nicht erleuchtet, sondern nur desillusioniert ist, nicht traurig. Das heißt, er ist schon ein wenig traurig darüber, daß die Denkgestalten in der Geschichte zumeist so unwissend bleiben müssen, wie sie eben als Figuren angelegt sind, aber er weiß gleichzeitig auch, daß seine Traurigkeit darüber auch zur Geschichte gehört. Und weil er natürlich nicht nur desillusioniert ist, sondern sich wie alle anderen gedachten Gestalten in der Geschichte bewegt, bleibt es nicht aus, daß er dieselben Höhen und Tiefen erfährt wie alle anderen, so daß die dann zu ihm sagen: *Sieh doch, du bist genauso wie wir und kein Stück anders.* Und er sagt darauf: *Wie denn anders, klar bin ich nur eine gedachte Gestalt, nur weiß ich eben, daß ich in Wahrheit nicht existiere.* Tja, und das können die anderen gedachten Gestalten, deren Bestimmung es ist, nicht durchzublicken, nur als Arroganz oder Wahnsinn bewerten. Nicht weil sie es wollen, sondern weil sie nicht anders können, als so zu sein, wie es das Drehbuch für sie vorsieht.

Nun, ich kann natürlich auch nicht anders, als meine Rolle auszufüllen, und deshalb bleibe ich dabei, liebe Freunde: Es gibt im besten Fall Denkspiele, keine Welt und keinesfalls Menschen!

Über das Ego

Die letztgültige Erkenntnis ist die: Es gibt kein Ego in Form von etwas, das sich von der Quelle unterscheidet, das mit der Quelle eins wird. Solange du sagst: ‚Ich bin dieses oder jenes', ist das persönliche Ich getrennt von der Quelle. Das Ego löst sich auf, in dem Moment, in dem du bedingungslos akzeptierst, daß es so etwas wie ein ‚Ego' überhaupt nie gegeben hat.

– Ramesh Balsekar

Das Ego und die Leere

Muß das Ego vernichtet werden, um erleuchtet bzw. im natürlichen Zustand zu sein? Ebenso könntest du mir die Frage stellen: Müssen der Tisch und der Stuhl in meinem Wohnzimmer entfernt werden, damit der Raum vorhanden sein kann? Raum bleibt immer Raum, mit oder ohne Möbel! Du kannst sie natürlich entfernen, aber das würde nur die Gestaltung des Raumes, jedoch nicht den **Raum selbst** verändern. Ohne die beiden Möbel hättest du nur keine Möglichkeit mehr, eine Tasse abzustellen oder bequem dazusitzen. Aber der Raum selbst bleibt mit oder ohne Stuhl und Tisch, was er ist.

Manch ein spiritueller Meister empfiehlt: „Töte das Ego!" Doch was meint er mit dieser etwas verunglückten Formulierung? Sollst du etwa geistigen Selbstmord begehen? Ganz sicher nicht, denn zum einen ist das unmöglich, zum anderen würde es, wenn es denn möglich wäre, nicht das Geringste verändern. Es wäre dasselbe, als würdest du die Möbel in deinem Wohnzimmer mit einer Axt kurz und klein schlagen. Außer der Verwüstung, die du anrichten würdest, wäre damit nichts gewonnen.

„Töte das Ego" kann im besten Fall bedeuten: Geh nicht der konditionierten Vorstellung auf den Leim, daß du das Ego bist!

Das Ego ist im Prinzip nichts anderes als ein Möbelstück im leeren Raum. Nur etwas lebendiger! ☺ Es hat jedoch wie ein Tisch oder Stuhl nur eine bestimmte Funktion. Ohne diese Funktion **zu erfahren**, wärst du einfach nur leerer Raum!

Wie du aus Erfahrung weißt, können die Möbel in einem Raum unsere Aufmerksamkeit dermaßen in Beschlag nehmen, daß uns der Raum als solcher gar nicht mehr bewußt ist. Du bist wie gebannt von allem, was drin steht. Man kann natürlich, muß die Möbel jedoch nicht entfernen, um sich des Raumes, in dem sie stehen, bewußt zu werden. Es gilt nur, das, was das Wohnzimmer ausfüllt, als das wahrzunehmen, was es in Wirklichkeit ist: Verschiedene Gegenstände mit funktionaler und natürlich auch ästhetischer Bedeutung: Sie machen es dir möglich zu sitzen, eine Tasse abzustellen, und viele von ihnen, beispielsweise Bilder, Vasen, Statuen oder Teppiche dienen natürlich auch der Verschönerung des Wohnraums.

Wer sich im Wohnzimmer aufhält, befindet sich in jedem Fall in diesem Raum. Die Frage ist nur, wo seine Aufmerksamkeit ist. Ist es der Raum selbst? Oder bemerkst du ihn gar nicht? Ist dir der Blick für den Raum als solchen abhanden gekommen, weil dir Möbelstücke so viel bedeuten?

Die Wahrnehmung deines natürlichen Zustands wird nicht durch das Ego, sondern durch deine falsche Identifizierung mit dem Ego verhindert. Du bist nicht das Ego. Du bist die Leere.

Und in dieser Leere erscheint unter vielem anderen das Ego mit einer rein funktionalen Bedeutung.

An sich stellt das Ego überhaupt kein Problem dar. Im Gegenteil, ohne das Ego wahrnehmen zu können wären wir einfach nur Leere. Mit dem Ego füllt sich sozusagen die Leere, und mit ihm erscheint auch die Welt. Und mit jeder neuen Geburt wird der leere Raum sozusagen neu arrangiert. Mit jedem Tod wird einer neuen Form Raum gemacht. Wer möchte schon ewig in demselben Raum wohnen? Nicht einmal du! Also schmeißt du ein ramponiertes Sofa auf die Müllkippe, wo es allmählich verrottet, und kaufst dir ein neues. Daher gibt es auch in der kosmischen Leere Geburten und Tode. Die Leere selbst verändert sich dadurch nicht, nur die Gestaltung der Formen, die die Leere füllen, verändert sich ständig. Selbst wenn du deinen Wohnraum erweitern würdest, indem du eine Mauer herausreißt, würden sich nur die Maße des Raumes verändern, nicht der Raum selbst.

Im natürlichen Zustand zu sein bedeutet, Leere zu sein, und eben nicht das, was sich in der Leere an Formen vorfindet. Es kann jedoch nicht bedeuten, das, was sich vorfindet, zu vernichten, denn dadurch würde sich nur das Vorgefundene ändern. Nehmen wir einmal an, jemand käme auf diese verrückte Idee. Dann würde er sich vielleicht wie so mancher langhaarige und bärtige Asket in Indien in eine einsame Höhle zurückziehen, um Tag und Nacht im Lotussitz zu meditieren, ohne sich um Speise und Trank und Hygiene zu kümmern. Das kann man natürlich machen, aber was wäre damit gewonnen? Im übertragenen Sinne würde dadurch nur das Wohnzimmer umgestellt werden. Anstatt vieler wertvoller Einrichtungsgegenstände läge nur noch ein zerschlissenes Sitzkissen herum. Keine Frage, dadurch würde der Raum weitaus leerer aussehen. Doch das Sitzkissen wäre immer noch da, und der Raum wäre auch noch derselbe. Ob viel drin steht oder nur ein Sitzkissen drin liegt – Raum bleibt immer Raum.

Du mußt nichts verändern, um erleuchtet bzw. im natürlichen Zustand zu sein. Im Gegenteil: Je mehr du dich um Veränderung bemühst, **um** im natürlichen Zustand zu sein, desto weniger Aussicht besteht, dich als das zu erkennen, was du in Wirklichkeit bist: reine Leere. Wer die Vernichtung des Egos zu seiner Aufgabe macht, gleicht einem Menschen, der seine Möbel zu Kleinholz zerhackt. Anschließend wird das Zimmer natürlich wie eine Müllhalde aussehen, aber meinst du ernsthaft, damit wäre etwas gewonnen? Du hättest lediglich einen ästhetisch eingerichteten Raum in eine Stätte der Verwüstung verwandelt.

Manch ein spirituell Suchender mußte offenbar zunächst sein Ego zertrümmern, um am Ende völlig desillusioniert zu erkennen, daß der leere Raum schon vor seiner „selbstbildhauerischen" Arbeit am Ego alles ist, was er hatte, oder besser noch: was er immer ist. Wer aber glaubt, ein zertrümmertes Ego sei die Voraussetzung zur Desillusionierung, der irrt. Wie sollte man etwas verleugnen oder gar töten können, das gar nicht existiert?

Meine Empfehlung: Laß alles so, wie es ist, denn du kannst nie etwas anderes als Leere sein, in der das Ego eine von unzähligen Erscheinungen ist, die diesen raumlosen Raum temporär füllen. Wie immer das Ego gerade erlebt wird, was immer es denkt, fühlt oder tut, ist dann, wenn die Leere als wahre Identität erkannt wird, nicht mehr von hoher Bedeutung. Natürlich kann das Ego sich und seine Umgebung verändern. Ebenso wie du Möbel im Wohnzimmer umstellen, rauswerfen und neue anschaffen kannst. Aber was würde das für den Raum selbst bedeuten? Würde er selbst sich durch die neue Gestaltung verändern? Natürlich nicht.

Die Klarheit, Leere zu sein, ist nichts anderes als die Wahrnehmung deines natürlichen Zustands. Auf welche Weise sich die Leere dann füllt, ist bedeutungslos für die Leere. Das Ego wird das, was in ihm oder außerhalb von ihm in der Leere erscheint, weiterhin positiv oder negativ bewerten. Es wird immer Schmerz zu vermeiden und Freude zu erlangen versuchen. Möglichst angenehmes Überleben ist die Hauptfunktion des Egos. Die Leere selbst ist immer neutral. Sie sieht dem gesamten Treiben sozusagen lediglich zu. Denn sie bleibt immer leer, egal wie voll sie zu sein scheint.

Das Ei und sein Inhalt

Was genau ist das Ego? Nichts anderes als die Illusion der Essenz, mit der sie sich ausstattet, um eine Zeitlang Menschsein zu spielen.

Mit der Essenz im Menschsein ist es ein wenig wie mit einem Ei und seinem Inhalt. Was drin ist, kannst du, wenn du es anschaust, nicht erkennen. Aber es ist etwas drin! Und dieses Etwas wächst da drinnen, es sei denn, die äußere Schale des Eis wird von Menschenhand zerbrochen und um eines schmackhaften Omeletts willen in die Pfanne gehauen. Es wächst, bis es stark oder reif genug ist und schließlich die Schale durchbricht. Dann wird das, was es umhüllte, zerbrochen, zurückgelassen, denn es hat seinen Zweck erfüllt.

Wenn du feststellst, daß das Ich nun einmal da ist, und fragst, ob es denn vollkommen sinnlos sei, sage ich: Nein, keineswegs! Ohne das Ego könntest du ebenso wenig existieren wie ein Küken ohne Eierschale. Aber was drin ist, wird nicht gesehen, solange es von der Ich-Illusion verhüllt wird. **Im Grunde genommen besteht der Sinn der Ich-Illusion darin, NICHT zu SEIN.** Ebenso wie die Eierschale nur für einen bestimmten Zeitraum die Wohnung des Kükens ist, nämlich so lange, wie es wächst.

Und noch etwas kann uns diese Metapher zeigen: Die Schale ist notwendig für das Wachstum des Kükens, und doch ist sie am Ende sein Gegner. Es findet eine Art Kampf statt, denn das Küken muß sich schließlich durch die Schale picken. Also wird das, was ihm zuvor zum Wachstum diente, schließlich zum Feind.

Wenn sich Essenz im Stadium des Sichenthüllens befindet, ist Kampf unvermeidlich. Und es ist immer ein Kampf, bei dem es so aussieht, als würde „dein" Leben zerbrechen. Was aber in Wahrheit zerbricht, ist nur das Ich-Konzept, das dir bis zum Zeitpunkt des Schlüpfens dazu diente, zu wachsen und zu überleben. Klar, daß du verzweifelt bist, schreist, leidest. Denn du glaubst ja: Ich bin die Schale! Und jetzt geht sie kaputt.

Gott sei Dank, sonst könnte das, was drin ist, nicht schlüpfen. Wenn klar wird, daß das, was du in Wahrheit bist, nicht das ist, was darum herum als Selbstbild aufgebaut wurde, wirst du lachen, wenn das zerbricht, was du bisher für „dich" gehalten hast. Denn du warst niemals, was du glaub(te)st zu sein.

Wenn das Küken schließlich geschlüpft ist, ist es natürlich noch keine Henne. Es ist tapsig, niedlich, goldig, noch abhängig von seiner Mutter. Es sieht also wiederum ganz anders aus als eine ausgewachsene Henne. Und es ist natürlich noch nicht fähig, Eier zu legen, aus denen wiederum Küken schlüpfen.

Essenz ist immer das, was sie ist. Ebenso wie die ausgewachsene Henne potentiell bereits im Ei vorhanden ist. Das Wachstum bringt nur zur Entfaltung, was schon da ist. Natürlich sieht es so aus, als müßte das Küken sich selbst aus der Schale befreien, als müßte es sich anschließend selbst ernähren, auf dem Hof herumlaufen, gepflegt werden, wachsen. Aber in Wahrheit ist das ein Prozeß, über den das Küken keine Kontrolle hat. Es geschieht gemäß dem Potential, das von Anbeginn im Ei ist. Es kann daher niemals etwas werden, was es nicht bereits ist.

Das ist prinzipiell keineswegs anders bei uns Menschen. Essenz ist alles, was ist, obwohl es so aussieht, als müßten wir dafür sorgen, uns vom Ich-Konzept zu befreien, als müßten wir darum kämpfen, etwas zu werden, was wir noch nicht sind. In Wahrheit geschieht all das „ohne uns".

In jedem Stadium ihrer Entwicklung, selbst dann, wenn sie erst Eigelb unter der Schale ist, ist die Henne genau das, was sie jeweils sein muß.

Die Körperwelt ist in Wahrheit ein Ei. Drin ist die Essenz. Und wenn die Essenz sich von ihrer Schale befreit hat, wirst du klar sehen, daß sie nur da ist, um schließlich zerbrochen zu werden. Was du, ohne geschlüpft zu sein, in der Welt siehst, ist wahrlich nicht das, was sie ist.

Ich-Einbildung

Das Leben ist niemals einfach. Für keinen von uns. Manchmal werden uns kürzere oder längere Zeiten der Entspannung gewährt. Dann wird es wieder spannend.

Spannung muß nicht Anspannung bedeuten. Daran führt jedoch kein Weg vorbei, solange jemand da ist, der die Spannung auf sich persönlich bezieht. Dieser Jemand ist unser eigentliches Problem, nicht die unvermeidbare Spannung im Leben.

Eigentlich gibt es nur einen Organismus, der Spannung und Entspannung erfährt. Beide Erfahrungen sind notwendig, um existieren zu können. In diesem Organismus gibt es kein Ich. Es gibt nur den Eindruck eines Ichs. Der ist anerzogen, konditioniert. Unkonditionierte Kleinkinder beweisen uns dies, wenn sie sagen: *Peter ist traurig. Susanne möchte ihr Zimmer nicht aufräumen.* Warum sprechen sie von sich selbst in der dritten Person? Weil sie sich nicht als Ich empfinden. Sie befinden sich in ihrem natürlichen Zustand: Da gibt es sogenannte Sinneswahrnehmungen, aber kein Ich. Dieser Eindruck kommt erst, nachdem uns unsere Erzieher ein Ich angedichtet haben. Der Eindruck wird immer stärker: *Peter oder Susanne, das bin offenbar ich.* Und schließlich glauben wir diesem Poem.

Um uns zu unterhalten, könnten wir auch in der dritten Person von uns sprechen. Aber das wäre natürlich umständlich. Einen anderen Sinn hat der Gebrauch der Worte „Ich denke, glaube, meine" etc. jedoch nicht. „Ich" zu sagen ist lediglich ein Mittel der Kommunikation.

Ist erst einmal Ich-Bewußtsein geboren, wird natürlich geglaubt, daß das, was sich ohne Ich denkt und entscheidet, aus „uns", dem Ich, herauskommt. Also: Ich denke, ich entscheide, ich handle. Es fällt uns gar nicht mehr auf, daß kein einziger Gedanke, der uns in den Kopf kommt, von uns – dem „Ich" – initiiert wird. Und daß jede Handlung, die ja nur auf Informationen basiert, ebenfalls ein unpersönliches Geschehen ist.

Die Ich-Identifikation ist am Ende so stark, daß jene, die sich ichlos erfahren, als Erleuchtete betrachtet werden. In Wahrheit jedoch sind die Ichhaften erleuchtet! Denn sie machen eine außerordentliche Erfahrung, nicht die Ichlosen. Ichlos zu sein ist unser natürlicher Zustand.

Stell dir einen Augenblick eine Welt von Ichlosen vor. Was meinst du: Wäre Schmerz in ihr möglich? Natürlich, aber kein Leid. Wiederum verweise ich auf ein Kind. Verläßt die Mutter den Raum, beginnt es zu weinen. Schmerz entsteht, weil es einen Verlust wahrnimmt. Kehrt die Mutter zurück und nimmt es in den Arm, wird es binnen kurzer Zeit ruhig und lacht wieder. Es gibt keinen Nachhall des Schmerzes.

Nur das Ich-Bewußtsein kann leiden, denn es identifiziert sich über den funktional notwendigen Schmerz hinaus, indem es dem Menschen, der es verläßt, Vorwürfe macht: Wie konntest du mich nur verlassen? Und nachdem es ihm Vorwürfe gemacht hat, empfindet es Schuld: Ach, wieso nur habe ich ihm diese ungerechtfertigten Vorwürfe gemacht? Er kann ja schließlich nicht immer bei mir sein!

Ohne ich gibt es Schmerz, niemals Leid (die künstliche Verlängerung des Schmerzes). Der Schmerz kann so groß sein, daß geweint und geschluchzt wird. Aber wenn niemand da ist, der sich selbst weinend oder schluchzend erfährt, ist Weinen und Schluchzen einfach eine Erfahrung im Organismus ebenso wie Rülpsen und Furzen, eine Erfahrung daher, die hinterher nicht noch einmal beweint wird und zu einem Drama ausartet. Dies kann nur geschehen, solange ein Ich gedacht wird, das glaubt, der Schmerz würde „ihm" zugefügt.

Ichlose befinden sich ebenso in der Dualität wie Ichhafte. Freude und Schmerz wird erlebt. Nur das Entstehen von Dramen entfällt.

Ist es ein Opfer?

Viele meinen, den Glauben ans Ich – und das heißt letztlich, den Glauben an einen unabhängigen Denker und Täter – aufzugeben sei ein Opfer. Dem widerspreche ich vehement!

Ein Opfer ist es vielmehr, ans Ich zu glauben. Denn es bedeutet erstens: „Ich" bin verantwortlich für das, was ich denke, fühle, entscheide, tue. Es bedeutet zweitens: Wenn ich nicht aufpasse, nicht klug, nicht clever, nicht sensibel, nicht vorsichtig, nicht planvoll, nicht intuitiv genug bin, kann ich Fehler machen, die womöglich mein und das Leben anderer bedrohen oder gar zerstören. Es bedeutet drittens: Andere sind für das, was sie denken, entscheiden und tun, verantwortlich und können, wenn sie unverantwortlich, unklug, unsensibel, nicht intuitiv genug handeln, das Leben anderer, vielleicht sogar meines, negativ beeinflussen oder gar zerstören. – Welch eine Last, ein Ich mit sich herumzutragen. Oder? Wirklich ein Opfer, das ich ihm darbringen muß.

„Ich" muß die richtigen Techniken anwenden, und „ich" muß sie dann auch noch „richtig" anwenden, um Ziele zu erreichen, Wünsche erfüllt zu bekommen. Ich" muß lernen loszulassen, und zwar „richtig" loszulassen, nicht nur im Kopf, nein, auch mit dem Herzen. Und weil „ich" ja schon schlechtes Karma aus früheren Leben mitgebracht habe, muß „ich" zusehen, wie ich es in diesem abbaue. Ich könnte aber dabei auch versagen, so daß „ich" nicht mit weniger, sondern mehr schlechtem Karma diesen Körper verlasse.

Und nicht zuletzt habe „ich" natürlich auch einen Auftrag. Ich bin schließlich nicht umsonst auf diese Erde gekommen, nein, und ich bin sogar aufgrund meiner freien Wahl auf der Erde, einer Wahl, die „ich" traf, als „ich" noch bei Gott im dritten Himmel bzw. im Nirvana war bzw. in der Ursuppe schwamm. Und diesen Auftrag habe „ich" so gut wie irgend möglich zu erfüllen, sonst habe „ich" umsonst gelebt.

„Jesus, Maria und Joseph!" kann ich da nur ausrufen. Diese Lasten kenne ich nicht (mehr). Und zwar einfach deshalb, weil es „mich" nicht gibt. Ohne Ich oder besser ohne die Annahme eines Ichs, das für irgend etwas verantwortlich ist, Sorge zu tragen hat, gesandt oder beauftragt ist, habe ich den Rücken frei! Keine Sorge, keine Last, keine Verantwortung, keine Angst, keinen Auftrag.

Versuch mich bitte nicht zu überzeugen, daß Ich-Bewußtsein etwas bringt. Ich habe zu lange mit ihm gelebt, als daß ich dir noch glauben könnte. Ich bleibe dabei: Ich-Bewußtsein kostet einen hohen Preis! Ohne es lebt es sich wesentlich leichter.

Denke nicht, ohne Ich-Illusion zu leben sei ein „großes Opfer"! Wer hat dir das denn erzählt? In jedem Fall niemand, der sie verlor, sondern wahrscheinlich jemand, der sie nur zu einem spirituellen Ballon aufgeblasen hat. Denn eins ist klar: Das illusionäre Ich liebt nichts mehr als Opfergehabe, Sendungsbewußtsein, Aufträge, Aufgaben und anderen Popanz, liebt es auch, sich mit ihnen in Szene zu setzen. Damit ist es dann natürlich vorbei. Dieses Opfer kann ich dir allerdings nicht ersparen.

Ichlos kann man nicht werden, weil man bereits ichlos ist. Dies gilt es lediglich zu erkennen. Und wenn es erkannt ist, wird das Ich-Bewußtsein gelöscht. Wie eine Datei auf deinem PC, deren du nicht mehr bedarfst.

Wie man erkennt, daß das Ich Illusion ist? Vielleicht überprüfst du einfach ab und zu einmal, wer das denkt, was sich ständig denkt. Denkst du das wirklich? Oder wirst du nicht vielmehr gedacht? Entscheidest du dich wirklich für einen bestimmten Gedanken? Oder ist es nicht vielmehr so, daß er einfach in deinem Gehirn entsteht? Und ist es nicht auch so, daß deine Handlungen zwangsläufig den Gedanken entspringen, die ohne deine Initiative entstehen?

Das Verrückte ist, daß das Ich-Bewußtsein von phänomenaler Kraft ist. Obwohl es nur auf Einbildung beruht, gebärdet es sich, als sei es Realität. Als sei es tatsächlich vorhanden. Das eingebildete Ich wehrt sich mit einer Vehemenz, als sei sein Verschwinden, das ja nur das Verschwinden einer Illusion ist, der sichere Tod. Dem eingebildeten Ich erscheint es tatsächlich als Tod, doch in Wahrheit ist es nur ein harmloser Löschvorgang auf der Festplatte deines Gehirns. Befreit vom Ich-Bewußtsein wird Spannung nie mehr zu Anspannung führen. Wird Schmerz nie mehr zu Leid. Werden ungünstige Lebensumstände nie mehr zum Drama.

Du brauchst kein Ich, um zu leben. Nicht einmal, um zu überleben. Es ist sinnloser noch als ein Kropf. Ich-Identifizierung ist nur ein Spiel. Es tut so, als wäre es real, und dann spielt sich das Leben mit dieser Täuschung. Das kann hochinteressant sein, aber ebenso leidvoll.

Daher sendet das Leben zumeist Ent-täuschung(en), wenn das Ego-Spiel beendet werden soll. Bist du gerade sehr angespannt? Kotzt dich deine Situation an? Bist du des Lebens vielleicht sogar überdrüssig? Das sind alles Hinweise dafür, daß sich das Ego-Spiel seinem Ende nähern könnte. Es sei denn, das Down wird wieder von einem Up abgelöst und du gibst dich damit zufrieden. Dann geht es munter so weiter. Und eigentlich ist das kein Problem. Denn ichlos bist du in jedem Fall, ob mit oder ohne Ich-Einbildung.

Experimente

> Ein *Experiment* (lat. experimentum „Versuch, Beweis, Prüfung, Probe") im Sinne der Wissenschaft ist eine methodisch angelegte Untersuchungsanordnung.
>
> – Wikipedia

Leben lebt sich selbst

Du denkst: Ich denke!
Ich sage: Du wirst gedacht!
Du denkst: Ich fühle!
Ich sage: Du wirst gefühlt!
Du denkst: Ich handle!
Ich sage: Du wirst gehandelt!

Beobachte, was wirklich geschieht, wenn „du" denkst, daß „du" denkst, daß „du" fühlst, daß „du" handelst.

Ein kleines Experiment (wenn du mitmachen willst): Denke bitte jetzt den Gedanken: „Ich denke!"

Was ist geschehen?

Wenn du mitgemacht hast, hast du dich entschieden, „Ich denke" zu denken, nicht wahr? Aber wieso nur dachtest du ihn?

Erstens: weil „ich" dich bat, ein Experiment zu machen. Zweitens: weil in dir ein „Ja" zu diesem Experiment vorhanden war. Über beide Faktoren hattest „du" keine Kontrolle. Es geschah „ohne dich".

Das gleiche Prinzip gilt, wenn du nicht mitgemacht hast. Ebenso wie beim offenen Leser Offenheit fürs Mitmachen da war, war im nichtoffenen Leser Verschlossenheit da. Auch er hatte keine Kontrolle über seine Reaktion.

So ist es immer! Niemals „agierst" du. Es hat immer nur den Anschein, als würdest du agieren. Bei näherer Betrachtung gehen deiner Aktion immer ein oder mehrere Faktoren voraus, über die du keinerlei Kontrolle hast. Und daher ist das, was du denkst, fühlst und tust, nie deine Aktion, sondern immer nur eine Reaktion. Demnach ist der Gedanke „Ich denke, ich fühle, ich handle" nur ein Gedanke, der in dir entsteht.

Du bist daran gewöhnt, zu denken, daß „du" denkst, was in Wahrheit einfach gedacht wird. – Von wem? Natürlich nicht von „dir", denn „dich als Denker deiner Gedanken" gibt es nur als Gedanke. Es ist die Quelle, aus der alle Gedanken aufsteigen. Gedanken führen zu entsprechenden Emotionen. Emotionen führen zu entsprechenden Handlungen.

Warum denkt die Quelle so viele unsinnige Gedanken, aus der dementsprechende Emotionen und Handlungen entstehen? Warum denkt sie überhaupt, daß „ich" denke, wenn sie doch in Wahrheit alles denkt, was gedacht wird? Weil sie nie etwas anderes ist und sein kann als die Quelle, kann sie alles denken, was gedacht werden kann. Weil sie nie etwas anderes ist und sein kann als die Quelle, kann sie alles fühlen, was gefühlt werden kann. Weil sie nie etwas anderes ist und sein kann als die Quelle, kann sie alles tun, was getan werden kann. Sie ist immer, was sie ist, ganz egal, was geschieht.

Warum ist sie sich denn nicht im Klaren darüber, wer sie in Wahrheit ist?

Frag dich einfach, was wäre, wenn sie es nicht täte! Wenn sie sich immer im Klaren darüber wäre, wer sie in Wahrheit ist! Ich meine, in allen Wesen! Von der Geburt an bis zum Tod.

Oh, dann hätten wir eine friedvolle Welt, magst du sagen.

Nun, wie sollte Frieden erscheinen, wenn es keinen Unfrieden gäbe? Klarheit kann nur entstehen, wenn (vorher) Unklarheit da ist. Sonst wäre der Begriff Klarheit ohne jeden Bezug und damit vollständig sinnlos.

Wie sollte sich das Subjekt ohne Objekte erkennen? Das ist völlig unmöglich! Deshalb muß die Welt sein, wie sie ist.

Nonduales Bewußtsein ist nur möglich, wenn es Dualität gibt. Die Quelle geht sich niemals verloren, weil nur sie existiert. Sie kann sich aber nur finden, wenn sie (zuvor) glauben kann, verloren zu sein. Sie kann nur wissen, wer sie ist, wenn sie (zuvor) nicht weiß, wer sie ist. Sie kann nur wissen, daß sie der Ursprung jedes Gedankens, jedes Gefühls, jeder Handlung ist, wenn sie (zuvor) denken kann, daß es einen individuellen Handelnden gibt, der all das denkt, fühlt und tut, was sie denkt, fühlt und tut. Im Prozeß des Sich-selbst-Erkennens muß daher all der Unsinn gedacht, gefühlt und getan werden, der gedacht, gefühlt und getan wird. Würde er nicht gedacht, gefühlt und getan – wie sollte die Quelle jemals entdecken, daß all das, was gedacht, gefühlt und getan wird, keinen Sinn ergibt? Daß nur sie selbst existiert, sie als die Quelle all dessen, was existiert, damit sie sich selbst zu entdecken vermag?

Das Verwirrspiel der Quelle stellt daher eine Notwendigkeit dar, denn ohne Verwirrung gäbe es keine Entwirrung. Und ohne Entwirrung wäre die Entdeckung unmöglich, daß alle Ver(w)irrung nur dazu dient, um klar zu sehen, daß nur sie selbst existiert.

Leben lebt sich von selbst. Die Quelle lebt es. Und du bist die Quelle, selbst wenn du noch glaubst, daß „du dein" Leben lebst. Es spielt im Grunde genommen nicht die geringste Rolle, was du glaubst. Denn was du bist, kann nie etwas anderes sein als die Quelle. Weil nur sie existiert. Daher spürst du dich so vollkommen in Harmonie mit dir selbst, wenn du dich, ganz egal was du denkst, fühlst oder tust, von Herzen liebst. Denn du bestätigst damit nur, was du bist, egal was gedacht, gefühlt oder getan wird: die Quelle. Und die Quelle ist LIEBE.

Manche sagen: Die Quelle ist sich ihrer selbst immer bewußt. Das ist Unsinn. Denn wenn „du" dir nicht dessen bewußt bist, daß du die Quelle bist, ist es die Quelle, die sich ihrer selbst nicht bewußt ist. Es ist aber völlig egal, ob sich die Quelle ihrer selbst bewußt ist oder nicht. Einfach deshalb, weil sie nie etwas anderes SEIN kann als die Quelle. Sie kann so unbewußt werden, wie es ein Fels ist, dennoch ist und bleibt sie die Quelle. Wenn sie sich in einem Körper-Geist-Organismus ihrer selbst bewußt wird, ist das nur ein Geschehen von unzählig vielen.

Unbewußtheit ist daher ebenso wie Bewußtheit. Unbewußtheit ist die Quelle, die sich ihrer selbst nicht bewußt ist und daher all das denkt, fühlt und tut, was in Unbewußtheit gedacht, gefühlt und getan wird. Bewußtheit ist die Quelle, die sich ihrer bewußt wird und daher all das denkt, fühlt und tut, was in Bewußtheit gedacht, gefühlt und getan wird.

Essentiell sind wir alle dasselbe: Die Quelle in ihrer jeweiligen Manifestation.

Denke ich oder denkt es mich?

Mach doch mal das Experiment, dich zu fragen: Denke ich oder denkt es mich?

Wenn du das ein paar Mal machst, vielleicht auch mal ein paar

Tage oder Wochen oder Monate hintereinander (natürlich nicht andauernd, sondern nur, wenn du Zeit dazu findest), brauchst du meine Texte nicht mehr. Du brauchst auch kein anderes Buch mehr, kein Seminar, keinen Workshop, keinen Lehrer.

Weshalb? Weil du mit diesem Experiment unmöglich an der Einsicht vorbeischliddern kannst, daß „du" niemals denkst. Daß vielmehr jeder Gedanke, selbst wenn du ihn vorher auf ein Blatt Papier schreibst und dann das Wort abliest, gänzlich ohne dich gedacht wird.

Die meisten Menschen halten so eine Aufgabe für Selbstverblödung, nicht Selbstüberprüfung. Warum? Weil sie ignorant sind? Könnte sein, aber das ist nicht die Antwort, die ich hören will. Weil sie keinen Wert darauf legen? Könnte sein, aber wiederum nicht die eigentliche Ursache. Die ist: SO denkt es sich nun mal in ihrem Gehirn! Sie haben sich nicht vorgenommen, so zu denken. Dieses Nein ist einfach da, und weil Gedanken zunächst Emotionen und anschließend Aktionen generieren, machen sie das vorgeschlagene Experiment nicht.

Was immer du denkst, entsteht in dem Kontext, in dem du dich gerade befindest. Überprüfe diese Behauptung! Klar sagst du: Ich denke doch, doch das zu sagen ist einfach eine gute Gewohnheit. Es stimmt aber nicht. Du denkst nie, du wirst immer gedacht.

Wie gesagt, überprüfe es. Ich hab nicht die geringsten Bedenken, daß du zu einem anderen Ergebnis kommen könntest. Selbst wenn du jetzt sagst: Aber ich kann doch jetzt das genaue Gegenteil von dem denken, was ich gerade denke, so hätte diese Initiative ihren Ursprung in dem Kontext des Textes, den du gerade liest, und in dem Bestreben, den Gegenbeweis zu dem anzutreten, was ich behaupte. Aber frage dich bitte: Habe ich mir vorgenommen, den Gegenbeweis anzutreten, oder entstand dieser Wunsch bzw. dieser Gedanke einfach?

Und selbst wenn du versuchen würdest, das genaue Gegenteil zu denken, nämlich *Ich bin es, der denkt und der die Entscheidung trifft, das zu denken, was ich denken will,* so frage dich doch bitte, ob du dir vorgenommen hast, das zu denken. Ist es nicht vielmehr so, daß auch dieser Gedanke plötzlich da war und du anschließend lediglich gedacht hast, daß „du" ihn gedacht hast?

Mist, nicht wahr? Kein Weg führt daran vorbei: Niemand denkt! Und wenn jetzt die Frage entsteht: Ja, aber wer denkt denn dann, was „ich" mir nicht vornehme, so ist jede Antwort, die denkbar ist, möglich! ☺ Gott, Teufel, die Illuminaten, die Matrix, das Eine, Little Buddha, eine kleine, süße Nachtigall oder ein Gorilla, der in Wahrheit der Schöpfer der Welt ist. Die Meisterzauberin Liebe, die sich selbst verzaubert, um alle Märchen erleben zu können, die sich erzählen, wäre meine Antwort. Aber die Antwort spielt nur eine Rolle, solange die Frage gestellt wird. Ich stelle keine mehr, weil ich mich absolut geborgen weiß. Worin, das muß ich nun wirklich nicht wissen. Geborgenheit genügt völlig!

Wenn dich die Klarheit (an)trifft (man muß hier schon von (an) treffen sprechen, nicht nur von eintreffen), daß du noch niemals im Leben etwas gedacht (und daher auch niemals etwas gefühlt und getan) hast, dann fühlst du dich erst einmal ...na wie wohl? ...erschlagen? Vielleicht. Ich fühlte mich ... schlicht ... **hingegeben**. Ja, genauso war es. Das ist der richtige Ausdruck. Da war einfach kein Widerstand mehr gegen das klare Erkennen, daß niemand da ist, der etwas tut. Ich kam mir vor wie ein Wanderer in der Wüste, der einsehen muß, daß er stets, lebenslang, im Kreise gelaufen ist, und daß jeder Schritt, den er machte, ihn nirgendwo anders hingebracht hat als genau dahin, wo er schon zu Beginn war.

Was machst du in so einem Falle? Hm? Was? Du gibst auf. Du läßt es laufen, nicht wahr? Und so war es. Von diesem Tage an ließ ich es laufen. Ich tat, was zu tun war oder was mir zu tun notwendig oder günstig erschien, jedoch in der absoluten Gewißheit, daß keine meiner Handlungen mich irgendwo anders hinbringen würde als dahin, wo ich mich bereits befinde. Daß keine meiner Handlungen etwas bewirken könnte, was nicht bewirkt werden sollte. Diese Gewißheit hat mich seitdem nie mehr verlassen.

Über den Autor

Werner Ablass war viele Jahre im Management bekannter Markenartikelunternehmen tätig. Seit 1994 arbeitet er als selbständiger Managementtrainer. Nach der Publikation seines Erstlingswerks „Leide nicht - liebe" ist sein Schwerpunkt Coaching für all jene Leser, die sich für die Umsetzung des Agape-Konzepts interessieren. Interessierte haben die Möglichkeit, sich auf seiner Website www.agape-coaching.de ausführlich über sein Angebot zu informieren und Kontakt zu ihm aufzunehmen.

Vom selben Autor erschien im Omega-Verlag:

„Leide nicht – liebe"
„Liebe ist die Lösung"
„Gar nichts tun und alles erreichen"
„Entzaubert siehst du nur Liebe"

Weitere Bücher von Werner Ablass

Werner Ablass

Leide nicht - liebe

Über die Liebe zur Liebe ohne Objekt

202 S., gebunden, € 10,80 [D]
ISBN 978-3-930243-30-3

Auch als Hörbuch auf 2 CDs, 136 Min.
€ 16,20 [D]
ISBN 978-3-930243-40-2

Alles im Kosmos basiert auf Schwingung und Resonanz. Wer leidet, befindet sich auf einer tiefen Schwingungsebene und zieht dementsprechend negative Lebensumstände an. Wer liebt, schwingt auf der höchstmöglichen Schwingungsebene und wird dadurch automatisch zum Magneten für Harmonie, Glück und Erfolg.

Dieses Buch zeigt, wie man trotz aller Widrigkeiten im Alltag in die Schwingung von Agape gelangt – einer Liebe, bei der das Objekt völlig zweitrangig ist. Das heißt: Es geht nicht darum, WAS man liebt, sondern darum, DASS man liebt – weil es einem dabei soooo gut geht!

„Lerne die Liebe zu lieben - und du wirst auf eine Goldader stoßen!"

Werner Ablass

Liebe ist die Lösung

230 S., gebunden, € 11,80 [D]
ISBN 978-3-930243-32-7

Leide nicht – liebe macht deutlich, daß und woran wir eigentlich leiden, wenn wir nicht glücklich sind, und bietet die heilende Schwingungsmedizin dafür.
Liebe ist die Lösung erhöht die „Potenz" dieser Schwingungsmedizin, die äußere und innere Widerstände auflöst, indem WIR uns von ihnen lösen.

Wer sich darin übt, alles zu lieben, für den löst sich so manches Problem wie von allein – entweder im Außen oder in ihm selbst. Meistens sind nicht die unliebsamen Situationen, Umstände und Menschen das eigentliche Problem, sondern die Art, wie wir sie betrachten und mit ihnen umgehen. Werner Ablass zeigt uns einen Weg, besser mit alltäglichen und außergewöhnlichen Widerständen umzugehen: Indem wir uns darin trainieren, negative Emotionen und Lebensumstände liebend zu akzeptieren, lösen wir uns aus unserer Verhaftung und gewinnen so eine neue Perspektive: die des liebenden Beobachters, der unser wahres Selbst ist.

Zu beziehen in jeder guten Buchhandlung

Omega®-*Verlag*

G. Bongart & M. Meier (GbR)

Karlstraße 32
tel. 0241-16 81 630
e-mail: info@omega-verlag.de

D-52080 Aachen
fax 0241-16 81 633
http://www.omega-verlag.de

Fordern Sie auch unser kostenloses Verlagsverzeichnis an!

Weitere Bücher von Werner Ablass

Werner Ablass

Gar nichts tun und alles erreichen

Entdecke deine wahre Natur

272 S., gebunden, € 14,– [D]
ISBN 978-3-930243-36-5

Selbst wenn Wünsche wahr werden, dauert es meist nicht lange, bis neue erwachen. Weil wir unser Glück jedoch in der Regel von der Erfüllung von Wünschen abhängig machen, sind wir nie zufrieden mit dem, was ist.

Werner Ablass macht in diesem Buch deutlich, daß wir unser Lebensglück, getäuscht durch illusorische Vorstellungen, dort suchen, wo wir es niemals dauerhaft finden und somit selbst verhindern. Mit seinem Konzept zur „Desillusionierung" und Übungen, um objektlos zu lieben, bietet sich die Chance, unsere wahre spirituelle Natur zu entdecken. Nach der Entdeckung entsteht spontan die Erkenntnis, daß tatsächlich alles Wesentliche erreicht ist und daß alles, so wie es jeweils ist, perfekt ist. Wünsche erfüllen sich wie nebenbei ohne Jagdfieber und erheblichen Aufwand. Negative Emotionen und Konflikte lösen sich ohne direktes Eingreifen auf. Statt dessen wird auch in problematischen Situationen tiefer Frieden empfunden.

Werner Ablass

Entzaubert siehst du nur Liebe

Nichts ist so wie es zu sein scheint

200 S., gebunden, € 11,50 [D]
ISBN 978-3-930243-45-6

Für Werner Ablass ist Liebe nicht nur die stärkste, sondern die einzige Kraft im Universum. Sie ist in allem, was existiert – im Guten ebenso wie im Bösen, im Schönen ebenso wie im Häßlichen. Sie ist das Eine, das sich Zweiheit, unsere Welt der Gegensätze, „gezaubert" hat, um sich darin selbst zu erfahren und zu begegnen. Somit ist alles, was wir wahrnehmen, nur ein Zauber, nicht die Realität. Wer diesen Zauber durchschaut und dabei „entzaubert" wird, begreift, daß alles, was geschieht, aus Liebe geschieht, selbst wenn es wie ihr Gegenteil erscheint. Denn nur sie existiert wirklich. Eine völlig neue Sichtweise eröffnet sich, die dem Hadern mit sich und der Welt ein Ende bereitet und durch die Gewißheit ersetzt, endlich „angekommen" zu sein.

Zu beziehen in jeder guten Buchhandlung

Omega®-*Verlag*   G. Bongart & M. Meier (GbR)

Karlstraße 32   D-52080 Aachen
tel. 0241-16 81 630   fax 0241-16 81 633
e-mail: info@omega-verlag.de   http://www.omega-verlag.de

Fordern Sie auch unser kostenloses Verlagsverzeichnis an!

Weitere Bücher aus dem Omega-Verlag

Jed McKenna

Spirituelle Dissonanz
Wie mensch erwachsen wird

432 S., gebunden, € 19,80 [D]
ISBN 978-3-930243-47-1

Erleuchtungstheorie aus erster Hand, provokant, selbstironisch, unterhaltsam präsentiert vom spirituellen enfant terrible Jed McKenna, der den Leser verbal aus seinem Bewußtseinskoma ohrfeigt. Unterschieden wird zwischen Erleuchtung und menschlichem Erwachsensein. Der Autor konzentriert sich in diesem Buch vor allem auf das Erwachen zum spirituell Erwachsenen, das für jeden erreichbar ist.

„Glauben bedeutet, nicht wissen zu wollen, was wahr ist." (Friedrich Nietzsche) Spirituelle Dissonanz ist ein Buch für diejenigen, die wissen wollen. Es handelt vom Übergang zum ganzheitlichen Stadium des menschlichen Erwachsenseins, in dem Gebete, Wunschtechniken, Affirmationen und die Gesetze der Anziehung überflüssig werden, so wie es überflüssig wird, bei einem Test zu schummeln, wenn man die Antworten weiß. Dazu gilt es, aus unserem Traumzustand zu erwachen und zu erkennen, daß wir in einem selbstgezimmerten Kerker der Täuschung gefangen, ja regelrecht süchtig nach dieser Selbsttäuschung sind. Wir werden von unseren eigenen Ängsten und unserer eigenen Dummheit versklavt. Doch wir können frei sein, sobald wir fähig sind, es zu wollen.

Jed McKenna

Spirituell unkorrekte Erleuchtung
Ausbrechen in die Freiheit

368 S., gebunden, € 19,80 [D]
ISBN 978-3-930243-34-1

Das Ausbrechen in die Freiheit nondualen Bewußtseins ist für Jed McKenna ein „spirituell unkorrekter" Vorgang: Spiritualität nährt das Ego, Erleuchtung löscht die falsche Identifikation mit dem Ich für immer aus. In seinen schonungslosen Demaskierungen zeigt der Autor, wie die Ego-Verhaftetheit uns in einem Käfig beschränkender Vorstellungen gefangenhält und unser Sein auf Kindergartenniveau reduziert. Ums Erwachsenwerden geht es McKenna und ums Erwachen zu unserem grenzenlosen Potential. Wer darin aufgehen will, dem empfiehlt er „Spirituelle Autolyse" – ein schmerzhafter Selbsthäutungsprozeß. Praktisch vorgeführt wird er am Beispiel der New-Age-Journalistin Julie. Literarisch dokumentiert findet McKenna ihn auch in dem mysteriösen Walfänger-Epos Moby Dick, das er als westliche Version des indischen Mahabharata entschlüsselt. Der Prozeß endet in jenem unbeschreiblichen Land jenseits aller Illusionen, von dem der Autor sagt: „Komm und sieh selbst."

Zu beziehen in jeder guten Buchhandlung

Omega®-*Verlag*

G. Bongart & M. Meier (GbR)

Karlstraße 32
tel. 0241-16 81 630
e-mail: info@omega-verlag.de

D-52080 Aachen
fax 0241-16 81 633
http://www.omega-verlag.de

Fordern Sie auch unser kostenloses Verlagsverzeichnis an!

Weitere Bücher aus dem Omega-Verlag

Hermann R. Lehner

Was suchst du?

Ein Arbeitsbuch zum Erwachen

176 S., gebunden, € 13,50 [D]
ISBN 978-3-930243-50-1

Im ersten Teil des Buches wird der ernsthafte Leser durch Selbsterforschung und Selbsterkenntnis in tiefste Zweifel über sich selbst gezogen werden und somit in die Lage versetzt, das Ziel seiner Suche unter einem neuen, vielleicht ungewöhnlichen Licht zu betrachten.

Im zweiten Teil werden die tieferen Zusammenhänge unserer Suche erklärt und der Leser wird erkennen können, dass Erwachen, Erleuchtung usw., mit Sicherheit etwas ganz anderes ist, als allgemein angenommen wird.

Ziel ist es, die falschen Vorstellungen zu beseitigen und dem Leser das zu ermöglichen, was wirklich erreicht werden kann.

Hermann R. Lehner

Flieg – du bist schon frei

Nisarga – das Erkennen deines natürlichen Zustands

320 S., gebunden, € 15,80 [D]
ISBN 3-930243-39-3

Stellen Sie sich vor, Sie hätten sich Ihr ganzes Leben an der Nase herumführen lassen. Sich inmitten einer göttlichen Tragikomödie befunden – ohne die geringste Aussicht zu entkommen. Oder gar zu verstehen. Hin- und hergerissen von einer gewaltigen mysteriösen Macht.

Stellen Sie sich weiter vor, es gäbe eine Brille, mit deren Hilfe Sie Einblicke erhaschen könnten – in die Welt, wie sie vielleicht in Wirklichkeit ist.

„Flieg – du bist schon frei" ist so eine Brille! Sie reißt gnadenlos an allen Vorstellungen und Konzepten, die der Mensch über sich und die Welt hat. Was sich dann auftut, ist eine Revolution. Vielleicht die einzige, für die es sich zu kämpfen lohnt.

Zu beziehen in jeder guten Buchhandlung

Omega®-Verlag

G. Bongart & M. Meier (GbR)

Karlstraße 32
tel. 0241-16 81 630
e-mail: info@omega-verlag.de

D-52080 Aachen
fax 0241-16 81 633
http://www.omega-verlag.de

Fordern Sie auch unser kostenloses Verlagsverzeichnis an!